TRANZLATY

Sprache ist für alle da

La Langue est pour tout le Monde

Der Ruf der Wildnis

L'appel de la forêt

Jack London

Deutsch / Français

Ins Primitive
Dans le primitif

Buck las keine Zeitungen
Buck ne lisait pas les journaux/
Hätte er die Zeitung gelesen, hätte er gewusst, dass Ärger im Anzug war.
S'il avait lu les journaux, il aurait su que des problèmes se préparaient.
Nicht nur er selbst, sondern jeder einzelne Tidewater-Hund bekam Ärger.
Il y avait des problèmes non seulement pour lui-même, mais pour tous les chiens de la marée.
Jeder Hund mit starken Muskeln und warmem, langem Fell würde in Schwierigkeiten geraten.
Tout chien musclé et aux poils longs et chauds allait avoir des ennuis.
Von Puget Bay bis San Diego konnte kein Hund dem entkommen, was auf ihn zukam.
De Puget Bay à San Diego, aucun chien ne pouvait échapper à ce qui allait arriver.
Männer, die in der arktischen Dunkelheit herumtasteten, hatten ein gelbes Metall gefunden.
Des hommes, tâtonnant dans l'obscurité de l'Arctique, avaient trouvé un métal jaune.
Dampfschiff- und Transportunternehmen waren auf der Jagd nach der Entdeckung.
Les compagnies de navigation et de transport étaient à la recherche de cette découverte.
Tausende von Männern strömten ins Nordland.
Des milliers d'hommes se précipitaient vers le Nord.
Diese Männer wollten Hunde, und die Hunde, die sie wollten, waren schwere Hunde.
Ces hommes voulaient des chiens, et les chiens qu'ils voulaient étaient des chiens lourds.
Hunde mit starken Muskeln, die sie zum Arbeiten brauchen.
Chiens dotés de muscles puissants pour travailler.

Hunde mit Pelzmantel, der sie vor Frost schützt.
Chiens avec des manteaux de fourrure pour les protéger du
gel.

**Buck lebte in einem großen Haus im sonnenverwöhnten
Santa Clara Valley.**
Buck vivait dans une grande maison dans la vallée ensoleillée
de Santa Clara.
**Der Ort, an dem Richter Miller wohnte, wurde sein Haus
genannt.**
La maison du juge Miller s'appelait ainsi.
**Sein Haus stand etwas abseits der Straße, halb zwischen den
Bäumen versteckt.**
Sa maison se trouvait en retrait de la route, à moitié cachée
parmi les arbres.
**Man konnte einen Blick auf die breite Veranda erhaschen,
die rund um das Haus verläuft.**
On pouvait apercevoir la large véranda qui courait autour de
la maison.
Die Zufahrt zum Haus erfolgte über geschotterte Zufahrten.
On accédait à la maison par des allées gravillonnées.
Die Wege schlängelten sich durch weitläufige Rasenflächen.
Les sentiers serpentaient à travers de vastes pelouses.
**Über ihnen waren die ineinander verschlungenen Zweige
hoher Pappeln.**
Au-dessus de nos têtes se trouvaient les branches entrelacées
de grands peupliers.
Auf der Rückseite des Hauses ging es noch geräumiger zu.
À l'arrière de la maison, les choses étaient encore plus
spacieuses.
**Es gab große Ställe, in denen ein Dutzend Stallknechte
plauderten**
Il y avait de grandes écuries, où une douzaine de palefreniers
discutaient
Es gab Reihen von weinbewachsenen Dienstbotenhäusern
Il y avait des rangées de maisons de serviteurs recouvertes de
vigne

Und es gab eine endlose und ordentliche Reihe von Toilettenhäuschen

Et il y avait une gamme infinie et ordonnée de toilettes extérieures

Lange Weinlauben, grüne Weiden, Obstgärten und Beerenfelder.

Longues tonnelles de vigne, pâturages verts, vergers et parcelles de baies.

Dann gab es noch die Pumpanlage für den artesischen Brunnen.

Ensuite, il y avait l'usine de pompage du puits artésien.

Und da war der große Zementtank, der mit Wasser gefüllt war.

Et il y avait le grand réservoir en ciment rempli d'eau.

Hier nahmen die Jungs von Richter Miller ihr morgendliches Bad.

C'est ici que les garçons du juge Miller ont fait leur plongeon matinal.

Und auch dort kühlten sie sich am heißen Nachmittag ab.

Et ils se sont rafraîchis là-bas aussi dans l'après-midi chaud.

Und über dieses große Gebiet herrschte Buck über alles.

Et sur ce grand domaine, Buck était celui qui régnait sur tout.

Buck wurde auf diesem Land geboren und lebte hier sein ganzes vierjähriges Leben.

Buck est né sur cette terre et y a vécu toutes ses quatre années.

Es gab zwar noch andere Hunde, aber die spielten keine wirkliche Rolle.

Il y avait bien d'autres chiens, mais ils n'avaient pas vraiment d'importance.

An einem so riesigen Ort wie diesem wurden andere Hunde erwartet.

D'autres chiens étaient attendus dans un endroit aussi vaste que celui-ci.

Diese Hunde kamen und gingen oder lebten in den geschäftigen Zwingern.

Ces chiens allaient et venaient, ou vivaient à l'intérieur des chenils très fréquentés.

Manche Hunde lebten versteckt im Haus, wie Toots und
Ysabel.

Certains chiens vivaient cachés dans la maison, comme Toots
et Ysabel.

Toots war ein japanischer Mops, Ysabel ein mexikanischer
Nackthund.

Toots était un carlin japonais, Ysabel un chien nu mexicain.

Diese seltsamen Kreaturen verließen das Haus kaum.

Ces étranges créatures sortaient rarement de la maison.

Sie berührten weder den Boden noch schnüffelten sie
draußen an der frischen Luft.

Ils n'ont pas touché le sol, ni respiré l'air libre à l'extérieur.

Außerdem gab es Foxterrier, mindestens zwanzig an der
Zahl.

Il y avait aussi les fox-terriers, au moins une vingtaine.

Diese Terrier bellten Toots und Ysabel im Haus wild an.

Ces terriers aboyaient férocement sur Toots et Ysabel à
l'intérieur.

Toots und Ysabel blieben hinter Fenstern, in Sicherheit.

Toots et Ysabel sont restés derrière les fenêtres, à l'abri du
danger.

Sie wurden von Hausmädchen mit Besen und Wischmopps
bewacht.

Ils étaient gardés par des domestiques munies de balais et de
serpillères.

Aber Buck war kein Haushund und auch kein
Zwingerhund.

Mais Buck n'était pas un chien de maison, et il n'était pas non
plus un chien de chenil.

Das gesamte Anwesen gehörte Buck als seinem
rechtmäßigen Reich.

L'ensemble de la propriété appartenait à Buck comme son
royaume légitime.

Buck schwamm im Becken oder ging mit den Söhnen des
Richters auf die Jagd.

Buck nageait dans le réservoir ou partait à la chasse avec les
fils du juge.

Er ging in den frühen oder späten Morgenstunden mit Mollie und Alice spazieren.

Il marchait avec Mollie et Alice tôt ou tard le soir.

In kalten Nächten lag er mit dem Richter vor dem Kaminfeuer der Bibliothek.

Lors des nuits froides, il s'allongeait devant le feu de la bibliothèque avec le juge.

Buck ließ die Enkel des Richters auf seinem starken Rücken herumreiten.

Buck a promené les petits-fils du juge sur son dos robuste.

Er wälzte sich mit den Jungen im Gras und bewachte sie genau.

Il roula dans l'herbe avec les garçons, les surveillant de près.

Sie wagten sich bis zum Brunnen und sogar an den Beerenfeldern vorbei.

Ils s'aventurèrent jusqu'à la fontaine et même au-delà des champs de baies.

Unter den Foxterriern lief Buck immer mit königlichem Stolz.

Parmi les fox terriers, Buck marchait toujours avec une fierté royale.

Er ignorierte Toots und Ysabel und behandelte sie, als wären sie Luft.

Il ignora Toots et Ysabel, les traitant comme s'ils étaient de l'air.

Buck herrschte über alle Lebewesen auf Richter Millers Land.

Buck régnait sur toutes les créatures vivantes sur les terres du juge Miller.

Er herrschte über Tiere, Insekten, Vögel und sogar Menschen

Il régnait sur les animaux, les insectes, les oiseaux et même les humains.

Bucks Vater Elmo war ein großer und treuer Bernhardiner gewesen.

Le père de Buck, Elmo, était un énorme et fidèle Saint-Bernard.

Elmo wich dem Richter nie von der Seite und diente ihm treu.

Elmo n'a jamais quitté le juge et l'a servi fidèlement.

Buck schien bereit, dem edlen Beispiel seines Vaters zu folgen.

Buck semblait prêt à suivre le noble exemple de son père.

Buck war nicht ganz so groß und wog hundertvierzig Pfund.

Buck n'était pas aussi gros, pesant cent quarante livres.

Seine Mutter Shep war eine schöne schottische Schäferhündin gewesen.

Sa mère, Shep, était un excellent chien de berger écossais.

Aber selbst mit diesem Gewicht hatte Buck eine königliche Ausstrahlung.

Mais même avec ce poids, Buck marchait avec une présence royale.

Dies kam vom guten Essen und dem Respekt, der ihm immer entgegengebracht wurde.

Cela venait de la bonne nourriture et du respect qu'il recevait toujours.

Vier Jahre lang hatte Buck wie ein verwöhnter Adliger gelebt.

Pendant quatre ans, Buck a vécu comme un noble gâté.

Er war stolz auf sich und sogar ein wenig egoistisch.

Il était fier de lui, et même légèrement égoïste.

Diese Art von Stolz war bei den Herren abgelegener Landstriche weit verbreitet.

Ce genre de fierté était courant chez les seigneurs des régions reculées.

Doch Buck hat es vermieden, ein verwöhnter Haushund zu werden.

Mais Buck s'est sauvé de devenir un chien de maison choyé.

Durch die Jagd und das Training blieb er schlank und stark.

Il est resté mince et fort grâce à la chasse et à l'exercice.

Er liebte Wasser zutiefst, wie Menschen, die in kalten Seen baden.

Il aimait profondément l'eau, comme les gens qui se baignent dans les lacs froids.

Diese Liebe zum Wasser hielt Buck stark und sehr gesund.
Cet amour pour l'eau a gardé Buck fort et en très bonne santé.
Dies war der Hund, zu dem Buck im Herbst 1897 geworden war.
C'était le chien que Buck était devenu à l'automne 1897.
Als der Klondike-Angriff die Menschen in den eisigen Norden trieb.
Lorsque la découverte du Klondike a attiré des hommes vers le Nord gelé.
Menschen aus aller Welt strömten in das kalte Land.
Des gens du monde entier se sont précipités vers ce pays froid.
Buck las jedoch weder die Zeitungen noch verstand er Nachrichten.
Buck, cependant, ne lisait pas les journaux et ne comprenait pas les nouvelles.
Er wusste nicht, dass es nicht gut war, Zeit mit Manuel zu verbringen.
Il ne savait pas que Manuel était un homme désagréable à fréquenter.
Manuel, der im Garten half, hatte ein großes Problem.
Manuel, qui aidait au jardin, avait un problème grave.
Manuel war spielsüchtig nach der chinesischen Lotterie.
Manuel était accro aux jeux de loterie chinois.
Er glaubte auch fest an ein festes System zum Gewinnen.
Il croyait également fermement en un système fixe pour gagner.
Dieser Glaube machte sein Scheitern sicher und unvermeidlich.
Cette croyance rendait son échec certain et inévitable.
Um ein System zu spielen, braucht man Geld, und das fehlte Manuel.
Jouer un système exige de l'argent, ce qui manquait à Manuel.
Sein Gehalt reichte kaum zum Überleben seiner Frau und seiner vielen Kinder.
Son salaire suffisait à peine à subvenir aux besoins de sa femme et de ses nombreux enfants.
In der Nacht, in der Manuel Buck verriet, war alles normal.

La nuit où Manuel a trahi Buck, les choses étaient normales.

Der Richter war bei einem Treffen der Rosinenanbauervereinigung.

Le juge était présent à une réunion de l'Association des producteurs de raisins secs.

Die Söhne des Richters waren damals damit beschäftigt, einen Sportverein zu gründen.

Les fils du juge étaient alors occupés à former un club d'athlétisme.

Niemand sah, wie Manuel und Buck durch den Obstgarten gingen.

Personne n'a vu Manuel et Buck sortir par le verger.

Buck dachte, dieser Spaziergang sei nur ein einfacher nächtlicher Spaziergang.

Buck pensait que cette promenade n'était qu'une simple promenade nocturne.

Sie trafen nur einen Mann an der Flaggenstation im College Park.

Ils n'ont rencontré qu'un seul homme à la station du drapeau, à College Park.

Dieser Mann sprach mit Manuel und sie tauschten Geld aus.

Cet homme a parlé à Manuel et ils ont échangé de l'argent.

„Verpacken Sie die Waren, bevor Sie sie ausliefern", schlug er vor

« Emballez les marchandises avant de les livrer », a-t-il suggéré.

Die Stimme des Mannes war rau und ungeduldig, als er sprach.

La voix de l'homme était rauque et impatiente lorsqu'il parlait.

Manuel band Buck vorsichtig ein dickes Seil um den Hals.

Manuel a soigneusement attaché une corde épaisse autour du cou de Buck.

„Verdreh das Seil, und du wirst ihn gründlich erwürgen"

« Tournez la corde et vous l'étoufferez abondamment »

Der Fremde gab ein Grunzen von sich und zeigte damit, dass er gut verstanden hatte.

L'étranger émit un grognement, montrant qu'il comprenait bien.

Buck nahm das Seil an diesem Tag mit ruhiger und stiller Würde an.

Buck a accepté la corde avec calme et dignité tranquille ce jour-là.

Es war eine ungewöhnliche Tat, aber Buck vertraute den Männern, die er kannte.

C'était un acte inhabituel, mais Buck faisait confiance aux hommes qu'il connaissait.

Er glaubte, dass ihre Weisheit weit über sein eigenes Denken hinausging.

Il croyait que leur sagesse allait bien au-delà de sa propre pensée.

Doch dann wurde das Seil in die Hände des Fremden gegeben

Mais ensuite la corde fut remise entre les mains de l'étranger.

Buck stieß ein leises, warnendes und zugleich bedrohliches Knurren aus.

Buck émit un grognement sourd qui avertissait avec une menace silencieuse.

Er war stolz und gebieterisch und wollte seinen Unmut zum Ausdruck bringen.

Il était fier et autoritaire, et voulait montrer son mécontentement.

Buck glaubte, seine Warnung würde als Befehl verstanden werden.

Buck pensait que son avertissement serait compris comme un ordre.

Zu seinem Entsetzen zog sich das Seil schnell um seinen dicken Hals zusammen.

À sa grande surprise, la corde se resserra rapidement autour de son cou épais.

Ihm blieb die Luft weg und er begann in plötzlicher Wut zu kämpfen.

Son air fut coupé et il commença à se battre dans une rage soudaine.

Er sprang auf den Mann zu, der Buck schnell mitten in der Luft traf.

Il s'est jeté sur l'homme, qui a rapidement rencontré Buck en plein vol.

Der Mann packte Buck am Hals und drehte ihn geschickt in der Luft.

L'homme attrapa Buck par la gorge et le fit habilement tourner dans les airs.

Buck wurde hart zu Boden geworfen und landete flach auf dem Rücken.

Buck a été violemment projeté au sol, atterrissant à plat sur le dos.

Das Seil würgte ihn nun grausam, während er wild um sich trat.

La corde l'étranglait alors cruellement tandis qu'il donnait des coups de pied sauvages.

Seine Zunge fiel heraus, seine Brust hob und senkte sich, doch er bekam keine Luft.

Sa langue tomba, sa poitrine se souleva, mais il ne reprit pas son souffle.

Noch nie in seinem Leben war er mit solcher Gewalt behandelt worden.

Il n'avait jamais été traité avec une telle violence de sa vie.

Auch war er noch nie zuvor von solch tiefer Wut erfüllt gewesen.

Il n'avait jamais été rempli d'une fureur aussi profonde auparavant.

Doch Bucks Kraft schwand und seine Augen wurden glasig.

Mais le pouvoir de Buck s'est estompé et ses yeux sont devenus vitreux.

Er wurde ohnmächtig, als in der Nähe ein Zug angehalten wurde.

Il s'est évanoui juste au moment où un train s'arrêtait à proximité.

Dann warfen ihn die beiden Männer schnell in den Gepäckwagen.

Les deux hommes le jetèrent alors rapidement dans le fourgon
à bagages.

**Das nächste, was Buck spürte, war ein Schmerz in seiner
geschwollenen Zunge.**

La chose suivante que Buck ressentit fut une douleur dans sa
langue enflée.

**Er bewegte sich in einem wackelnden Wagen und war nur
schwach bei Bewusstsein.**

Il se déplaçait dans un chariot tremblant, à peine conscient.

**Das schrille Pfeifen eines Zuges verriet Buck seinen
Standort.**

Le cri aigu d'un sifflet de train indiqua à Buck où il se trouvait.

**Er war oft mit dem Richter mitgefahren und kannte das
Gefühl.**

Il avait souvent roulé avec le juge et connaissait ce sentiment.

**Es war der einzigartige Schock, wieder in einem
Gepäckwagen zu reisen.**

C'était le choc unique de voyager à nouveau dans un fourgon
à bagages.

Buck öffnete die Augen und sein Blick brannte vor Wut.

Buck ouvrit les yeux et son regard brûla de rage.

**Dies war der Zorn eines stolzen Königs, der vom Thron
gejagt wurde.**

C'était la colère d'un roi fier déchu de son trône.

**Ein Mann wollte ihn packen, doch stattdessen schlug Buck
zuerst zu.**

Un homme a tenté de l'attraper, mais Buck a frappé en
premier.

**Er versenkte seine Zähne in der Hand des Mannes und hielt
sie fest.**

Il enfonça ses dents dans la main de l'homme et la serra
fermement.

Er ließ nicht los, bis er ein zweites Mal ohnmächtig wurde.

Il ne l'a pas lâché jusqu'à ce qu'il s'évanouisse une deuxième
fois.

„Ja, hat Anfälle", murmelte der Mann dem Gepäckträger zu.

« Ouais, il a des crises », murmura l'homme au bagagiste.

Der Gepäckträger hatte den Kampf gehört und war näher gekommen.

Le bagagiste avait entendu la lutte et s'était approché.

„Ich bringe ihn für den Chef nach Frisco", erklärte der Mann.

« Je l'emmène à Frisco pour le patron », a expliqué l'homme.

„Dort gibt es einen tollen Hundearzt, der sagt, er könne sie heilen."

« Il y a un excellent vétérinaire qui dit pouvoir les guérir. »

Später in der Nacht gab der Mann seinen eigenen ausführlichen Bericht ab.

Plus tard dans la soirée, l'homme a donné son propre récit complet.

Er sprach aus einem Schuppen hinter einem Saloon am Hafen.

Il parlait depuis un hangar derrière un saloon sur les quais.

„Ich habe nur fünfzig Dollar bekommen", beschwerte er sich beim Wirt.

« Tout ce qu'on m'a donné, c'était cinquante dollars », se plaignit-il au vendeur du saloon.

„Ich würde es nicht noch einmal tun, nicht einmal für tausend Dollar in bar."

« Je ne le referais pas, même pour mille dollars en espèces. »

Seine rechte Hand war fest in ein blutiges Tuch gewickelt.

Sa main droite était étroitement enveloppée dans un tissu ensanglanté.

Sein Hosenbein war vom Knie bis zum Fuß weit aufgerissen.

Son pantalon était déchiré du genou au pied.

„Wie viel hat der andere Trottel verdient?", fragte der Wirt.

« Combien a été payé l'autre idiot ? » demanda le vendeur du saloon.

„Hundert", antwortete der Mann, „einen Cent weniger würde er nicht nehmen."

« Cent », répondit l'homme, « il n'accepterait pas un centime de moins. »

„Das macht hundertfünfzig", sagte der Kneipenmann.

« Cela fait cent cinquante », dit le vendeur du saloon.

„Und er ist das alles wert, sonst bin ich nicht besser als ein Dummkopf."

« Et il vaut tout ça, sinon je ne suis pas meilleur qu'un imbécile. »

Der Mann öffnete die Verpackung, um seine Hand zu untersuchen.

L'homme ouvrit les emballages pour examiner sa main.

Die Hand war stark zerrissen und mit getrocknetem Blut verkrustet.

La main était gravement déchirée et couverte de sang séché.

„Wenn ich keine Tollwut bekomme …", begann er zu sagen.

« Si je n'ai pas l' hydrophobie… » commença-t-il à dire.

„Das liegt wohl daran, dass du zum Hängen geboren wurdest", ertönte ein Lachen.

« Ce sera parce que tu es né pour être pendu », dit-il en riant.

„Komm und hilf mir, bevor du gehst", wurde er gebeten.

« Viens m'aider avant de partir », lui a-t-on demandé.

Buck war von den Schmerzen in seiner Zunge und seinem Hals benommen.

Buck était dans un état second à cause de la douleur dans sa langue et sa gorge.

Er war halb erwürgt und konnte kaum noch aufrecht stehen.

Il était à moitié étranglé et pouvait à peine se tenir debout.

Dennoch versuchte Buck, den Männern gegenüberzutreten, die ihm so viel Leid zugefügt hatten.

Pourtant, Buck essayait de faire face aux hommes qui l'avaient blessé ainsi.

Aber sie warfen ihn nieder und würgten ihn erneut.

Mais ils le jetèrent à terre et l'étranglèrent une fois de plus.

Erst dann konnten sie sein schweres Messinghalsband absägen.

Ce n'est qu'à ce moment-là qu'ils ont pu scier son lourd collier de laiton.

Sie entfernten das Seil und stießen ihn in eine Kiste.

Ils ont retiré la corde et l'ont poussé dans une caisse.

Die Kiste war klein und hatte die Form eines groben Eisenkäfigs.

La caisse était petite et avait la forme d'une cage en fer brut.

Buck lag die ganze Nacht dort, voller Zorn und verletztem Stolz.

Buck resta allongé là toute la nuit, rempli de colère et d'orgueil blessé.

Er konnte nicht einmal ansatzweise verstehen, was mit ihm geschah.

Il ne pouvait pas commencer à comprendre ce qui lui arrivait.

Warum hielten ihn diese fremden Männer in dieser kleinen Kiste fest?

Pourquoi ces hommes étranges le gardaient-ils dans cette petite caisse ?

Was wollten sie von ihm und warum diese grausame Gefangenschaft?

Que voulaient-ils de lui et pourquoi cette cruelle captivité ?

Er spürte einen dunklen Druck, das Gefühl, dass das Unglück näher rückte.

Il ressentait une pression sombre, un sentiment de catastrophe qui se rapprochait.

Es war eine vage Angst, die ihn jedoch schwer belastete.

C'était une peur vague, mais elle pesait lourdement sur son esprit.

Mehrmals sprang er auf, als die Schuppentür klapperte.

Il a sursauté à plusieurs reprises lorsque la porte du hangar a claqué.

Er erwartete, dass der Richter oder die Jungen erscheinen und ihn retten würden.

Il s'attendait à ce que le juge ou les garçons apparaissent et le sauvent.

Doch jedes Mal lugte nur das dicke Gesicht des Wirts hinein.

Mais à chaque fois, seul le gros visage du tenancier de bar apparaissait à l'intérieur.

Das Gesicht des Mannes wurde vom schwachen Schein einer Talgkerze erhellt.

Le visage de l'homme était éclairé par la faible lueur d'une bougie de suif.

Jedes Mal verwandelte sich Bucks freudiges Bellen in ein leises, wütendes Knurren.

À chaque fois, l'aboiement joyeux de Buck se transformait en un grognement bas et colérique.

Der Wirt ließ ihn für die Nacht allein in der Kiste zurück

Le tenancier du saloon l'a laissé seul pour la nuit dans la caisse

Aber als er am Morgen aufwachte, kamen noch mehr Männer.

Mais quand il se réveilla le matin, d'autres hommes arrivèrent.

Vier Männer kamen und hoben die Kiste vorsichtig und wortlos auf.

Quatre hommes sont venus et ont ramassé la caisse avec précaution, sans un mot.

Buck wusste sofort, in welcher Situation er sich befand.

Buck comprit immédiatement dans quelle situation il se trouvait.

Sie waren weitere Peiniger, die er bekämpfen und fürchten musste.

Ils étaient d'autres bourreaux qu'il devait combattre et craindre.

Diese Männer sahen böse, zerlumpt und sehr ungepflegt aus.

Ces hommes avaient l'air méchants, en haillons et très mal soignés.

Buck knurrte und stürzte sich wild durch die Gitterstäbe auf sie.

Buck grogna et se jeta férocement sur eux à travers les barreaux.

Sie lachten nur und stießen mit langen Holzstöcken nach ihm.

Ils se sont contentés de rire et de le frapper avec de longs bâtons en bois.

Buck biss in die Stöcke, dann wurde ihm klar, dass es das war, was ihnen gefiel.

Buck a mordu les bâtons, puis s'est rendu compte que c'était ce qu'ils aimaient.

Also legte er sich ruhig hin, mürrisch und vor stiller Wut brennend.

Il s'allongea donc tranquillement, maussade et brûlant d'une rage silencieuse.

Sie hoben die Kiste auf einen Wagen und fuhren mit ihm weg.

Ils ont soulevé la caisse dans un chariot et sont partis avec lui.

Die Kiste mit Buck darin wechselte oft den Besitzer.

La caisse, avec Buck enfermé à l'intérieur, changeait souvent de mains.

Express-Büroangestellte übernahmen die Leitung und kümmerten sich kurz um ihn.

Les employés du bureau express ont pris les choses en main et l'ont traité brièvement.

Dann transportierte ein anderer Wagen Buck durch die laute Stadt.

Puis un autre chariot transporta Buck à travers la ville bruyante.

Ein Lastwagen brachte ihn mit Kisten und Paketen auf eine Fähre.

Un camion l'a emmené avec des cartons et des colis sur un ferry:

Nach der Überquerung lud ihn der Lastwagen an einem Bahndepot ab.

Après la traversée, le camion l'a déchargé dans un dépôt ferroviaire.

Schließlich wurde Buck in einen wartenden Expresswagen gesetzt.

Finalement, Buck fut placé dans une voiture express en attente.

Zwei Tage und Nächte lang zogen Züge den Schnellzug ab.

Pendant deux jours et deux nuits, les trains ont emporté la voiture express.

Buck hat während der gesamten schmerzhaften Reise weder gegessen noch getrunken.

Buck n'a ni mangé ni bu pendant tout le douloureux voyage.

Als die Expressboten versuchten, sich ihm zu nähern, knurrte er.

Lorsque les messagers express ont essayé de l'approcher, il a grogné.

Sie reagierten, indem sie ihn verspotteten und grausam hänselten.

Ils ont réagi en se moquant de lui et en le taquinant cruellement.

Buck warf sich schäumend und zitternd gegen die Gitterstäbe

Buck se jeta sur les barreaux, écumant et tremblant

Sie lachten laut und verspotteten ihn wie Schulhofschläger.

ils ont ri bruyamment et l'ont raillé comme des brutes de cour d'école.

Sie bellten wie falsche Hunde und wedelten mit den Armen.

Ils aboyaient comme de faux chiens et battaient des bras.

Sie krähten sogar wie Hähne, nur um ihn noch mehr aufzuregen.

Ils ont même chanté comme des coqs juste pour le contrarier davantage.

Es war dummes Verhalten und Buck wusste, dass es lächerlich war.

C'était un comportement stupide, et Buck savait que c'était ridicule.

Doch das verstärkte seine Empörung und Scham nur noch.

Mais cela n'a fait qu'approfondir son sentiment d'indignation et de honte.

Der Hunger plagte ihn während der Reise kaum.

Il n'a pas été trop dérangé par la faim pendant le voyage.

Doch der Durst brachte starke Schmerzen und unerträgliches Leiden mit sich.

Mais la soif provoquait une douleur aiguë et une souffrance insupportable.

Sein trockener, entzündeter Hals und seine Zunge brannten vor Hitze.

Sa gorge sèche et enflammée et sa langue brûlaient de chaleur.

Dieser Schmerz schürte das Fieber, das in seinem stolzen Körper aufstieg.

Cette douleur alimentait la fièvre qui montait dans son corps fier.

Buck war während dieses Prozesses für eine einzige Sache dankbar.

Buck était reconnaissant pour une seule chose au cours de ce procès.

Das Seil um seinen dicken Hals war entfernt worden.

La corde avait été retirée de son cou épais.

Das Seil hatte diesen Männern einen unfairen und grausamen Vorteil verschafft.

La corde avait donné à ces hommes un avantage injuste et cruel.

Jetzt war das Seil weg und Buck schwor, dass es nie wieder zurückkommen würde.

Maintenant, la corde avait disparu et Buck jura qu'elle ne reviendrait jamais.

Er beschloss, sich nie wieder ein Seil um den Hals legen zu lassen.

Il a décidé qu'aucune corde ne passerait plus jamais autour de son cou.

Zwei lange Tage und Nächte litt er ohne Essen.

Pendant deux longs jours et deux longues nuits, il souffrit sans nourriture.

Und in diesen Stunden baute sich in ihm eine enorme Wut auf.

Et pendant ces heures, il a développé une énorme rage en lui.

Seine Augen wurden vor ständiger Wut blutunterlaufen und wild.

Ses yeux sont devenus injectés de sang et sauvages à cause d'une colère constante.

Er war nicht mehr Buck, sondern ein Dämon mit schnappenden Kiefern.

Il n'était plus Buck, mais un démon aux mâchoires claquantes.

Nicht einmal der Richter hätte dieses verrückte Wesen erkannt.

Même le juge n'aurait pas reconnu cette créature folle.

Die Expressboten atmeten erleichtert auf, als sie Seattle erreichten

Les messagers express ont soupiré de soulagement lorsqu'ils ont atteint Seattle

Vier Männer hoben die Kiste hoch und brachten sie in einen Hinterhof.

Quatre hommes ont soulevé la caisse et l'ont amenée dans une cour arrière.

Der Hof war klein und von hohen, massiven Mauern umgeben.

La cour était petite, entourée de murs hauts et solides.

Ein großer Mann in einem ausgeleierten roten Pullover kam heraus.

Un grand homme sortit, vêtu d'un pull rouge affaissé.

Mit dicker, kühner Handschrift unterschrieb er das Lieferbuch.

Il a signé le carnet de livraison d'une écriture épaisse et audacieuse.

Buck spürte sofort, dass dieser Mann sein nächster Peiniger war.

Buck sentit immédiatement que cet homme était son prochain bourreau.

Er stürzte sich heftig auf die Gitterstäbe, die Augen rot vor Wut.

Il se jeta violemment sur les barreaux, les yeux rouges de fureur.

Der Mann lächelte nur finster und holte ein Beil.

L'homme sourit simplement sombrement et alla chercher une hachette.

Er brachte auch eine Keule in seiner dicken und starken rechten Hand mit.

Il portait également une massue dans sa main droite épaisse et forte.

„Wollen Sie ihn jetzt rausholen?", fragte der Fahrer besorgt.

« Tu vas le sortir maintenant ? » demanda le chauffeur, inquiet.

„Sicher", sagte der Mann und rammte das Beil als Hebel in die Kiste.

« Bien sûr », dit l'homme en enfonçant la hachette dans la caisse comme levier.

Die vier Männer stoben sofort auseinander und sprangen auf die Hofmauer.

Les quatre hommes se dispersèrent instantanément et sautèrent sur le mur de la cour.

Von ihren sicheren Plätzen oben warteten sie, um das Spektakel zu beobachten.

Depuis leurs endroits sûrs, ils attendaient d'assister au spectacle.

Buck stürzte sich auf das zersplitterte Holz, biss und zitterte heftig.

Buck se jeta sur le bois éclaté, le mordant et le secouant violemment.

Jedes Mal, wenn die Axt den Käfig traf, war Buck da, um ihn anzugreifen.

Chaque fois que la hachette touchait la cage, Buck était là pour l'attaquer.

Er knurrte und schnappte vor wilder Wut und wollte unbedingt freigelassen werden.

Il grogna et claqua des dents avec une rage folle, impatient d'être libéré.

Der Mann draußen war ruhig und gelassen und konzentrierte sich auf seine Aufgabe.

L'homme dehors était calme et stable, concentré sur sa tâche.

„Also gut, du rotäugiger Teufel", sagte er, als das Loch groß war.

« Bon, alors, espèce de diable aux yeux rouges », dit-il lorsque le trou fut grand.

Er ließ das Beil fallen und nahm die Keule in die rechte Hand.

Il laissa tomber la hachette et prit le gourdin dans sa main droite.

Buck sah wirklich aus wie ein Teufel; seine Augen blutunterlaufen und lodernd.

Buck ressemblait vraiment à un diable ; les yeux injectés de
sang et flamboyants.

**Sein Fell sträubte sich, Schaum stand ihm vor dem Mund,
seine Augen funkelten.**

Son pelage se hérissait, de la mousse s'échappait de sa bouche,
ses yeux brillaient.

**Er spannte seine Muskeln an und sprang direkt auf den
roten Pullover zu.**

Il rassembla ses muscles et se jeta directement sur le pull
rouge.

**Hundertvierzig Pfund Wut prasselten auf den ruhigen
Mann zu.**

Cent quarante livres de fureur s'abattèrent sur l'homme calme.

**Kurz bevor er die Zähne zusammenbiss, traf ihn ein
schrecklicher Schlag.**

Juste avant que ses mâchoires ne se referment, un coup
terrible le frappa.

Seine Zähne schnappten zusammen, nur Luft war im Spiel.

Ses dents claquèrent l'une contre l'autre, rien d'autre que l'air

ein Schmerz durchfuhr seinen Körper

une secousse de douleur résonna dans son corps

**Er machte einen Überschlag in der Luft und stürzte auf dem
Rücken und der Seite zu Boden.**

Il a fait un saut périlleux en plein vol et s'est écrasé sur le dos
et sur le côté.

**Er hatte noch nie zuvor einen Knüppelschlag gespürt und
konnte ihn nicht begreifen.**

Il n'avait jamais ressenti auparavant le coup d'un gourdin et
ne pouvait pas le saisir.

**Mit einem kreischenden Knurren, das teils Bellen, teils
Schreien war, sprang er erneut.**

Avec un grognement strident, mi-aboiement, mi-cri, il bondit
à nouveau.

**Ein weiterer brutaler Schlag traf ihn und schleuderte ihn zu
Boden.**

Un autre coup brutal le frappa et le projeta au sol.

Diesmal verstand Buck – es war die schwere Keule des Mannes.

Cette fois, Buck comprit : c'était la lourde massue de l'homme.

Doch die Wut machte ihn blind, und an einen Rückzug dachte er nicht.

Mais la rage l'aveuglait, et il n'avait aucune idée de retraite.

Zwölfmal stürzte er sich in die Luft, und zwölfmal fiel er.

Douze fois il s'est lancé et douze fois il est tombé.

Der Holzknüppel traf ihn jedes Mal mit unbarmherziger, vernichtender Kraft.

Le gourdin en bois le frappait à chaque fois avec une force impitoyable et écrasante.

Nach einem heftigen Schlag kam er benommen und langsam wieder auf die Beine.

Après un coup violent, il se releva en titubant, étourdi et lent.

Blut lief aus seinem Mund, seiner Nase und sogar seinen Ohren.

Du sang coulait de sa bouche, de son nez et même de ses oreilles.

Sein einst so schönes Fell war mit blutigem Schaum verschmiert.

Son pelage autrefois magnifique était maculé de mousse sanglante.

Dann trat der Mann vor und versetzte ihm einen heftigen Schlag auf die Nase.

Alors l'homme s'est avancé et a donné un coup violent au nez.

Die Qualen waren schlimmer als alles, was Buck je gespürt hatte.

L'agonie était plus vive que tout ce que Buck avait jamais ressenti.

Mit einem Brüllen, das eher an ein Tier als an einen Hund erinnerte, sprang er erneut zum Angriff.

Avec un rugissement plus bête que chien, il bondit à nouveau pour attaquer.

Doch der Mann packte seinen Unterkiefer und drehte ihn nach hinten.

Mais l'homme attrapa sa mâchoire inférieure et la tourna vers l'arrière.

Buck überschlug sich kopfüber und stürzte erneut hart auf den Boden.

Buck fit un saut périlleux et s'écrasa à nouveau violemment.

Ein letztes Mal stürmte Buck auf ihn zu, jetzt konnte er kaum noch stehen.

Une dernière fois, Buck se précipita sur lui, maintenant à peine capable de se tenir debout.

Der Mann schlug mit perfektem Timing zu und versetzte den letzten Schlag.

L'homme a frappé avec un timing expert, délivrant le coup final.

Buck brach bewusstlos und regungslos zusammen.

Buck s'est effondré, inconscient et immobile.

„Er ist kein Stümper im Hundezähmen, das sage ich", rief ein Mann.

« Il n'est pas mauvais pour dresser les chiens, c'est ce que je dis », a crié un homme.

„Druther kann den Willen eines Hundes an jedem Tag der Woche brechen."

« Druther peut briser la volonté d'un chien n'importe quel jour de la semaine. »

„Und zweimal an einem Sonntag!", fügte der Fahrer hinzu.

« Et deux fois un dimanche ! » a ajouté le chauffeur.

Er stieg in den Wagen und ließ die Zügel knacken, um loszufahren.

Il monta dans le chariot et fit claquer les rênes pour partir.

Buck erlangte langsam die Kontrolle über sein Bewusstsein zurück

Buck a lentement repris le contrôle de sa conscience

aber sein Körper war noch zu schwach und gebrochen, um sich zu bewegen.

mais son corps était encore trop faible et brisé pour bouger.

Er blieb liegen, wo er hingefallen war, und beobachtete den Mann im roten Pullover.

Il resta allongé là où il était tombé, regardant l'homme au pull rouge.

„Er hört auf den Namen Buck", sagte der Mann und las laut vor.

« Il répond au nom de Buck », dit l'homme en lisant à haute voix.

Er zitierte aus der Notiz und den Einzelheiten, die mit Bucks Kiste geschickt wurden.

Il a cité la note envoyée avec la caisse de Buck et les détails.

„Also, Buck, mein Junge", fuhr der Mann freundlich fort,

« Eh bien, Buck, mon garçon », continua l'homme d'un ton amical,

„Wir hatten unseren kleinen Streit, und jetzt ist es zwischen uns vorbei."

« Nous avons eu notre petite dispute, et maintenant c'est fini entre nous. »

„Sie haben Ihren Platz kennengelernt und ich habe meinen kennengelernt", fügte er hinzu.

« Tu as appris à connaître ta place, et j'ai appris à connaître la mienne », a-t-il ajouté.

„Sei brav, dann wird alles gut und das Leben wird angenehm sein."

« Sois sage, tout ira bien et la vie sera agréable. »

„Aber wenn du böse bist, schlage ich dir die Seele aus dem Leib, verstanden?"

« Mais sois méchant, et je te botterai les fesses, compris ? »

Während er sprach, streckte er die Hand aus und tätschelte Bucks schmerzenden Kopf.

Tandis qu'il parlait, il tendit la main et tapota la tête douloureuse de Buck.

Bucks Haare stellten sich bei der Berührung des Mannes auf, aber er wehrte sich nicht.

Les cheveux de Buck se dressèrent au contact de l'homme, mais il ne résista pas.

Der Mann brachte ihm Wasser, das Buck in großen Schlucken trank.

L'homme lui apporta de l'eau, que Buck but à grandes gorgées.

Dann kam rohes Fleisch, das Buck Stück für Stück verschlang.

Puis vint la viande crue, que Buck dévora morceau par morceau.

Er wusste, dass er geschlagen war, aber er wusste auch, dass er nicht gebrochen war.

Il savait qu'il était battu, mais il savait aussi qu'il n'était pas brisé.

Gegen einen mit einer Keule bewaffneten Mann hatte er keine Chance.

Il n'avait aucune chance contre un homme armé d'une matraque.

Er hatte die Wahrheit erfahren und diese Lektion nie vergessen.

Il avait appris la vérité et il n'a jamais oublié cette leçon.

Diese Waffe war der Beginn des Gesetzes in Bucks neuer Welt.

Cette arme était le début de la loi dans le nouveau monde de Buck.

Es war der Beginn einer harten, primitiven Ordnung, die er nicht leugnen konnte.

C'était le début d'un ordre dur et primitif qu'il ne pouvait nier.

Er akzeptierte die Wahrheit; seine wilden Instinkte waren nun erwacht.

Il accepta la vérité ; ses instincts sauvages étaient désormais éveillés.

Die Welt war härter geworden, aber Buck stellte sich ihr tapfer.

Le monde était devenu plus dur, mais Buck l'a affronté avec courage.

Er begegnete dem Leben mit neuer Vorsicht, List und stiller Stärke.

Il a affronté la vie avec une prudence, une ruse et une force tranquille nouvelles.

Weitere Hunde kamen an, an Seilen oder in Kisten festgebunden, so wie Buck.

D'autres chiens sont arrivés, attachés dans des cordes ou des caisses comme Buck l'avait été.

Einige Hunde kamen ruhig, andere tobten und kämpften wie wilde Tiere.

Certains chiens sont venus calmement, d'autres ont fait rage et se sont battus comme des bêtes sauvages.

Sie alle wurden der Herrschaft des Mannes im roten Pullover unterworfen.

Ils furent tous soumis au règne de l'homme au pull rouge.

Jedes Mal sah Buck zu und sah, wie sich ihm die gleiche Lektion erschloss.

À chaque fois, Buck regardait et voyait la même leçon se dérouler.

Der Mann mit der Keule war das Gesetz, ein Herr, dem man gehorchen musste.

L'homme avec la massue était la loi, un maître à obéir.

Er musste nicht gemocht werden, aber man musste ihm gehorchen.

Il n'avait pas besoin d'être aimé, mais il fallait qu'on lui obéisse.

Buck schmeichelte oder wedelte nie mit dem Schwanz, wie es die schwächeren Hunde taten.

Buck ne s'est jamais montré flatteur ni n'a remué la queue comme le faisaient les chiens plus faibles.

Er sah Hunde, die geschlagen wurden und trotzdem die Hand des Mannes leckten.

Il a vu des chiens qui avaient été battus et qui continuaient à lécher la main de l'homme.

Er sah einen Hund, der überhaupt nicht gehorchte oder sich unterwarf.

Il a vu un chien qui refusait d'obéir ou de se soumettre du tout.

Dieser Hund kämpfte, bis er im Kampf um die Kontrolle getötet wurde.

Ce chien s'est battu jusqu'à ce qu'il soit tué dans la bataille pour le contrôle.

Manchmal kamen Fremde, um den Mann im roten Pullover zu sehen.

Des étrangers venaient parfois voir l'homme au pull rouge.

Sie sprachen in seltsamem Ton, flehten, feilschten und lachten.

Ils parlaient sur un ton étrange, suppliant, marchandant et riant.

Als das Geld ausgetauscht wurde, gingen sie mit einem oder mehreren Hunden.

Lors de l'échange d'argent, ils partaient avec un ou plusieurs chiens.

Buck fragte sich, wohin diese Hunde gingen, denn keiner kam jemals zurück.

Buck se demandait où étaient passés ces chiens, car aucun n'était jamais revenu.

Angst vor dem Unbekannten erfüllte Buck jedes Mal, wenn ein fremder Mann kam

la peur de l'inconnu envahissait Buck chaque fois qu'un homme étrange venait

Er war jedes Mal froh, wenn ein anderer Hund mitgenommen wurde und nicht er selbst.

il était content à chaque fois qu'un autre chien était pris, plutôt que lui-même.

Doch schließlich kam Buck an die Reihe, als ein fremder Mann eintraf.

Mais finalement, le tour de Buck arriva avec l'arrivée d'un homme étrange.

Er war klein, drahtig und sprach gebrochenes Englisch und fluchte.

Il était petit, nerveux, parlait un anglais approximatif et jurait.

„Heilig!", schrie er, als er Bucks Gestalt erblickte.

« Sacré-Dam ! » hurla-t-il en posant les yeux sur le corps de Buck.

„Das ist aber ein verdammter Rüpel! Wie viel?", fragte er laut.

« C'est un sacré chien tyrannique ! Hein ? Combien ? »
demanda-t-il à voix haute.

„Dreihundert, und für diesen Preis ist er ein Geschenk."

« Trois cents, et c'est un cadeau à ce prix-là. »

**„Da es sich um staatliche Gelder handelt, sollten Sie sich
nicht beschweren, Perrault."**

« Puisque c'est de l'argent du gouvernement, tu ne devrais pas
te plaindre, Perrault. »

**Perrault grinste über den Deal, den er gerade mit dem Mann
gemacht hatte.**

Perrault sourit à l'idée de l'accord qu'il venait de conclure avec
cet homme.

**Aufgrund der plötzlichen Nachfrage waren die Preise für
Hunde in die Höhe geschossen.**

Le prix des chiens a grimpé en flèche en raison de la demande
soudaine.

Dreihundert Dollar waren für so ein tolles Tier nicht unfair.

Trois cents dollars, ce n'était pas injuste pour une si belle bête.

**Die kanadische Regierung würde bei dem Abkommen
nichts verlieren**

Le gouvernement canadien ne perdrait rien dans cet accord

**Auch ihre offiziellen Depeschen würden während des
Transports nicht verzögert.**

Leurs dépêches officielles ne seraient pas non plus retardées
en transit.

**Perrault kannte sich gut mit Hunden aus und erkannte, dass
Buck etwas Seltenes war.**

Perrault connaissait bien les chiens et pouvait voir que Buck
était quelque chose de rare.

**„Einer von zehntausend", dachte er, als er Bucks Körperbau
betrachtete.**

« Un sur dix dix mille », pensa-t-il en étudiant la silhouette de
Buck.

**Buck sah, wie das Geld den Besitzer wechselte, zeigte sich
jedoch nicht überrascht.**

Buck a vu l'argent changer de mains, mais n'a montré aucune
surprise.

Bald wurden er und Curly, ein sanfter Neufundländer, weggeführt.

Bientôt, lui et Curly, un gentil Terre-Neuve, furent emmenés.

Sie folgten dem kleinen Mann aus dem Hof des roten Pullovers.

Ils suivirent le petit homme depuis la cour du pull rouge.

Das war das letzte Mal, dass Buck den Mann mit der Holzkeule sah.

Ce fut la dernière fois que Buck vit l'homme avec la massue en bois.

Vom Deck der Narwhal aus beobachtete er, wie Seattle in der Ferne verschwand.

Depuis le pont du Narval, il regardait Seattle disparaître au loin.

Es war auch das letzte Mal, dass er das warme Südland sah.

C'était aussi la dernière fois qu'il voyait le chaud Southland.

Perrault brachte sie unter Deck und ließ sie bei François zurück.

Perrault les emmena sous le pont et les laissa à François.

François war ein Riese mit schwarzem Gesicht und rauen, schwieligen Händen.

François était un géant au visage noir, aux mains rugueuses et calleuses.

Er war dunkelhäutig und hatte eine dunkle Hautfarbe, ein französisch-kanadischer Mischling.

Il était brun et basané; un métis franco-canadien.

Für Buck waren diese Männer von einer Art, die er noch nie zuvor gesehen hatte.

Pour Buck, ces hommes étaient d'un genre qu'il n'avait jamais vu auparavant.

Er würde in den kommenden Tagen viele solcher Männer kennenlernen.

Il allait connaître beaucoup d'autres hommes de ce genre dans les jours qui suivirent.

Er konnte sie zwar nicht lieb gewinnen, aber er begann, sie zu respektieren.

Il ne s'est pas attaché à eux, mais il a appris à les respecter.

Sie waren fair und weise und ließen sich von keinem Hund so leicht täuschen.

Ils étaient justes et sages, et ne se laissaient pas facilement tromper par un chien.

Sie beurteilten Hunde ruhig und bestraften sie nur, wenn es angebracht war.

Ils jugeaient les chiens avec calme et ne les punissaient que lorsqu'ils le méritaient.

Im Unterdeck der Narwhal trafen Buck und Curly zwei Hunde.

Sur le pont inférieur du Narwhal, Buck et Curly ont rencontré deux chiens.

Einer war ein großer weißer Hund aus dem fernen, eisigen Spitzbergen.

L'un d'eux était un grand chien blanc venu du lointain et glacial Spitzberg.

Er war einmal mit einem Walfänger gesegelt und hatte sich einer Erkundungsgruppe angeschlossen.

Il avait autrefois navigué avec un baleinier et rejoint un groupe d'enquête.

Er war auf eine schlaue, hinterhältige und listige Art freundlich.

Il était amical d'une manière sournoise, sournoise et rusée.

Bei ihrer ersten Mahlzeit stahl er ein Stück Fleisch aus Bucks Pfanne.

Lors de leur premier repas, il a volé un morceau de viande dans la poêle de Buck.

Buck sprang, um ihn zu bestrafen, aber François' Peitsche schlug zuerst zu.

Buck sauta pour le punir, mais le fouet de François frappa en premier.

Der weiße Dieb schrie auf und Buck holte sich den gestohlenen Knochen zurück.

Le voleur blanc hurla et Buck récupéra l'os volé.

Diese Fairness beeindruckte Buck und François verdiente sich seinen Respekt.

Cette équité impressionna Buck, et François gagna son respect.

Der andere Hund grüßte nicht und wollte auch nichts zurück.

L'autre chien ne lui a pas adressé de salut et n'en a pas voulu en retour.

Er stahl weder Essen noch beschnüffelte er die Neuankömmlinge interessiert.

Il ne volait pas de nourriture et ne reniflait pas les nouveaux arrivants avec intérêt.

Dieser Hund war grimmig und ruhig, düster und bewegte sich langsam.

Ce chien était sinistre et calme, sombre et lent.

Er warnte Curly, sich fernzuhalten, indem er sie einfach anstarrte.

Il a averti Curly de rester à l'écart en la regardant simplement.

Seine Botschaft war klar: Lass mich in Ruhe, sonst gibt es Ärger.

Son message était clair : laissez-moi tranquille ou il y aura des problèmes.

Er hieß Dave und nahm seine Umgebung kaum wahr.

Il s'appelait Dave et il remarquait à peine son environnement.

Er schlief oft, aß ruhig und gähnte ab und zu.

Il dormait souvent, mangeait tranquillement et bâillait de temps en temps.

Das Schiff summte ständig, während unten der Propeller schlug.

Le navire ronronnait constamment avec le battement de l'hélice en dessous.

Die Tage vergingen, ohne dass sich viel änderte, aber das Wetter wurde kälter.

Les jours passèrent sans grand changement, mais le temps devint plus froid.

Buck spürte es in seinen Knochen und bemerkte, dass es den anderen genauso ging.

Buck pouvait le sentir dans ses os et remarqua que les autres le faisaient aussi.

Dann blieb eines Morgens der Propeller stehen und alles war still.

Puis un matin, l'hélice s'est arrêtée et tout est redevenu calme.

Eine Energie durchströmte das Schiff; etwas hatte sich verändert.

Une énergie parcourut le vaisseau ; quelque chose avait changé.

François kam herunter, legte ihnen die Leinen an und brachte sie hoch.

François est descendu, les a attachés en laisse et les a remontés.

Buck stieg aus und fand den Boden weich, weiß und kalt.

Buck sortit et trouva le sol doux, blanc et froid.

Er sprang erschrocken zurück und schnaubte völlig verwirrt.

Il sursauta en arrière, alarmé, et renifla, totalement confus.

Seltsames weißes Zeug fiel vom grauen Himmel.

Une étrange substance blanche tombait du ciel gris.

Er schüttelte sich, aber die weißen Flocken landeten immer wieder auf ihm.

Il se secoua, mais les flocons blancs continuaient à atterrir sur lui.

Er roch vorsichtig an dem weißen Zeug und leckte an ein paar eisigen Stückchen.

Il renifla soigneusement la substance blanche et lécha quelques morceaux glacés.

Das Pulver brannte wie Feuer und verschwand dann einfach von seiner Zunge.

La poudre brûla comme du feu, puis disparut de sa langue.

Buck versuchte es noch einmal und war verwirrt über die seltsame, verschwindende Kälte.

Buck essaya à nouveau, intrigué par l'étrange froideur qui disparaissait.

Die Männer um ihn herum lachten und Buck war verlegen.

Les hommes autour de lui rirent et Buck se sentit gêné.

Er wusste nicht warum, aber er schämte sich für seine Reaktion.

Il ne savait pas pourquoi, mais il avait honte de sa réaction.

Es war seine erste Erfahrung mit Schnee und es verwirrte
ihn.
C'était sa première expérience avec la neige, et cela le dérouta.

Das Gesetz von Keule und Fang
La loi du club et des crocs

**Bucks erster Tag am Strand von Dyea fühlte sich wie ein
schrecklicher Albtraum an.**
Le premier jour de Buck sur la plage de Dyea ressemblait à un
terrible cauchemar.
**Jede Stunde brachte neue Schocks und unerwartete
Veränderungen für Buck.**
Chaque heure apportait de nouveaux chocs et des
changements inattendus pour Buck.
**Er war aus der Zivilisation gerissen und ins wilde Chaos
gestürzt worden.**
Il avait été arraché à la civilisation et jeté dans un chaos
sauvage.
**Dies war kein sonniges, faules Leben mit Langeweile und
Ruhe.**
Ce n'était pas une vie ensoleillée et paresseuse, faite d'ennui et
de repos.
**Es gab keinen Frieden, keine Ruhe und keinen Moment
ohne Gefahr.**
Il n'y avait pas de paix, pas de repos, et pas un instant sans
danger.
**Überall herrschte Verwirrung und die Gefahr war immer in
der Nähe.**
La confusion régnait sur tout et le danger était toujours
proche.
**Buck musste wachsam bleiben, denn diese Männer und
Hunde waren anders.**

Buck devait rester vigilant car ces hommes et ces chiens étaient différents.

Sie kamen nicht aus der Stadt, sie waren wild und gnadenlos.

Ils n'étaient pas originaires des villes ; ils étaient sauvages et sans pitié.

Diese Männer und Hunde kannten nur das Gesetz der Keule und der Reißzähne.

Ces hommes et ces chiens ne connaissaient que la loi du gourdin et des crocs.

Buck hatte noch nie Hunde so kämpfen sehen wie diese wilden Huskys.

Buck n'avait jamais vu de chiens se battre comme ces huskies sauvages.

Seine erste Erfahrung lehrte ihn eine Lektion, die er nie vergessen würde.

Sa première expérience lui a appris une leçon qu'il n'oublierait jamais.

Er hatte Glück, dass er es nicht war, sonst wäre auch er gestorben.

Il a eu de la chance que ce ne soit pas lui, sinon il serait mort aussi.

Curly war derjenige, der litt, während Buck zusah und lernte.

Curly était celui qui souffrait tandis que Buck regardait et apprenait.

Sie hatten ihr Lager in der Nähe eines aus Baumstämmen gebauten Ladens aufgeschlagen.

Ils avaient installé leur campement près d'un magasin construit en rondins.

Curly versuchte, einem großen, wolfsähnlichen Husky gegenüber freundlich zu sein.

Curly a essayé d'être amical avec un grand husky ressemblant à un loup.

Der Husky war kleiner als Curly, sah aber wild und böse aus.

Le husky était plus petit que Curly, mais avait l'air sauvage et méchant.

Ohne Vorwarnung sprang er auf und schlug ihr ins Gesicht.
Sans prévenir, il a sauté et lui a ouvert le visage.

Seine Zähne schnitten in einer Bewegung von ihrem Auge bis zu ihrem Kiefer.
Ses dents lui coupèrent l'œil jusqu'à sa mâchoire en un seul mouvement.

So kämpften Wölfe: Sie schlugen schnell zu und sprangen weg.
C'est ainsi que les loups se battaient : ils frappaient vite et sautaient loin.

Aber es gab mehr zu lernen als nur diesen einen Angriff.
Mais il y avait plus à apprendre que de cette seule attaque.

Dutzende Huskys stürmten herein und bildeten einen stillen Kreis.
Des dizaines de huskies se sont précipités et ont formé un cercle silencieux.

Sie schauten aufmerksam zu und leckten sich hungrig die Lippen.
Ils regardaient attentivement et se léchaient les lèvres avec faim.

Buck verstand weder ihr Schweigen noch ihre begierigen Blicke.
Buck ne comprenait pas leur silence ni leurs regards avides.

Curly stürzte sich ein zweites Mal auf den Husky, um ihn anzugreifen.
Curly s'est précipité pour attaquer le husky une deuxième fois.

Mit einer kräftigen Bewegung seiner Brust warf er sie um.
Il a utilisé sa poitrine pour la renverser avec un mouvement puissant.

Sie fiel auf die Seite und konnte nicht wieder aufstehen.
Elle est tombée sur le côté et n'a pas pu se relever.

Darauf hatten die anderen die ganze Zeit gewartet.
C'est ce que les autres attendaient depuis le début.

Die Huskies sprangen sie an und jaulten und knurrten wie wild.

Les huskies ont sauté sur elle, hurlant et grognant avec frénésie.

Sie schrie, als sie unter einem Haufen Hunde begruben.

Elle a crié alors qu'ils l'enterraient sous un tas de chiens.

Der Angriff erfolgte so schnell, dass Buck vor Schreck erstarrte.

L'attaque fut si rapide que Buck resta figé sur place sous le choc.

Er sah, wie Spitz die Zunge herausstreckte, als würde er lachen.

Il vit Spitz tirer la langue d'une manière qui ressemblait à un rire.

François schnappte sich eine Axt und rannte direkt in die Hundegruppe hinein.

François a attrapé une hache et a couru droit vers le groupe de chiens.

Drei weitere Männer halfen mit Knüppeln, die Huskies zu vertreiben.

Trois autres hommes ont utilisé des gourdins pour aider à repousser les huskies.

In nur zwei Minuten war der Kampf vorbei und die Hunde waren verschwunden.

En seulement deux minutes, le combat était terminé et les chiens avaient disparu.

Curly lag tot im roten, zertrampelten Schnee, ihr Körper war zerfetzt.

Curly gisait morte dans la neige rouge et piétinée, son corps déchiré.

Ein dunkelhäutiger Mann stand über ihr und verfluchte die brutale Szene.

Un homme à la peau sombre se tenait au-dessus d'elle, maudissant la scène brutale.

Die Erinnerung blieb bei Buck und verfolgte ihn nachts in seinen Träumen.

Le souvenir est resté avec Buck et a hanté ses rêves la nuit.

So war es hier: keine Fairness, keine zweite Chance.

C'était comme ça ici : pas d'équité, pas de seconde chance.

Sobald ein Hund fiel, töteten die anderen ihn gnadenlos.
Une fois qu'un chien tombait, les autres le tuaient sans pitié.
Buck beschloss damals, dass er niemals zulassen würde, dass er fällt.
Buck décida alors qu'il ne se permettrait jamais de tomber.
Spitz streckte erneut die Zunge heraus und lachte über das Blut.
Spitz tira à nouveau la langue et rit du sang.
Von diesem Moment an hasste Buck Spitz aus vollem Herzen.
À partir de ce moment-là, Buck détesta Spitz de tout son cœur.

Bevor Buck sich von Curlys Tod erholen konnte, passierte etwas Neues.
Avant que Buck ne puisse se remettre de la mort de Curly, quelque chose de nouveau s'est produit.
François kam herüber und schnallte etwas um Bucks Körper.
François s'est approché et a attaché quelque chose autour du corps de Buck.
Es war ein Geschirr wie das, das auf der Ranch für Pferde verwendet wurde.
C'était un harnais comme ceux utilisés sur les chevaux du ranch.
Buck hatte gesehen, wie Pferde arbeiteten, und nun musste auch er arbeiten.
Comme Buck avait vu les chevaux travailler, il devait maintenant travailler aussi.
Er musste François auf einem Schlitten in den nahegelegenen Wald ziehen.
Il a dû tirer François sur un traîneau dans la forêt voisine.
Anschließend musste er eine Ladung schweres Brennholz zurückziehen.
Il a ensuite dû ramener une lourde charge de bois de chauffage.
Buck war stolz und deshalb tat es ihm weh, wie ein Arbeitstier behandelt zu werden.

Buck était fier, donc cela lui faisait mal d'être traité comme un animal de travail.

Aber er war klug und versuchte nicht, gegen die neue Situation anzukämpfen.

Mais il était sage et n'a pas essayé de lutter contre la nouvelle situation.

Er akzeptierte sein neues Leben und gab bei jeder Aufgabe sein Bestes.

Il a accepté sa nouvelle vie et a donné le meilleur de lui-même dans chaque tâche.

Alles an der Arbeit war ihm fremd und ungewohnt.

Tout ce qui concernait ce travail lui était étrange et inconnu.

François war streng und verlangte unverzüglichen Gehorsam.

François était strict et exigeait l'obéissance sans délai.

Seine Peitsche sorgte dafür, dass jeder Befehl sofort befolgt wurde.

Son fouet garantissait que chaque ordre soit exécuté immédiatement.

Dave war der Schlittenführer, der Hund, der dem Schlitten hinter Buck am nächsten war.

Dave était le conducteur du traîneau, le chien le plus proche du traîneau derrière Buck.

Dave biss Buck in die Hinterbeine, wenn er einen Fehler machte.

Dave mordait Buck sur les pattes arrière s'il faisait une erreur.

Spitz war der Leithund und in dieser Rolle geschickt und erfahren.

Spitz était le chien de tête, compétent et expérimenté dans ce rôle.

Spitz konnte Buck nicht leicht erreichen, korrigierte ihn aber trotzdem.

Spitz ne pouvait pas atteindre Buck facilement, mais il le corrigea quand même.

Er knurrte barsch oder zog den Schlitten auf eine Art, die Buck etwas beibrachte.

Il grognait durement ou tirait le traîneau d'une manière qui enseignait à Buck.

Durch dieses Training lernte Buck schneller, als alle erwartet hatten.

Grâce à cette formation, Buck a appris plus vite que ce qu'ils avaient imaginé.

Er hat hart gearbeitet und sowohl von François als auch von den anderen Hunden gelernt.

Il a travaillé dur et a appris de François et des autres chiens.

Als sie zurückkamen, kannte Buck die wichtigsten Befehle bereits.

À leur retour, Buck connaissait déjà les commandes clés.

Von François hat er gelernt, beim Laut „ho" anzuhalten.

Il a appris à s'arrêter au son « ho » de François.

Er lernte, wann er den Schlitten ziehen und rennen musste.

Il a appris quand il a dû tirer le traîneau et courir.

Er lernte, in den Kurven des Weges ohne Probleme weit abzubiegen.

Il a appris à tourner largement dans les virages du sentier sans difficulté.

Er lernte auch, Dave auszuweichen, wenn der Schlitten schnell bergab fuhr.

Il a également appris à éviter Dave lorsque le traîneau descendait rapidement.

„Das sind sehr gute Hunde", sagte François stolz zu Perrault.

« Ce sont de très bons chiens », dit fièrement François à Perrault.

„Dieser Buck zieht wie der Teufel – ich bringe ihm das so schnell bei, wie ich nur kann."

« Ce Buck tire comme un dingue, je lui apprends vite fait. »

Später am Tag kam Perrault mit zwei weiteren Huskys zurück.

Plus tard dans la journée, Perrault est revenu avec deux autres chiens husky.

Ihre Namen waren Billee und Joe und sie waren Brüder.

Ils s'appelaient Billee et Joe, et ils étaient frères.

Sie stammten von derselben Mutter, waren sich aber überhaupt nicht ähnlich.

Ils venaient de la même mère, mais ne se ressemblaient pas du tout.

Billee war gutmütig und zu allen sehr freundlich.

Billee était de nature douce et très amicale avec tout le monde.

Joe war das Gegenteil – ruhig, wütend und immer am Knurren.

Joe était tout le contraire : calme, en colère et toujours en train de grogner.

Buck begrüßte sie freundlich und blieb beiden gegenüber ruhig.

Buck les a accueillis de manière amicale et s'est montré calme avec eux deux.

Dave schenkte ihnen keine Beachtung und blieb wie üblich still.

Dave ne leur prêta aucune attention et resta silencieux comme d'habitude.

Um seine Dominanz zu demonstrieren, griff Spitz zuerst Billee und dann Joe an.

Spitz a attaqué d'abord Billee, puis Joe, pour montrer sa domination.

Billee wedelte mit dem Schwanz und versuchte, freundlich zu Spitz zu sein.

Billee remua la queue et essaya d'être amical avec Spitz.

Als das nicht funktionierte, versuchte er stattdessen wegzulaufen.

Lorsque cela n'a pas fonctionné, il a essayé de s'enfuir à la place.

Er weinte traurig, als Spitz ihn fest in die Seite biss.

Il a pleuré tristement lorsque Spitz l'a mordu fort sur le côté.

Aber Joe war ganz anders und ließ sich nicht einschüchtern.

Mais Joe était très différent et refusait d'être intimidé.

Jedes Mal, wenn Spitz näher kam, drehte sich Joe schnell um, um ihm in die Augen zu sehen.

Chaque fois que Spitz s'approchait, Joe se retournait pour lui faire face rapidement.

Sein Fell sträubte sich, seine Lippen kräuselten sich und seine Zähne schnappten wild.

Sa fourrure se hérissa, ses lèvres se retroussèrent et ses dents claquèrent sauvagement.

Joes Augen glänzten vor Angst und Wut und forderten Spitz heraus, zuzuschlagen.

Les yeux de Joe brillaient de peur et de rage, défiant Spitz de frapper.

Spitz gab den Kampf auf und wandte sich gedemütigt und wütend ab.

Spitz abandonna le combat et se détourna, humilié et en colère.

Er ließ seine Frustration an dem armen Billee aus und jagte ihn davon.

Il a déversé sa frustration sur le pauvre Billee et l'a chassé.

An diesem Abend fügte Perrault dem Team einen weiteren Hund hinzu.

Ce soir-là, Perrault ajouta un chien de plus à l'équipe.

Dieser Hund war alt, mager und mit Kampfnarben übersät.

Ce chien était vieux, maigre et couvert de cicatrices de guerre.

Eines seiner Augen fehlte, doch das andere blitzte kraftvoll auf.

L'un de ses yeux manquait, mais l'autre brillait de puissance.

Der neue Hund hieß Solleks, was „der Wütende" bedeutet.

Le nom du nouveau chien était Solleks, ce qui signifiait « celui qui est en colère ».

Wie Dave verlangte Solleks nichts von anderen und gab nichts zurück.

Comme Dave, Solleks ne demandait rien aux autres et ne donnait rien en retour.

Als Solleks langsam ins Lager ging, blieb sogar Spitz fern.

Lorsque Solleks entra lentement dans le camp, même Spitz resta à l'écart.

Er hatte eine seltsame Angewohnheit, die Buck unglücklicherweise entdeckte.

Il avait une étrange habitude que Buck a eu la malchance de découvrir.

Solleks hasste es, von der Seite angesprochen zu werden, auf der er blind war.

Solleks détestait qu'on l'approche du côté où il était aveugle.

Buck wusste das nicht und machte diesen Fehler versehentlich.

Buck ne le savait pas et a fait cette erreur par accident.

Solleks wirbelte herum und versetzte Buck einen schnellen, tiefen Schlag auf die Schulter.

Solleks se retourna et frappa l'épaule de Buck profondément et rapidement.

Von diesem Moment an kam Buck nie wieder in die Nähe von Solleks' blinder Seite.

À partir de ce moment, Buck ne s'est plus jamais approché du côté aveugle de Solleks.

Für den Rest ihrer gemeinsamen Zeit gab es nie wieder Probleme.

Ils n'ont plus jamais eu de problèmes pendant le reste de leur temps ensemble.

Solleks wollte nur in Ruhe gelassen werden, wie der ruhige Dave.

Solleks voulait seulement être laissé seul, comme le calme Dave.

Doch Buck erfuhr später, dass jeder von ihnen ein anderes geheimes Ziel hatte.

Mais Buck apprendra plus tard qu'ils avaient chacun un autre objectif secret.

In dieser Nacht stand Buck vor einer neuen und beunruhigenden Herausforderung: Wie sollte er schlafen?

Cette nuit-là, Buck a dû faire face à un nouveau défi troublant : comment dormir.

Das Zelt leuchtete warm im Kerzenlicht auf dem schneebedeckten Feld.

La tente brillait chaleureusement à la lumière des bougies dans le champ enneigé.

Buck ging hinein und dachte, er könnte sich dort wie zuvor ausruhen.

Buck entra, pensant qu'il pourrait se reposer là comme avant.

Aber Perrault und François schrien ihn an und warfen Pfannen.

Mais Perrault et François lui criaient dessus et lui jetaient des casseroles.

Schockiert und verwirrt rannte Buck in die eisige Kälte hinaus.

Choqué et confus, Buck s'est enfui dans le froid glacial.

Ein bitterkalter Wind stach ihm in die verletzte Schulter und ließ seine Pfoten erfrieren.

Un vent glacial piquait son épaule blessée et lui gelait les pattes.

Er legte sich in den Schnee und versuchte, im Freien zu schlafen.

Il s'est allongé dans la neige et a essayé de dormir à la belle étoile.

Doch die Kälte zwang ihn bald, heftig zitternd wieder aufzustehen.

Mais le froid l'obligea bientôt à se relever, tremblant terriblement.

Er wanderte durch das Lager und versuchte, ein wärmeres Plätzchen zu finden.

Il erra dans le camp, essayant de trouver un endroit plus chaud.

Aber jede Ecke war genauso kalt wie die vorherige.

Mais chaque coin était aussi froid que le précédent.

Manchmal sprangen ihn wilde Hunde aus der Dunkelheit an.

Parfois, des chiens sauvages sautaient sur lui dans l'obscurité.

Buck sträubte sein Fell, fletschte die Zähne und knurrte warnend.

Buck hérissa sa fourrure, montra ses dents et grogna en signe d'avertissement.

Er lernte schnell und die anderen Hunde zogen sich schnell zurück.

Il apprenait vite et les autres chiens reculaient rapidement.

Trotzdem hatte er keinen Platz zum Schlafen und keine Ahnung, was er tun sollte.

Il n'avait toujours pas d'endroit où dormir et ne savait pas quoi faire.

Endlich kam ihm ein Gedanke: Er sollte nach seinen Teamkollegen sehen.

Finalement, une pensée lui vint : aller voir ses coéquipiers.

Er kehrte in ihre Gegend zurück und war überrascht, dass sie verschwunden waren.

Il est retourné dans leur région et a été surpris de les trouver partis.

Erneut durchsuchte er das Lager, konnte sie jedoch immer noch nicht finden.

Il chercha à nouveau dans le camp, mais ne parvint toujours pas à les trouver.

Er wusste, dass sie nicht im Zelt sein durften, sonst wäre er auch dort gewesen.

Il savait qu'ils ne pouvaient pas être dans la tente, sinon il le serait aussi.

Wo also waren all die Hunde in diesem eisigen Lager geblieben?

Alors, où étaient passés tous les chiens dans ce camp gelé ?

Buck, kalt und elend, umrundete langsam das Zelt.

Buck, froid et misérable, tournait lentement autour de la tente.

Plötzlich sanken seine Vorderbeine in den weichen Schnee und er erschrak.

Soudain, ses pattes avant s'enfoncèrent dans la neige molle et le surprit.

Etwas zappelte unter seinen Füßen und er sprang ängstlich zurück.

Quelque chose se tortilla sous ses pieds et il sursauta en arrière, effrayé.

Er knurrte und fauchte, ohne zu wissen, was sich unter dem Schnee verbarg.

Il grogna et grogna, ne sachant pas ce qui se cachait sous la neige.

Dann hörte er ein freundliches kleines Bellen, das seine Angst linderte.

Puis il entendit un petit aboiement amical qui apaisa sa peur.

Er schnüffelte in der Luft und kam näher, um zu sehen, was verborgen war.

Il renifla l'air et s'approcha pour voir ce qui était caché.

Unter dem Schnee lag, zu einer warmen Kugel zusammengerollt, der kleine Billee.

Sous la neige, recroquevillée en boule chaude, se trouvait la petite Billee.

Billee wedelte mit dem Schwanz und leckte Bucks Gesicht zur Begrüßung.

Billee remua la queue et lécha le visage de Buck pour le saluer.

Buck sah, wie Billee im Schnee einen Schlafplatz gebaut hatte.

Buck a vu comment Billee avait fabriqué un endroit pour dormir dans la neige.

Er hatte sich eingegraben und nutzte seine eigene Wärme, um sich warm zu halten.

Il avait creusé et utilisé sa propre chaleur pour rester au chaud.

Buck hatte eine weitere Lektion gelernt – so schliefen die Hunde.

Buck avait appris une autre leçon : c'est ainsi que les chiens dormaient.

Er suchte sich eine Stelle aus und begann, sein eigenes Loch in den Schnee zu graben.

Il a choisi un endroit et a commencé à creuser son propre trou dans la neige.

Anfangs bewegte er sich zu viel und verschwendete Energie.

Au début, il bougeait trop et gaspillait de l'énergie.

Doch bald erwärmte sein Körper den Raum und er fühlte sich sicher.

Mais bientôt son corps réchauffa l'espace et il se sentit en sécurité.

Er rollte sich fest zusammen und schlief bald fest.

Il se recroquevilla étroitement et, peu de temps après, il s'endormit profondément.

Der Tag war lang und hart gewesen und Buck war erschöpft.

La journée avait été longue et dure, et Buck était épuisé.

Er schlief tief und fest, obwohl seine Träume wild waren.
Il dormait profondément et confortablement, même si ses
rêves étaient fous.
Er knurrte und bellte im Schlaf und wand sich im Traum.
Il grognait et aboyait dans son sommeil, se tordant pendant
qu'il rêvait.

Buck wachte erst auf, als im Lager bereits Leben erwachte.
Buck ne s'est réveillé que lorsque le camp était déjà en train de
prendre vie.
Zuerst wusste er nicht, wo er war oder was passiert war.
Au début, il ne savait pas où il était ni ce qui s'était passé.
**Über Nacht war Schnee gefallen und hatte seinen Körper
vollständig begraben.**
La neige était tombée pendant la nuit et avait complètement
enseveli son corps.
Der Schnee umgab ihn von allen Seiten dicht.
La neige se pressait autour de lui, serrée de tous côtés.
**Plötzlich durchfuhr eine Welle der Angst Bucks ganzen
Körper.**
Soudain, une vague de peur traversa tout le corps de Buck.
**Es war die Angst, gefangen zu sein, eine Angst aus tiefen
Instinkten.**
C'était la peur d'être piégé, une peur venue d'instincts
profonds.
**Obwohl er noch nie eine Falle gesehen hatte, lebte die Angst
in ihm.**
Bien qu'il n'ait jamais vu de piège, la peur vivait en lui.
**Er war ein zahmer Hund, aber jetzt erwachten seine alten
wilden Instinkte.**
C'était un chien apprivoisé, mais maintenant ses vieux
instincts sauvages se réveillaient.
**Bucks Muskeln spannten sich an und sein Fell stellte sich
auf seinem ganzen Rücken auf.**
Les muscles de Buck se tendirent et sa fourrure se dressa sur
tout son dos.

Er knurrte wild und sprang senkrecht durch den Schnee nach oben.

Il grogna férocement et bondit droit dans la neige.

Als er ins Tageslicht trat, flog Schnee in alle Richtungen.

La neige volait dans toutes les directions alors qu'il faisait irruption dans la lumière du jour.

Schon vor der Landung sah Buck das Lager vor sich ausgebreitet.

Avant même d'atterrir, Buck vit le camp s'étendre devant lui.

Er erinnerte sich auf einmal an alles vom Vortag.

Il se souvenait de tout ce qui s'était passé la veille, d'un seul coup.

Er erinnerte sich daran, wie er mit Manuel spazieren gegangen war und an diesem Ort gelandet war.

Il se souvenait d'avoir flâné avec Manuel et d'avoir fini à cet endroit.

Er erinnerte sich daran, wie er das Loch gegraben hatte und in der Kälte eingeschlafen war.

Il se souvenait avoir creusé le trou et s'être endormi dans le froid.

Jetzt war er wach und die wilde Welt um ihn herum war klar.

Maintenant, il était réveillé et le monde sauvage qui l'entourait était clair.

Ein Ruf von François begrüßte Bucks plötzliches Auftauchen.

Un cri de François salua l'apparition soudaine de Buck.

„Was habe ich gesagt?", rief der Hundeführer Perrault laut zu.

« Qu'est-ce que j'ai dit ? » cria le conducteur du chien à Perrault.

„Dieser Buck lernt wirklich sehr schnell", fügte François hinzu.

« Ce Buck apprend vraiment très vite », a ajouté François.

Perrault nickte ernst und war offensichtlich mit dem Ergebnis zufrieden.

Perrault hocha gravement la tête, visiblement satisfait du résultat.

Als Kurier für die kanadische Regierung beförderte er Depeschen.

En tant que courrier pour le gouvernement canadien, il transportait des dépêches.

Er war bestrebt, die besten Hunde für seine wichtige Mission zu finden.

Il était impatient de trouver les meilleurs chiens pour son importante mission.

Er war besonders erfreut, dass Buck nun Teil des Teams war.

Il se sentait particulièrement heureux maintenant que Buck faisait partie de l'équipe.

Innerhalb einer Stunde kamen drei weitere Huskies zum Team hinzu.

Trois autres huskies ont été ajoutés à l'équipe en une heure.

Damit betrug die Gesamtzahl der Hunde im Team neun.

Cela porte le nombre total de chiens dans l'équipe à neuf.

Innerhalb von fünfzehn Minuten lagen alle Hunde im Geschirr.

En quinze minutes, tous les chiens étaient dans leurs harnais.

Das Schlittenteam schwang sich den Weg hinauf in Richtung Dyea Cañon.

L'équipe de traîneaux remontait le sentier en direction du canyon de Dyea.

Buck war froh, gehen zu können, auch wenn die Arbeit, die vor ihm lag, hart war.

Buck était heureux de partir, même si le travail à venir était difficile.

Er stellte fest, dass er weder die Arbeit noch die Kälte besonders verabscheute.

Il s'est rendu compte qu'il ne détestait pas particulièrement le travail ou le froid.

Er war überrascht von der Begeisterung, die das gesamte Team erfüllte.

Il a été surpris par l'empressement qui a rempli toute l'équipe.

Noch überraschender war die Veränderung, die bei Dave und Solleks vor sich ging.

Encore plus surprenant fut le changement qui s'était produit chez Dave et Solleks.

Diese beiden Hunde waren völlig unterschiedlich, als sie ein Geschirr trugen.

Ces deux chiens étaient complètement différents lorsqu'ils étaient attelés.

Ihre Passivität und Sorglosigkeit waren völlig verschwunden.

Leur passivité et leur manque d'intérêt avaient complètement disparu.

Sie waren aufmerksam und aktiv und bestrebt, ihre Arbeit gut zu machen.

Ils étaient alertes et actifs, et désireux de bien faire leur travail.

Sie reagierten äußerst verärgert über alles, was zu Verzögerungen oder Verwirrung führte.

Ils s'irritaient violemment à tout ce qui pouvait provoquer un retard ou une confusion.

Die harte Arbeit an den Zügeln stand im Mittelpunkt ihres gesamten Wesens.

Le travail acharné sur les rênes était le centre de tout leur être.

Das Schlittenziehen schien das Einzige zu sein, was ihnen wirklich Spaß machte.

Tirer un traîneau semblait être la seule chose qu'ils appréciaient vraiment.

Dave war am Ende der Gruppe und dem Schlitten am nächsten.

Dave était à l'arrière du groupe, le plus proche du traîneau lui-même.

Buck landete vor Dave und Solleks zog an Buck vorbei.

Buck a été placé devant Dave, et Solleks a dépassé Buck.

Die übrigen Hunde liefen in einer Reihe vorn.

Le reste des chiens était aligné devant eux en file indienne.

Die Führungsposition an der Spitze besetzte Spitz.

La position de tête à l'avant était occupée par Spitz.

Buck war zur Einweisung zwischen Dave und Solleks platziert worden.

Buck avait été placé entre Dave et Solleks pour l'instruction.

Er lernte schnell und sie waren strenge und fähige Lehrer.

Il apprenait vite et ils étaient des professeurs fermes et compétents.

Sie ließen nie zu, dass Buck lange im Irrtum blieb.

Ils n'ont jamais permis à Buck de rester longtemps dans l'erreur.

Sie erteilten ihre Lektionen, wenn nötig, mit scharfen Zähnen.

Ils ont enseigné leurs leçons avec des dents acérées quand c'était nécessaire.

Dave war fair und zeigte eine ruhige, ernste Art von Weisheit.

Dave était juste et faisait preuve d'une sagesse calme et sérieuse.

Er hat Buck nie ohne guten Grund gebissen.

Il n'a jamais mordu Buck sans une bonne raison de le faire.

Aber er hat es nie versäumt, zuzubeißen, wenn Buck eine Korrektur brauchte.

Mais il n'a jamais manqué de mordre lorsque Buck avait besoin d'être corrigé.

François' Peitsche war immer bereit und untermauerte ihre Autorität.

Le fouet de François était toujours prêt et soutenait leur autorité.

Buck merkte bald, dass es besser war zu gehorchen, als sich zu wehren.

Buck a vite compris qu'il valait mieux obéir que riposter.

Einmal verhedderte sich Buck während einer kurzen Pause in den Zügeln.

Un jour, lors d'un court repos, Buck s'est emmêlé dans les rênes.

Er verzögerte den Start und brachte die Bewegungen des Teams durcheinander.

Il a retardé le départ et a perturbé le mouvement de l'équipe.

Dave und Solleks stürzten sich auf ihn und verprügelten ihn brutal.

Dave et Solleks se sont jetés sur lui et lui ont donné une raclée.

Das Gewirr wurde nur noch schlimmer, aber Buck lernte seine Lektion.

L'enchevêtrement n'a fait qu'empirer, mais Buck a bien appris sa leçon.

Von da an hielt er die Zügel straff und arbeitete vorsichtig.

Dès lors, il garda les rênes tendues et travailla avec soin.

Bevor der Tag zu Ende war, hatte Buck einen Großteil seiner Aufgabe gemeistert.

Avant la fin de la journée, Buck avait maîtrisé une grande partie de sa tâche.

Seine Teamkollegen hörten fast auf, ihn zu korrigieren oder zu beißen.

Ses coéquipiers ont presque arrêté de le corriger ou de le mordre.

François' Peitsche knallte immer seltener durch die Luft.

Le fouet de François claquait de moins en moins souvent dans l'air.

Perrault hob sogar Bucks Füße an und untersuchte sorgfältig jede Pfote.

Perrault a même soulevé les pieds de Buck et a soigneusement examiné chaque patte.

Es war ein harter Tageslauf gewesen, lang und anstrengend für alle.

Cela avait été une journée de course difficile, longue et épuisante pour eux tous.

Sie reisten den Cañon hinauf, durch Sheep Camp und an den Scales vorbei.

Ils remontèrent le Cañon, traversèrent Sheep Camp et passèrent devant les Scales.

Sie überquerten die Baumgrenze, dann Gletscher und meterhohe Schneeverwehungen.

Ils ont traversé la limite des forêts, puis des glaciers et des congères de plusieurs mètres de profondeur.

Sie erklommen die große, kalte und unwirtliche Chilkoot-Wasserscheide.

Ils ont escaladé la grande et froide chaîne de montagnes Chilkoot Divide.

Dieser hohe Bergrücken lag zwischen Salzwasser und dem gefrorenen Landesinneren.

Cette haute crête se dressait entre l'eau salée et l'intérieur gelé.

Die Berge bewachten den traurigen und einsamen Norden mit Eis und steilen Anstiegen.

Les montagnes protégeaient le Nord triste et solitaire avec de la glace et des montées abruptes.

Sie kamen gut voran und erreichten eine lange Kette von Seen unterhalb der Wasserscheide.

Ils ont parcouru à bon rythme une longue chaîne de lacs en aval de la ligne de partage des eaux.

Diese Seen füllten die alten Krater erloschener Vulkane.

Ces lacs remplissaient les anciens cratères de volcans éteints.

Spät in der Nacht erreichten sie ein großes Lager am Lake Bennett.

Tard dans la nuit, ils atteignirent un grand camp au bord du lac Bennett.

Tausende Goldsucher waren dort und bauten Boote für den Frühling.

Des milliers de chercheurs d'or étaient là, construisant des bateaux pour le printemps.

Das Eis würde bald aufbrechen und sie mussten bereit sein.

La glace allait bientôt se briser et ils devaient être prêts.

Buck grub sein Loch in den Schnee und fiel in einen tiefen Schlaf.

Buck creusa son trou dans la neige et tomba dans un profond sommeil.

Er schlief wie ein Arbeiter, erschöpft von einem harten Arbeitstag.

Il dormait comme un ouvrier, épuisé par une dure journée de travail.

Doch zu früh wurde er in der Dunkelheit aus dem Schlaf gerissen.

Mais trop tôt dans l'obscurité, il fut tiré de son sommeil.

Er wurde wieder mit seinen Kumpels angeschirrt und vor den Schlitten gespannt.

Il fut à nouveau attelé avec ses compagnons et attaché au traîneau.

An diesem Tag legten sie sechzig Kilometer zurück, weil der Schnee festgetreten war.

Ce jour-là, ils ont parcouru quarante milles, car la neige était bien battue.

Am nächsten Tag und noch viele Tage danach war der Schnee weich.

Le lendemain, et pendant plusieurs jours après, la neige était molle.

Sie mussten den Weg selbst bahnen, härter arbeiten und langsamer vorankommen.

Ils ont dû faire le chemin eux-mêmes, en travaillant plus dur et en avançant plus lentement.

Normalerweise ging Perrault mit Schwimmhäuten an den Schneeschuhen vor dem Team her.

Habituellement, Perrault marchait devant l'équipe avec des raquettes palmées.

Seine Schritte verdichteten den Schnee und erleichterten so die Fortbewegung des Schlittens.

Ses pas ont compacté la neige, facilitant ainsi le déplacement du traîneau.

François, der vom Steuerstand aus steuerte, übernahm manchmal die Kontrolle.

François, qui dirigeait depuis le mât, prenait parfois le relais.

Aber es kam selten vor, dass François die Führung übernahm

Mais il était rare que François prenne les devants

weil Perrault es eilig hatte, die Briefe und Pakete auszuliefern.

parce que Perrault était pressé de livrer les lettres et les colis.

Perrault war stolz auf sein Wissen über Schnee und insbesondere Eis.

Perrault était fier de sa connaissance de la neige, et surtout de la glace.

Dieses Wissen war von entscheidender Bedeutung, da das Eis im Herbst gefährlich dünn war.

Cette connaissance était essentielle, car la glace d'automne était dangereusement mince.

Wo das Wasser unter der Oberfläche schnell floss, gab es überhaupt kein Eis.

Là où l'eau coulait rapidement sous la surface, il n'y avait pas du tout de glace.

Tag für Tag wiederholte sich endlos die gleiche Routine.

Jour après jour, la même routine se répétait sans fin.

Buck arbeitete unermüdlich von morgens bis abends in den Zügeln.

Buck travaillait sans relâche sur les rênes, de l'aube jusqu'à la nuit.

Sie verließen das Lager im Dunkeln, lange bevor die Sonne aufgegangen war.

Ils quittèrent le camp dans l'obscurité, bien avant le lever du soleil.

Als es Tag wurde, hatten sie bereits viele Kilometer zurückgelegt.

Au moment où le jour se leva, ils avaient déjà parcouru de nombreux kilomètres.

Sie schlugen ihr Lager nach Einbruch der Dunkelheit auf, aßen Fisch und gruben sich in den Schnee ein.

Ils ont installé leur campement après la tombée de la nuit, mangeant du poisson et creusant dans la neige.

Buck war immer hungrig und mit seiner Ration nie wirklich zufrieden.

Buck avait toujours faim et n'était jamais vraiment satisfait de sa ration.

Er erhielt jeden Tag anderthalb Pfund getrockneten Lachs.

Il recevait une livre et demie de saumon séché chaque jour.

Doch das Essen schien in ihm zu verschwinden und ließ den Hunger zurück.

Mais la nourriture semblait disparaître en lui, laissant la faim derrière elle.

Er litt unter ständigem Hunger und träumte von mehr Essen.

Il souffrait constamment de la faim et rêvait de plus de nourriture.

Die anderen Hunde haben nur ein Pfund abgenommen, sind aber stark geblieben.

Les autres chiens n'ont pris qu'une livre, mais ils sont restés forts.

Sie waren kleiner und in das Leben im Norden hineingeboren.

Ils étaient plus petits et étaient nés dans le mode de vie du Nord.

Er verlor rasch die Sorgfalt, die sein früheres Leben geprägt hatte.

Il perdit rapidement la méticulosité qui avait marqué son ancienne vie.

Er war ein gieriger Esser gewesen, aber jetzt war das nicht mehr möglich.

Il avait été un mangeur délicat, mais maintenant ce n'était plus possible.

Seine Kameraden waren zuerst fertig und raubten ihm seine noch nicht aufgegessene Ration.

Ses camarades ont terminé premiers et lui ont volé sa ration inachevée.

Als sie einmal damit anfingen, gab es keine Möglichkeit mehr, sein Essen vor ihnen zu verteidigen.

Une fois qu'ils ont commencé, il n'y avait aucun moyen de défendre sa nourriture contre eux.

Während er zwei oder drei Hunde abwehrte, stahlen die anderen den Rest.

Pendant qu'il combattait deux ou trois chiens, les autres volaient le reste.

Um dies zu beheben, begann er, so schnell zu essen wie die anderen.

Pour résoudre ce problème, il a commencé à manger aussi vite que les autres.

Der Hunger trieb ihn so sehr an, dass er sogar Essen zu sich nahm, das ihm nicht gehörte.

La faim le poussait tellement qu'il prenait même de la nourriture qui n'était pas la sienne.

Er beobachtete die anderen und lernte schnell aus ihren Handlungen.

Il observait les autres et apprenait rapidement de leurs actions.

Er sah, wie Pike, ein neuer Hund, Perrault eine Scheibe Speck stahl.

Il a vu Pike, un nouveau chien, voler une tranche de bacon à Perrault.

Pike hatte gewartet, bis Perrault sich umdrehte, um den Speck zu stehlen.

Pike avait attendu que Perrault ait le dos tourné pour voler le bacon.

Am nächsten Tag machte Buck es Pike nach und stahl das ganze Stück.

Le lendemain, Buck a copié Pike et a volé tout le morceau.

Es folgte ein großer Aufruhr, doch Buck wurde nicht verdächtigt.

Un grand tumulte s'ensuivit, mais Buck ne fut pas suspecté.

Stattdessen wurde Dub bestraft, ein tollpatschiger Hund, der immer erwischt wurde.

Dub, un chien maladroit qui se faisait toujours prendre, a été puni à la place.

Dieser erste Diebstahl machte Buck zu einem Hund, der in der Lage war, im Norden zu überleben.

Ce premier vol a fait de Buck un chien apte à survivre dans le Nord.

Er zeigte, dass er sich an neue Bedingungen anpassen und schnell lernen konnte.

Il a montré qu'il pouvait s'adapter à de nouvelles conditions et apprendre rapidement.

Ohne diese Anpassungsfähigkeit wäre er schnell und auf schlimme Weise gestorben.

Sans une telle adaptabilité, il serait mort rapidement et gravement.

Es markierte auch den Zusammenbruch seiner moralischen Natur und seiner früheren Werte.

Cela a également marqué l'effondrement de sa nature morale et de ses valeurs passées.

Im Südland hatte er nach dem Gesetz der Liebe und Güte gelebt.

Dans le Southland, il avait vécu sous la loi de l'amour et de la bonté.

Dort war es sinnvoll, Eigentum und die Gefühle anderer Hunde zu respektieren.

Là, il était logique de respecter la propriété et les sentiments des autres chiens.

Aber das Nordland befolgte das Gesetz der Keule und das Gesetz der Reißzähne.

Mais le Northland suivait la loi du club et la loi du croc.

Wer hier alte Werte respektierte, war dumm und würde scheitern.

Quiconque respectait les anciennes valeurs ici était stupide et échouerait.

Buck hat das alles nicht durchdacht.

Buck n'a pas réfléchi à tout cela dans son esprit.

Er war fit und passte sich daher an, ohne darüber nachdenken zu müssen.

Il était en forme et s'est donc adapté sans avoir besoin de réfléchir.

Sein ganzes Leben lang war er noch nie vor einem Kampf davongelaufen.

De toute sa vie, il n'avait jamais fui un combat.

Doch die Holzkeule des Mannes im roten Pullover änderte diese Regel.

Mais la massue en bois de l'homme au pull rouge a changé cette règle.

Jetzt folgte er einem tieferen, älteren Code, der in sein Wesen eingeschrieben war.

Il suivait désormais un code plus profond et plus ancien, inscrit dans son être.

Er stahl nicht aus Vergnügen, sondern aus Hunger.

Il ne volait pas par plaisir, mais par faim.

Er raubte nie offen, sondern stahl mit List und Sorgfalt.

Il n'a jamais volé ouvertement, mais il a volé avec ruse et prudence.

Er handelte aus Respekt vor der Holzkeule und aus Angst vor dem Fangzahn.

Il a agi par respect pour la massue en bois et par peur du croc.

Kurz gesagt, er hat das getan, was einfacher und sicherer war, als es nicht zu tun.

En bref, il a fait ce qui était plus facile et plus sûr que de ne pas le faire.

Seine Entwicklung – oder vielleicht seine Rückkehr zu alten Instinkten – verlief schnell.

Son développement – ou peut-être son retour à ses anciens instincts – fut rapide.

Seine Muskeln verhärteten sich, bis sie sich stark wie Eisen anfühlten.

Ses muscles se durcirent jusqu'à devenir aussi forts que du fer.

Schmerzen machten ihm nichts mehr aus, es sei denn, sie waren ernst.

Il ne se souciait plus de la douleur, à moins qu'elle ne soit grave.

Er wurde durch und durch effizient und verschwendete überhaupt nichts.

Il est devenu efficace à l'intérieur comme à l'extérieur, ne gaspillant rien du tout.

Er konnte Dinge essen, die scheußlich, verdorben oder schwer verdaulich waren.

Il pouvait manger des choses viles, pourries ou difficiles à digérer.

Was auch immer er aß, sein Magen verbrauchte das letzte bisschen davon.

Quoi qu'il mange, son estomac utilisait jusqu'au dernier morceau de valeur.

Sein Blut transportierte die Nährstoffe weit durch seinen kräftigen Körper.

Son sang transportait les nutriments loin dans son corps puissant.

Dadurch baute er starkes Gewebe auf, das ihm eine unglaubliche Ausdauer verlieh.

Cela a créé des tissus solides qui lui ont donné une endurance incroyable.

Sein Seh- und Geruchssinn wurden viel feiner als zuvor.

Sa vue et son odorat sont devenus beaucoup plus sensibles qu'avant.

Sein Gehör wurde so scharf, dass er im Schlaf leise Geräusche wahrnehmen konnte.

Son ouïe est devenue si fine qu'il pouvait détecter des sons faibles pendant son sommeil.

In seinen Träumen wusste er, ob die Geräusche Sicherheit oder Gefahr bedeuteten.

Il savait dans ses rêves si les sons signifiaient sécurité ou danger.

Er lernte, mit den Zähnen auf das Eis zwischen seinen Zehen zu beißen.

Il a appris à mordre la glace entre ses orteils avec ses dents.

Wenn ein Wasserloch zufror, brach er das Eis mit seinen Beinen.

Si un point d'eau gelait, il brisait la glace avec ses jambes.

Er bäumte sich auf und schlug mit seinen steifen Vorderbeinen hart auf das Eis.

Il se cabra et frappa violemment la glace avec ses membres antérieurs raides.

Seine bemerkenswerteste Fähigkeit war die Vorhersage von Windänderungen über Nacht.

Sa capacité la plus frappante était de prédire les changements de vent pendant la nuit.

Selbst bei Windstille suchte er sich windgeschützte Stellen aus.

Même lorsque l'air était calme, il choisissait des endroits abrités du vent.

Wo auch immer er sein Nest grub, der Wind des nächsten Tages strich an ihm vorbei.

Partout où il creusait son nid, le vent du lendemain le passait à côté de lui.

Er landete immer gemütlich und geschützt, in Lee der Brise.
Il finissait toujours par se blottir et se protéger, sous le vent.

Buck hat nicht nur durch Erfahrung gelernt – auch seine Instinkte sind zurückgekehrt.
Buck n'a pas seulement appris par l'expérience : son instinct est également revenu.

Die Gewohnheiten der domestizierten Generationen begannen zu verschwinden.
Les habitudes des générations domestiquées ont commencé à disparaître.

Er erinnerte sich vage an die alten Zeiten seiner Rasse.
De manière vague, il se souvenait des temps anciens de sa race.

Er dachte an die Zeit zurück, als wilde Hunde in Rudeln durch die Wälder rannten.
Il repensa à l'époque où les chiens sauvages couraient en meute dans les forêts.

Sie hatten ihre Beute gejagt und getötet, während sie sie verfolgten.
Ils avaient poursuivi et tué leur proie en la poursuivant.

Buck lernte leicht, mit Biss und Schnelligkeit zu kämpfen.
Il était facile pour Buck d'apprendre à se battre avec force et rapidité.

Er verwendete Schnitte, Hiebe und schnelle Schnappschüsse, genau wie seine Vorfahren.
Il utilisait des coupures, des entailles et des coups rapides, tout comme ses ancêtres.

Diese Vorfahren regten sich in ihm und erweckten seine wilde Natur.
Ces ancêtres se sont réveillés en lui et ont réveillé sa nature sauvage.

Ihre alten Fähigkeiten waren ihm durch die Blutlinie vererbt worden.
Leurs anciennes compétences lui avaient été transmises par le sang.

Ihre Tricks gehörten ihm nun, ohne dass er üben oder sich anstrengen musste.

Leurs tours étaient désormais à lui, sans besoin de pratique ni d'effort.

In stillen, kalten Nächten hob Buck die Nase und heulte.

Lors des nuits calmes et froides, Buck levait le nez et hurlait.

Er heulte lang und tief, so wie es die Wölfe vor langer Zeit getan hatten.

Il hurla longuement et profondément, comme le faisaient les loups autrefois.

Durch ihn streckten seine toten Vorfahren ihre Nasen und heulten.

À travers lui, ses ancêtres morts pointaient leur nez et hurlaient.

Sie heulten durch die Jahrhunderte mit seiner Stimme und Gestalt.

Ils ont hurlé à travers les siècles avec sa voix et sa forme.

Seine Kadenzen waren ihre, alte Schreie, die von Kummer und Kälte erzählten.

Ses cadences étaient les leurs, de vieux cris qui parlaient de chagrin et de froid.

Sie sangen von Dunkelheit, Hunger und der Bedeutung des Winters.

Ils chantaient l'obscurité, la faim et le sens de l'hiver.

Buck bewies, wie das Leben von Kräften jenseits des eigenen Ichs geprägt wird.

Buck a prouvé que la vie est façonnée par des forces qui nous dépassent.

Das uralte Lied stieg durch Buck auf und ergriff seine Seele.

L'ancienne chanson s'éleva à travers Buck et s'empara de son âme.

Er fand sich selbst, weil Menschen im Norden Gold gefunden hatten.

Il s'est retrouvé parce que les hommes avaient trouvé de l'or dans le Nord.

Und er fand sich selbst, weil Manuel, der Gärtnergehilfe, Geld brauchte.
Et il s'est retrouvé parce que Manuel, l'aide du jardinier, avait besoin d'argent.

Das dominante Urtier
La Bête Primordiale Dominante

In Buck war das dominante Urtier so stark wie eh und je.
La bête primordiale dominante était aussi forte que jamais en Buck.
Doch das dominante Urtier hatte in ihm geschlummert.
Mais la bête primordiale dominante sommeillait en lui.
Das Leben auf dem Trail war hart, aber es stärkte das Tier in Buck.
La vie sur le sentier était dure, mais elle renforçait la bête qui sommeillait en Buck.
Insgeheim wurde das Biest von Tag zu Tag stärker.
Secrètement, la bête devenait de plus en plus forte chaque jour.
Doch dieses innere Wachstum blieb der Außenwelt verborgen.
Mais cette croissance intérieure est restée cachée au monde extérieur.
In Buck baute sich eine stille und ruhige Urkraft auf.
Une force primordiale, calme et tranquille, se construisait à l'intérieur de Buck.
Neue Gerissenheit verlieh Buck Gleichgewicht, Ruhe und Selbstbeherrschung.
Une nouvelle ruse a donné à Buck l'équilibre, le calme, le contrôle et l'équilibre.
Buck konzentrierte sich sehr auf die Anpassung und fühlte sich nie völlig entspannt.
Buck s'est concentré sur son adaptation, sans jamais se sentir complètement détendu.
Er ging Konflikten aus dem Weg, fing nie Streit an und suchte auch nie Ärger.
Il évitait les conflits, ne déclenchait jamais de bagarres et ne cherchait jamais les ennuis.
Jede Bewegung von Buck war von langsamer, stetiger Nachdenklichkeit geprägt.

Une réflexion lente et constante façonnait chaque mouvement de Buck.

Er vermied überstürzte Entscheidungen und plötzliche, rücksichtslose Entschlüsse.

Il évitait les choix irréfléchis et les décisions soudaines et imprudentes.

Obwohl Buck Spitz zutiefst hasste, zeigte er ihm gegenüber keine Aggression.

Bien que Buck détestait profondément Spitz, il ne lui montrait aucune agressivité.

Buck hat Spitz nie provoziert und sein Verhalten zurückhaltend gehalten.

Buck n'a jamais provoqué Spitz et a gardé ses actions contenues.

Spitz hingegen spürte die wachsende Gefahr, die von Buck ausging.

Spitz, de son côté, sentait le danger grandissant chez Buck.

Er sah in Buck eine Bedrohung und eine ernsthafte Herausforderung seiner Macht.

Il considérait Buck comme une menace et un sérieux défi à son pouvoir.

Er nutzte jede Gelegenheit, um zu knurren und seine scharfen Zähne zu zeigen.

Il profitait de chaque occasion pour grogner et montrer ses dents acérées.

Er versuchte, den tödlichen Kampf zu beginnen, der bevorstand.

Il essayait de déclencher le combat mortel qui devait avoir lieu.

Schon zu Beginn der Reise wäre es beinahe zu einem Streit zwischen ihnen gekommen.

Au début du voyage, une bagarre a failli éclater entre eux.

Doch ein unerwarteter Unfall verhinderte den Kampf.

Mais un accident inattendu a empêché le combat d'avoir lieu.

An diesem Abend schlugen sie ihr Lager am bitterkalten Lake Le Barge auf.

Ce soir-là, ils installèrent leur campement sur le lac Le Barge, extrêmement froid.

Es schneite heftig und der Wind war schneidend wie ein Messer.

La neige tombait fort et le vent soufflait comme un couteau.

Die Nacht war zu schnell hereingebrochen und Dunkelheit umgab sie.

La nuit était venue trop vite et l'obscurité les entourait.

Sie hätten sich kaum einen schlechteren Ort zum Ausruhen aussuchen können.

Ils n'auraient pas pu choisir un pire endroit pour se reposer.

Die Hunde suchten verzweifelt nach einem Platz zum Hinlegen.

Les chiens cherchaient désespérément un endroit où se coucher.

Hinter der kleinen Gruppe erhob sich steil eine hohe Felswand.

Un haut mur de roche s'élevait abruptement derrière le petit groupe.

Das Zelt wurde in Dyea zurückgelassen, um die Last zu erleichtern.

La tente avait été laissée à Dyea pour alléger la charge.

Ihnen blieb nichts anderes übrig, als das Feuer auf dem Eis selbst zu machen.

Ils n'avaient pas d'autre choix que d'allumer le feu sur la glace elle-même.

Sie breiten ihre Schlafmäntel direkt auf dem zugefrorenen See aus.

Ils étendent leurs robes de nuit directement sur le lac gelé.

Ein paar Stücke Treibholz gaben ihnen ein wenig Feuer.

Quelques bâtons de bois flotté leur ont donné un peu de feu.

Doch das Feuer wurde auf dem Eis entfacht und taute hindurch.

Mais le feu s'est allumé sur la glace et a fondu à travers elle.

Schließlich aßen sie ihr Abendessen im Dunkeln.

Finalement, ils mangeaient leur dîner dans l'obscurité.

Buck rollte sich neben dem Felsen zusammen, geschützt vor dem kalten Wind.

Buck s'est recroquevillé près du rocher, à l'abri du vent froid.

Der Platz war so warm und sicher, dass Buck es hasste, wegzugehen.

L'endroit était si chaud et sûr que Buck détestait déménager.

Aber François hatte den Fisch aufgewärmt und verteilte die Rationen.

Mais François avait réchauffé le poisson et distribuait les rations.

Buck aß schnell fertig und ging zurück in sein Bett.

Buck finit de manger rapidement et retourna dans son lit.

Aber Spitz lag jetzt dort, wo Buck sein Bett gemacht hatte.

Mais Spitz était maintenant allongé là où Buck avait fait son lit.

Ein leises Knurren warnte Buck, dass Spitz sich weigerte, sich zu bewegen.

Un grognement sourd avertit Buck que Spitz refusait de bouger.

Bisher hatte Buck diesen Kampf mit Spitz vermieden.

Jusqu'à présent, Buck avait évité ce combat avec Spitz.

Doch tief in Bucks Innerem brach das Biest schließlich aus.

Mais au plus profond de Buck, la bête s'est finalement libérée.

Der Diebstahl seines Schlafplatzes war zu viel für ihn.

Le vol de son lieu de couchage était trop difficile à tolérer.

Buck stürzte sich voller Wut und Zorn auf Spitz.

Buck se lança sur Spitz, plein de colère et de rage.

Bis jetzt hatte Spitz gedacht, Buck sei bloß ein großer Hund.

Jusqu'à présent, Spitz pensait que Buck n'était qu'un gros chien.

Er glaubte nicht, dass Buck durch seinen Geist überlebt hatte.

Il ne pensait pas que Buck avait survécu grâce à son esprit.

Er erwartete Angst und Feigheit, nicht Wut und Rache.

Il s'attendait à la peur et à la lâcheté, pas à la fureur et à la vengeance.

François starrte die beiden Hunde an, als sie aus dem zerstörten Nest stürmten.

François regarda les deux chiens sortir du nid en ruine.

Er verstand sofort, was den wilden Kampf ausgelöst hatte.

Il comprit immédiatement ce qui avait déclenché cette lutte sauvage.

„Aa-ah!", rief François, um dem braunen Hund zuzujubeln.

« Aa-ah ! » s'écria François en soutien au chien brun.

„Verprügelt ihn! Bei Gott, bestraft diesen hinterhältigen Dieb!"

« Frappez-le ! Par Dieu, punissez ce voleur sournois ! »

Spitz zeigte gleichermaßen Bereitschaft und wilden Kampfeswillen.

Spitz a montré une volonté égale et une impatience folle de se battre.

Er schrie wütend auf, während er schnell im Kreis kreiste und nach einer Öffnung suchte.

Il cria de rage tout en tournant rapidement en rond, cherchant une ouverture.

Buck zeigte den gleichen Kampfeshunger und die gleiche Vorsicht.

Buck a montré la même soif de combat et la même prudence.

Auch er umkreiste seinen Gegner und versuchte, im Kampf die Oberhand zu gewinnen.

Il a également encerclé son adversaire, essayant de prendre le dessus dans la bataille.

Dann geschah etwas Unerwartetes und veränderte alles.

Puis quelque chose d'inattendu s'est produit et a tout changé.

Dieser Moment verzögerte den letztendlichen Kampf um die Führung.

Ce moment a retardé l'éventuelle lutte pour le leadership.

Bis zum Ende warteten noch viele Meilen voller Mühe und Anstrengung.

De nombreux kilomètres de piste et de lutte attendaient encore avant la fin.

Perrault stieß einen Fluch aus, als eine Keule auf Knochen schlug.

Perrault cria un juron tandis qu'une massue frappait un os.

Es folgte ein scharfer Schmerzensschrei, dann brach überall Chaos aus.

Un cri aigu de douleur suivit, puis le chaos explosa tout autour.

Dunkle Gestalten bewegten sich im Lager; wilde Huskys, ausgehungert und wild.

Des formes sombres se déplaçaient dans le camp ; des huskies sauvages, affamés et féroces.

Vier oder fünf Dutzend Huskys hatten das Lager von weitem erschnüffelt.

Quatre ou cinq douzaines de huskies avaient reniflé le camp de loin.

Sie hatten sich leise hineingeschlichen, während die beiden Hunde in der Nähe kämpften.

Ils s'étaient glissés discrètement pendant que les deux chiens se battaient à proximité.

François und Perrault griffen an und schwangen Knüppel auf die Eindringlinge.

François et Perrault chargèrent en brandissant des massues sur les envahisseurs.

Die ausgehungerten Huskies zeigten ihre Zähne und wehrten sich rasend.

Les huskies affamés ont montré les dents et ont riposté avec frénésie.

Der Geruch von Fleisch und Brot hatte sie alle Angst vertreiben lassen.

L'odeur de la viande et du pain les avait chassés de toute peur.

Perrault schlug einen Hund, der seinen Kopf in der Fresskiste vergraben hatte.

Perrault battait un chien qui avait enfoui sa tête dans la boîte à nourriture.

Der Schlag war hart, die Schachtel kippte um und das Essen quoll heraus.

Le coup a été violent et la boîte s'est retournée, la nourriture s'est répandue.

Innerhalb von Sekunden rissen sich zwanzig wilde Tiere über das Brot und das Fleisch her.

En quelques secondes, une vingtaine de bêtes sauvages déchirèrent le pain et la viande.

Die Keulen der Männer landeten Schlag auf Schlag, doch kein Hund ließ nach.

Les clubs masculins ont porté coup sur coup, mais aucun chien ne s'est détourné.

Sie schrien vor Schmerz, kämpften aber, bis kein Futter mehr übrig war.

Ils hurlaient de douleur, mais se battaient jusqu'à ce qu'il ne reste plus de nourriture.

Inzwischen waren die Schlittenhunde aus ihren verschneiten Betten gesprungen.

Pendant ce temps, les chiens de traîneau avaient sauté de leurs lits enneigés.

Sie wurden sofort von den bösartigen, hungrigen Huskys angegriffen.

Ils ont été immédiatement attaqués par les huskies vicieux et affamés.

Buck hatte noch nie zuvor so wilde und ausgehungerte Tiere gesehen.

Buck n'avait jamais vu de créatures aussi sauvages et affamées auparavant.

Ihre Haut hing lose und verbarg kaum ihr Skelett.

Leur peau pendait librement, cachant à peine leur squelette.

In ihren Augen brannte ein Feuer aus Hunger und Wahnsinn

Il y avait un feu dans leurs yeux, de faim et de folie

Sie waren nicht aufzuhalten, ihrem wilden Ansturm war kein Widerstand zu leisten.

Il n'y avait aucun moyen de les arrêter, aucune résistance à leur ruée sauvage.

Die Schlittenhunde wurden zurückgedrängt und gegen die Felswand gedrückt.

Les chiens de traîneau furent repoussés, pressés contre la paroi de la falaise.

Drei Huskies griffen Buck gleichzeitig an und rissen ihm das Fleisch auf.

Trois huskies ont attaqué Buck en même temps, déchirant sa chair.

Aus den Schnittwunden an seinem Kopf und seinen Schultern strömte Blut.

Du sang coulait de sa tête et de ses épaules, là où il avait été coupé.

Der Lärm erfüllte das Lager: Knurren, Jaulen und Schmerzensschreie.

Le bruit remplissait le camp : grognements, cris et cris de douleur.

Billee weinte wie immer laut, gefangen im Kampf und in der Panik.

Billee pleurait fort, comme d'habitude, prise dans la mêlée et la panique.

Dave und Solleks standen Seite an Seite, blutend, aber trotzig.

Dave et Solleks se tenaient côte à côte, saignant mais provocants.

Joe kämpfte wie ein Dämon und biss alles, was ihm zu nahe kam.

Joe s'est battu comme un démon, mordant tout ce qui s'approchait.

Mit einem brutalen Schnappen seines Kiefers zerquetschte er das Bein eines Huskys.

Il a écrasé la jambe d'un husky d'un claquement brutal de ses mâchoires.

Pike sprang auf den verletzten Husky und brach ihm sofort das Genick.

Pike a sauté sur le husky blessé et lui a brisé le cou instantanément.

Buck packte einen Husky an der Kehle und riss ihm die Ader auf.

Buck a attrapé un husky par la gorge et lui a déchiré la veine.

Blut spritzte und der warme Geschmack trieb Buck in Raserei.

Le sang gicla et le goût chaud poussa Buck dans une frénésie.

Ohne zu zögern stürzte er sich auf einen anderen Angreifer.

Il s'est jeté sur un autre agresseur sans hésitation.

Im selben Moment gruben sich scharfe Zähne in Bucks Kehle.

Au même moment, des dents acérées s'enfoncèrent dans la gorge de Buck.

Spitz hatte von der Seite zugeschlagen und ohne Vorwarnung angegriffen.

Spitz avait frappé de côté, attaquant sans avertissement.

Perrault und François hatten die Hunde besiegt, die das Futter stahlen.

Perrault et François avaient vaincu les chiens en volant la nourriture.

Nun eilten sie ihren Hunden zu Hilfe, um die Angreifer abzuwehren.

Ils se sont alors précipités pour aider leurs chiens à repousser les attaquants.

Die ausgehungerten Hunde zogen sich zurück, als die Männer ihre Keulen schwangen.

Les chiens affamés se retirèrent tandis que les hommes brandissaient leurs gourdins.

Buck konnte sich dem Angriff befreien, doch die Flucht war nur von kurzer Dauer.

Buck s'est libéré de l'attaque, mais l'évasion a été brève.

Die Männer rannten los, um ihre Hunde zu retten, und die Huskies kamen erneut zum Vorschein.

Les hommes ont couru pour sauver leurs chiens, et les huskies ont de nouveau afflué.

Billee, der aus Angst Mut fasste, sprang in die Hundemeute.

Billee, effrayé et courageux, sauta dans la meute de chiens.

Doch dann floh er in blanker Angst und Panik über das Eis.

Mais il s'est alors enfui sur la glace, saisi de terreur et de panique.

Pike und Dub folgten dicht dahinter und rannten um ihr Leben.

Pike et Dub suivaient de près, courant pour sauver leur vie.

Der Rest des Teams löste sich auf, zerstreute sich und folgte ihnen.

Le reste de l'équipe s'est séparé et dispersé, les suivant.

Buck nahm all seine Kräfte zusammen, um loszurennen, doch dann sah er einen Blitz.

Buck rassembla ses forces pour courir, mais vit alors un éclair.

Spitz stürzte sich auf Buck und versuchte, ihn zu Boden zu schlagen.

Spitz s'est jeté sur le côté de Buck, essayant de le faire tomber au sol.

Unter dieser Meute von Huskys hätte Buck nicht entkommen können.

Sous cette foule de huskies, Buck n'aurait eu aucune échappatoire.

Aber Buck blieb standhaft und wappnete sich für den Schlag von Spitz.

Mais Buck est resté ferme et s'est préparé au coup de Spitz.

Dann drehte er sich um und rannte mit dem fliehenden Team auf das Eis hinaus.

Puis il s'est retourné et a couru sur la glace avec l'équipe en fuite.

Später versammelten sich die neun Schlittenhunde im Schutz des Waldes.

Plus tard, les neuf chiens de traîneau se sont rassemblés à l'abri des bois.

Niemand verfolgte sie mehr, aber sie waren geschlagen und verwundet.

Personne ne les poursuivait plus, mais ils étaient battus et blessés.

Jeder Hund hatte Wunden; vier oder fünf tiefe Schnitte an jedem Körper.

Chaque chien avait des blessures ; quatre ou cinq coupures profondes sur chaque corps.

Dub hatte ein verletztes Hinterbein und konnte kaum noch laufen.

Dub avait une patte arrière blessée et avait du mal à marcher maintenant.

Dolly, der neueste Hund aus Dyea, hatte eine aufgeschlitzte Kehle.

Dolly, le nouveau chien de Dyea, avait la gorge tranchée.

Joe hatte ein Auge verloren und Billees Ohr war in Stücke geschnitten

Joe avait perdu un œil et l'oreille de Billee était coupée en morceaux

Alle Hunde schrien die ganze Nacht vor Schmerz und Niederlage.

Tous les chiens ont crié de douleur et de défaite toute la nuit.

Im Morgengrauen krochen sie wund und gebrochen zurück ins Lager.

À l'aube, ils retournèrent au camp, endoloris et brisés.

Die Huskies waren verschwunden, aber der Schaden war angerichtet.

Les huskies avaient disparu, mais le mal était fait.

Perrault und François standen schlecht gelaunt vor der Ruine.

Perrault et François étaient de mauvaise humeur à cause de la ruine.

Die Hälfte der Lebensmittel war verschwunden und von den hungrigen Dieben geschnappt worden.

La moitié de la nourriture avait disparu, volée par les voleurs affamés.

Die Huskies hatten Schlittenbindungen und Planen zerrissen.

Les huskies avaient déchiré les fixations et la toile du traîneau.

Alles, was nach Essen roch, wurde vollständig verschlungen.

Tout ce qui avait une odeur de nourriture avait été complètement dévoré.

Sie aßen ein Paar von Perraults Reisestiefeln aus Elchleder.

Ils ont mangé une paire de bottes de voyage en peau d'élan de Perrault.

Sie zerkauten Lederreis und ruinierten Riemen, sodass sie nicht mehr verwendet werden konnten.

Ils ont mâché des reis en cuir et ruiné des sangles au point de les rendre inutilisables.

François hörte auf, auf die zerrissene Peitsche zu starren, um nach den Hunden zu sehen.

François cessa de fixer le fouet déchiré pour vérifier les chiens.

„Ah, meine Freunde", sagte er mit leiser, besorgter Stimme.

« Ah, mes amis », dit-il d'une voix basse et pleine d'inquiétude.

„Vielleicht verwandeln euch all diese Bisse in tollwütige Tiere."

« Peut-être que toutes ces morsures vous transformeront en bêtes folles. »

„Vielleicht alles tollwütige Hunde, heiliger Scheiß! Was meinst du, Perrault?"

« Peut-être que ce sont tous des chiens enragés, sacredam ! Qu'en penses-tu, Perrault ? »

Perrault schüttelte den Kopf, seine Augen waren dunkel vor Sorge und Angst.

Perrault secoua la tête, les yeux sombres d'inquiétude et de peur.

Zwischen ihnen und Dawson lagen noch sechshundertvierzig Kilometer.

Il y avait encore quatre cents milles entre eux et Dawson.

Der Hundewahnsinn könnte nun jede Überlebenschance zerstören.

La folie canine pourrait désormais détruire toute chance de survie.

Sie verbrachten zwei Stunden damit, zu fluchen und zu versuchen, die Ausrüstung zu reparieren.

Ils ont passé deux heures à jurer et à essayer de réparer le matériel.

Das verwundete Team verließ schließlich gebrochen und besiegt das Lager.

L'équipe blessée a finalement quitté le camp, brisée et vaincue.

Dies war der bisher schwierigste Weg und jeder Schritt war schmerzhaft.

C'était le sentier le plus difficile jusqu'à présent, et chaque pas était douloureux.

Der Thirty Mile River war nicht zugefroren und rauschte wild.

La rivière Thirty Mile n'était pas gelée et coulait à flots.

Nur an ruhigen Stellen und in wirbelnden Wirbeln konnte das Eis halten.

Ce n'est que dans les endroits calmes et les tourbillons que la glace parvenait à tenir.

Sechs Tage harter Arbeit vergingen, bis die dreißig Meilen geschafft waren.

Six jours de dur labeur se sont écoulés jusqu'à ce que les trente milles soient parcourus.

Jeder Kilometer des Weges barg Gefahren und Todesgefahr.

Chaque kilomètre parcouru sur le sentier apportait du danger et une menace de mort.

Die Männer und Hunde riskierten mit jedem schmerzhaften Schritt ihr Leben.

Les hommes et les chiens risquaient leur vie à chaque pas douloureux.

Perrault durchbrach ein Dutzend Mal dünne Eisbrücken.

Perrault a franchi des ponts de glace minces à une douzaine de reprises.

Er trug eine Stange und ließ sie über das Loch fallen, das sein Körper hinterlassen hatte.

Il portait une perche et la laissait tomber sur le trou que son corps avait fait.

Mehr als einmal rettete diese Stange Perrault vor dem Ertrinken.

Plus d'une fois, ce poteau a sauvé Perrault de la noyade.

Die Kältewelle hielt an, die Lufttemperatur lag bei minus fünfzig Grad.

La vague de froid persistait, l'air était à cinquante degrés en dessous de zéro.

Jedes Mal, wenn er hineinfiel, musste Perrault ein Feuer anzünden, um zu überleben.

Chaque fois qu'il tombait, Perrault devait allumer un feu pour survivre.

Nasse Kleidung gefror schnell, also trocknete er sie in der Nähe der sengenden Hitze.

Les vêtements mouillés gelaient rapidement, alors il les séchait près d'une source de chaleur intense.

Perrault hatte nie Angst und das machte ihn zu einem Kurier.

Aucune peur n'a jamais touché Perrault, et cela a fait de lui un courrier.

Er wurde für die Gefahr auserwählt und begegnete ihr mit stiller Entschlossenheit.

Il a été choisi pour le danger, et il l'a affronté avec une résolution tranquille.

Er drängte sich gegen den Wind vorwärts, sein runzliges Gesicht war erfroren.

Il s'avança face au vent, son visage ratatiné et gelé.

Von der Morgendämmerung bis zum Einbruch der Nacht führte Perrault sie weiter.

De l'aube naissante à la tombée de la nuit, Perrault les mena en avant.

Er ging auf einer schmalen Eiskante, die bei jedem Schritt knackte.

Il marchait sur une étroite bordure de glace qui se fissurait à chaque pas.

Sie wagten nicht, anzuhalten – jede Pause hätte das Risiko eines tödlichen Zusammenbruchs bedeutet.

Ils n'osaient pas s'arrêter : chaque pause risquait de provoquer un effondrement mortel.

Einmal brach der Schlitten durch und zog Dave und Buck hinein.

Un jour, le traîneau s'est brisé, entraînant Dave et Buck à l'intérieur.

Als sie freigezogen wurden, waren beide fast erfroren.

Au moment où ils ont été libérés, tous deux étaient presque gelés.

Die Männer machten schnell ein Feuer, um Buck und Dave am Leben zu halten.

Les hommes ont rapidement allumé un feu pour garder Buck et Dave en vie.

Die Hunde waren von der Nase bis zum Schwanz mit Eis bedeckt und steif wie geschnitztes Holz.

Les chiens étaient recouverts de glace du nez à la queue, raides comme du bois sculpté.

Die Männer ließen sie in der Nähe des Feuers im Kreis laufen, um ihre Körper aufzutauen.

Les hommes les faisaient courir en rond près du feu pour décongeler leurs corps.

Sie kamen den Flammen so nahe, dass ihr Fell versengt wurde.

Ils se sont approchés si près des flammes que leur fourrure a été brûlée.

Als nächster durchbrach Spitz das Eis und zog das Team hinter sich her.

Spitz a ensuite brisé la glace, entraînant l'équipe derrière lui.

Der Bruch reichte bis zu der Stelle, an der Buck zog.

La cassure s'est étendue jusqu'à l'endroit où Buck tirait.

Buck lehnte sich weit zurück, seine Pfoten rutschten und zitterten auf der Kante.

Buck se pencha en arrière, ses pattes glissant et tremblant sur le bord.

Dave streckte sich ebenfalls nach hinten, direkt hinter Buck auf der Leine.

Dave a également tendu vers l'arrière, juste derrière Buck sur la ligne.

François zog den Schlitten, seine Muskeln knackten vor Anstrengung.

François tirait sur le traîneau, ses muscles craquant sous l'effort.

Ein anderes Mal brach das Randeis vor und hinter dem Schlitten.

Une autre fois, la glace du bord s'est fissurée devant et derrière le traîneau.

Sie hatten keinen anderen Ausweg, als eine gefrorene Felswand zu erklimmen.

Ils n'avaient d'autre issue que d'escalader une paroi rocheuse gelée.

Perrault schaffte es irgendwie, die Mauer zu erklimmen; wie durch ein Wunder blieb er am Leben.

Perrault a réussi à escalader le mur, mais un miracle l'a maintenu en vie.

François blieb unten und betete um dasselbe Glück.

François resta en bas, priant pour avoir le même genre de chance.

Sie banden jeden Riemen, jede Zurrschnur und jede Leine zu einem langen Seil zusammen.

Ils ont attaché chaque sangle, chaque amarrage et chaque traçage en une seule longue corde.

Die Männer zogen jeden Hund einzeln nach oben.

Les hommes ont hissé chaque chien, un par un, jusqu'au sommet.

François kletterte als Letzter, nach dem Schlitten und der gesamten Ladung.

François est monté en dernier, après le traîneau et toute la charge.

Dann begann eine lange Suche nach einem Weg von den Klippen hinunter.

Commença alors une longue recherche d'un chemin pour descendre des falaises.

Schließlich stiegen sie mit demselben Seil ab, das sie selbst hergestellt hatten.

Ils sont finalement descendus en utilisant la même corde qu'ils avaient fabriquée.

Es wurde Nacht, als sie erschöpft und wund zum Flussbett zurückkehrten.

La nuit tombait alors qu'ils retournaient au lit de la rivière, épuisés et endoloris.

Der ganze Tag hatte ihnen nur eine Viertelmeile Gewinn eingebracht.

La journée entière ne leur avait permis de gagner qu'un quart de mile.

Als sie das Hootalinqua erreichten, war Buck erschöpft.
Au moment où ils atteignirent le Hootalinqua, Buck était épuisé.

Die anderen Hunde litten ebenso sehr unter den Bedingungen auf dem Trail.
Les autres chiens ont tout autant souffert des conditions du sentier.

Aber Perrault musste Zeit gutmachen und trieb sie jeden Tag weiter an.
Mais Perrault avait besoin de récupérer du temps et les poussait chaque jour.

Am ersten Tag reisten sie dreißig Meilen nach Big Salmon.
Le premier jour, ils ont parcouru trente miles jusqu'à Big Salmon.

Am nächsten Tag reisten sie fünfunddreißig Meilen nach Little Salmon.
Le lendemain, ils parcoururent trente-cinq milles jusqu'à Little Salmon.

Am dritten Tag kämpften sie sich durch sechzig Kilometer lange, eisige Strecken.
Le troisième jour, ils ont parcouru quarante longs kilomètres gelés.

Zu diesem Zeitpunkt näherten sie sich der Siedlung Five Fingers.
À ce moment-là, ils approchaient de la colonie de Five Fingers.

Bucks Füße waren weicher als die harten Füße der einheimischen Huskys.
Les pieds de Buck étaient plus doux que les pieds durs des huskies indigènes.

Seine Pfoten waren im Laufe vieler zivilisierter Generationen zart geworden.
Ses pattes étaient devenues plus fragiles au fil des générations civilisées.

Vor langer Zeit wurden seine Vorfahren von Flussmännern oder Jägern gezähmt.

Il y a longtemps, ses ancêtres avaient été apprivoisés par des hommes de la rivière ou des chasseurs.

Jeden Tag humpelte Buck unter Schmerzen und ging auf wunden, schmerzenden Pfoten.

Chaque jour, Buck boitait de douleur, marchant sur des pattes à vif et douloureuses.

Im Lager fiel Buck wie eine leblose Gestalt in den Schnee.

Au camp, Buck tomba comme une forme sans vie sur la neige.

Obwohl Buck am Verhungern war, stand er nicht auf, um sein Abendessen einzunehmen.

Bien qu'affamé, Buck ne s'est pas levé pour manger son repas du soir.

François brachte Buck seine Ration und legte ihm Fisch neben die Schnauze.

François apporta sa ration à Buck, en déposant du poisson près de son museau.

Jeden Abend massierte der Fahrer Bucks Füße eine halbe Stunde lang.

Chaque nuit, le chauffeur frottait les pieds de Buck pendant une demi-heure.

François hat sogar seine eigenen Mokassins zerschnitten, um daraus Hundeschuhe zu machen.

François a même découpé ses propres mocassins pour en faire des chaussures pour chiens.

Vier warme Schuhe waren für Buck eine große und willkommene Erleichterung.

Quatre chaussures chaudes ont apporté à Buck un grand et bienvenu soulagement.

Eines Morgens vergaß François die Schuhe und Buck weigerte sich aufzustehen.

Un matin, François oublia ses chaussures et Buck refusa de se lever.

Buck lag auf dem Rücken, die Füße in der Luft, und wedelte mitleiderregend damit herum.

Buck était allongé sur le dos, les pieds en l'air, les agitant pitoyablement.

Sogar Perrault grinste beim Anblick von Bucks dramatischer Bitte.

Même Perrault sourit à la vue de l'appel dramatique de Buck.

Bald wurden Bucks Füße hart und die Schuhe konnten weggeworfen werden.

Bientôt, les pieds de Buck devinrent durs et les chaussures purent être jetées.

In Pelly stieß Dolly beim Angeschirrtwerden ein schreckliches Heulen aus.

À Pelly, pendant le temps du harnais, Dolly laissait échapper un hurlement épouvantable.

Der Schrei war lang und voller Wahnsinn und erschütterte jeden Hund.

Le cri était long et rempli de folie, secouant chaque chien.

Jeder Hund zuckte vor Angst zusammen, ohne den Grund zu kennen.

Chaque chien se hérissait de peur sans en connaître la raison.

Dolly war verrückt geworden und stürzte sich direkt auf Buck.

Dolly était devenue folle et s'était jetée directement sur Buck.

Buck hatte noch nie Wahnsinn gesehen, aber sein Herz war von Entsetzen erfüllt.

Buck n'avait jamais vu la folie, mais l'horreur remplissait son cœur.

Ohne nachzudenken, drehte er sich um und floh in absoluter Panik.

Sans réfléchir, il se retourna et s'enfuit, complètement paniqué.

Dolly jagte ihm hinterher, ihre Augen waren wild, Speichel spritzte aus ihrem Maul.

Dolly le poursuivit, les yeux fous, la salive s'échappant de ses mâchoires.

Sie blieb direkt hinter Buck, holte nie auf und fiel nie zurück.

Elle est restée juste derrière Buck, sans jamais gagner ni reculer.

Buck rannte durch den Wald, die Insel hinunter und über zerklüftetes Eis.

Buck courut à travers les bois, le long de l'île, sur de la glace déchiquetée.

Er überquerte die Insel und erreichte eine weitere, bevor er im Kreis zurück zum Fluss ging.

Il traversa vers une île, puis une autre, revenant vers la rivière.

Dolly jagte ihn immer noch und knurrte ihn bei jedem Schritt an.

Dolly le poursuivait toujours, son grognement le suivant de près à chaque pas.

Buck konnte ihren Atem und ihre Wut hören, obwohl er es nicht wagte, zurückzublicken.

Buck pouvait entendre son souffle et sa rage, même s'il n'osait pas regarder en arrière.

François rief aus der Ferne und Buck drehte sich in die Richtung der Stimme um.

François cria de loin, et Buck se tourna vers la voix.

Immer noch nach Luft schnappend rannte Buck vorbei und setzte seine ganze Hoffnung auf François.

Encore à bout de souffle, Buck courut, plaçant tout espoir en François.

Der Hundeführer hob eine Axt und wartete, während Buck vorbeiflog.

Le conducteur du chien leva une hache et attendit que Buck passe à toute vitesse.

Die Axt kam schnell herunter und traf Dollys Kopf mit tödlicher Wucht.

La hache s'abattit rapidement et frappa la tête de Dolly avec une force mortelle.

Buck brach neben dem Schlitten zusammen, keuchte und konnte sich nicht bewegen.

Buck s'est effondré près du traîneau, essoufflé et incapable de bouger.

In diesem Moment hatte Spitz die Chance, einen erschöpften Gegner zu schlagen.

Ce moment a donné à Spitz l'occasion de frapper un ennemi épuisé.

Zweimal biss er Buck und riss das Fleisch bis auf den weißen Knochen auf.

Il a mordu Buck à deux reprises, déchirant la chair jusqu'à l'os blanc.

François' Peitsche knallte und traf Spitz mit voller, wütender Wucht.

Le fouet de François claqua, frappant Spitz avec toute sa force et sa fureur.

Buck sah mit Freude zu, wie Spitz seine bisher härteste Tracht Prügel bekam.

Buck regarda avec joie Spitz recevoir sa raclée la plus dure jusqu'à présent.

„Er ist ein Teufel, dieser Spitz", murmelte Perrault düster vor sich hin.

« C'est un diable, ce Spitz », murmura sombrement Perrault pour lui-même.

„Eines Tages wird dieser verfluchte Hund Buck töten – das schwöre ich."

« Un jour prochain, ce maudit chien tuera Buck, je le jure. »

„Dieser Buck hat zwei Teufel in sich", antwortete François mit einem Nicken.

« Ce Buck a deux démons en lui », répondit François en hochant la tête.

„Wenn ich Buck beobachte, weiß ich, dass etwas Wildes in ihm lauert."

« Quand je regarde Buck, je sais que quelque chose de féroce l'attend. »

„Eines Tages wird er rasend vor Wut werden und Spitz in Stücke reißen."

« Un jour, il deviendra fou comme le feu et mettra Spitz en pièces. »

„Er wird den Hund zerkauen und ihn auf den gefrorenen Schnee spucken."

« Il va mâcher ce chien et le recracher sur la neige gelée. »

„Das weiß ich ganz sicher tief in meinem Innern."

« Bien sûr que non, je le sais au plus profond de moi. »

Von diesem Moment an befanden sich die beiden Hunde im Krieg.

À partir de ce moment-là, les deux chiens étaient engagés dans une guerre.

Spitz führte das Team an und hatte die Macht, aber Buck stellte das in Frage.

Spitz a dirigé l'équipe et a conservé le pouvoir, mais Buck a contesté cela.

Spitz sah seinen Rang durch diesen seltsamen Fremden aus dem Süden bedroht.

Spitz a vu son rang menacé par cet étrange étranger du Sud.

Buck war anders als alle Südstaatenhunde, die Spitz zuvor gekannt hatte.

Buck ne ressemblait à aucun autre chien du sud que Spitz avait connu auparavant.

Die meisten von ihnen scheiterten – sie waren zu schwach, um Kälte und Hunger zu überleben.

La plupart d'entre eux ont échoué, trop faibles pour survivre au froid et à la faim.

Sie starben schnell unter der harten Arbeit, dem Frost und der langsamen Hungersnot.

Ils sont morts rapidement à cause du travail, du gel et de la lenteur de la famine.

Buck stand abseits – mit jedem Tag stärker, klüger und wilder.

Buck se démarquait : plus fort, plus intelligent et plus sauvage chaque jour.

Er gedieh trotz aller Härte und wuchs heran, bis er den nördlichen Huskies ebenbürtig war.

Il a prospéré dans les difficultés, grandissant jusqu'à égaler les huskies du Nord.

Buck hatte Kraft, wilde Geschicklichkeit und einen geduldigen, tödlichen Instinkt.

Buck avait de la force, une habileté sauvage et un instinct patient et mortel.

Der Mann mit der Keule hatte Buck die Unbesonnenheit ausgetrieben.

L'homme avec la massue avait fait perdre à Buck toute témérité.

Die blinde Wut war verschwunden und durch stille Gerissenheit und Kontrolle ersetzt worden.

La fureur aveugle avait disparu, remplacée par une ruse silencieuse et un contrôle.

Er wartete ruhig und ursprünglich und wartete auf den richtigen Moment.

Il attendait, calme et primitif, guettant le bon moment.

Ihr Kampf um die Vorherrschaft wurde unvermeidlich und deutlich.

Leur lutte pour le commandement est devenue inévitable et claire.

Buck strebte nach einer Führungsposition, weil sein Geist es verlangte.

Buck désirait être un leader parce que son esprit l'exigeait.

Er wurde von dem seltsamen Stolz getrieben, der aus der Jagd und dem Geschirr entstand.

Il était poussé par l'étrange fierté née du sentier et du harnais.

Dieser Stolz ließ die Hunde ziehen, bis sie im Schnee zusammenbrachen.

Cette fierté a poussé les chiens à tirer jusqu'à ce qu'ils s'effondrent sur la neige.

Der Stolz verleitete sie dazu, all ihre Kraft einzusetzen.

L'orgueil les a poussés à donner toute la force qu'ils avaient.

Stolz kann einen Schlittenhund sogar in den Tod treiben.

L'orgueil peut attirer un chien de traîneau jusqu'à la mort.

Der Verlust des Geschirrs ließ die Hunde gebrochen und ziellos zurück.

La perte du harnais a laissé les chiens brisés et sans but.

Das Herz eines Schlittenhundes kann vor Scham brechen, wenn er in den Ruhestand geht.

Le cœur d'un chien de traîneau peut être brisé par la honte lorsqu'il prend sa retraite.

Dave lebte von diesem Stolz, während er den Schlitten hinter sich herzog.

Dave vivait avec cette fierté alors qu'il tirait le traîneau par derrière.

Auch Solleks gab mit grimmiger Stärke und Loyalität alles.

Solleks, lui aussi, a tout donné avec une force et une loyauté redoutables.

Jeden Morgen verwandelte der Stolz ihre Verbitterung in Entschlossenheit.

Chaque matin, l'orgueil les faisait passer de l'amertume à la détermination.

Sie drängten den ganzen Tag und verstummten dann am Ende des Lagers.

Ils ont poussé toute la journée, puis sont restés silencieux à la fin du camp.

Dieser Stolz gab Spitz die Kraft, Drückeberger zur Räson zu bringen.

Cette fierté a donné à Spitz la force de battre les tire-au-flanc.

Spitz fürchtete Buck, weil Buck denselben tiefen Stolz in sich trug.

Spitz craignait Buck parce que Buck portait cette même fierté profonde.

Bucks Stolz wandte sich nun gegen Spitz, und er ließ nicht locker.

L'orgueil de Buck s'est alors retourné contre Spitz, et il ne s'est pas arrêté.

Buck widersetzte sich Spitz' Macht und hinderte ihn daran, Hunde zu bestrafen.

Buck a défié le pouvoir de Spitz et l'a empêché de punir les chiens.

Als andere versagten, stellte sich Buck zwischen sie und ihren Anführer.

Lorsque les autres échouaient, Buck s'interposait entre eux et leur chef.

Er tat dies mit Absicht und brachte seine Herausforderung offen und deutlich zum Ausdruck.

Il l'a fait intentionnellement, en rendant son défi ouvert et clair.

In einer Nacht hüllte schwerer Schnee die Welt in tiefe Stille.

Une nuit, une forte neige a recouvert le monde d'un profond silence.

Am nächsten Morgen stand Pike, faul wie immer, nicht zur Arbeit auf.

Le lendemain matin, Pike, paresseux comme toujours, ne se leva pas pour aller travailler.

Er blieb in seinem Nest unter einer dicken Schneeschicht verborgen.

Il est resté caché dans son nid sous une épaisse couche de neige.

François rief und suchte, konnte den Hund jedoch nicht finden.

François a appelé et cherché, mais n'a pas pu trouver le chien.

Spitz wurde wütend und stürmte durch das schneebedeckte Lager.

Spitz devint furieux et se précipita à travers le camp couvert de neige.

Er knurrte und schnüffelte und grub wie verrückt mit flammenden Augen.

Il grogna et renifla, creusant frénétiquement avec des yeux flamboyants.

Seine Wut war so heftig, dass Pike vor Angst unter dem Schnee zitterte.

Sa rage était si féroce que Pike tremblait sous la neige de peur.

Als Pike schließlich gefunden wurde, stürzte sich Spitz auf den versteckten Hund, um ihn zu bestrafen.

Lorsque Pike fut finalement retrouvé, Spitz se précipita pour punir le chien qui se cachait.

Doch Buck sprang mit einer Wut zwischen sie, die Spitz' eigener ebenbürtig war.

Mais Buck s'est précipité entre eux avec une fureur égale à celle de Spitz.

Der Angriff erfolgte so plötzlich und geschickt, dass Spitz umfiel.

L'attaque fut si soudaine et intelligente que Spitz tomba.

Pike, der gezittert hatte, schöpfte aus diesem Trotz neuen Mut.

Pike, qui tremblait, puisa du courage dans ce défi.

Er sprang auf den gefallenen Spitz und folgte Bucks mutigem Beispiel.

Il sauta sur le Spitz tombé, suivant l'exemple audacieux de Buck.

Buck, der nicht länger an Fairness gebunden war, beteiligte sich am Angriff auf Spitz.

Buck, n'étant plus tenu par l'équité, a rejoint la grève contre Spitz.

François, amüsiert, aber dennoch diszipliniert, schwang seine schwere Peitsche.

François, amusé mais ferme dans sa discipline, balançait son lourd fouet.

Er schlug Buck mit aller Kraft, um den Kampf zu beenden.

Il frappa Buck de toutes ses forces pour mettre fin au combat.

Buck weigerte sich, sich zu bewegen und blieb auf dem gefallenen Anführer sitzen.

Buck a refusé de bouger et est resté au sommet du chef tombé.

Dann benutzte François den Griff der Peitsche und schlug Buck damit heftig.

François a ensuite utilisé le manche du fouet, frappant Buck durement.

Buck taumelte unter dem Schlag und fiel zurück.

Titubant sous le coup, Buck recula sous l'assaut.

François schlug immer wieder zu, während Spitz Pike bestrafte.

François frappait encore et encore tandis que Spitz punissait Pike.

Die Tage vergingen und Dawson City kam immer näher.

Les jours passèrent et Dawson City se rapprocha de plus en plus.

Buck mischte sich immer wieder ein und schlüpfte zwischen Spitz und andere Hunde.

Buck n'arrêtait pas d'intervenir, se glissant entre le Spitz et les autres chiens.

Er wählte seine Momente gut und wartete immer darauf, dass François ging.

Il choisissait bien ses moments, attendant toujours que François parte.

Bucks stille Rebellion breitete sich aus und im Team breitete sich Unordnung aus.

La rébellion silencieuse de Buck s'est propagée et le désordre a pris racine dans l'équipe.

Dave und Solleks blieben loyal, andere jedoch wurden widerspenstig.

Dave et Solleks sont restés fidèles, mais d'autres sont devenus indisciplinés.

Die Situation im Team wurde immer schlimmer – es wurde unruhig, streitsüchtig und geriet aus der Reihe.

L'équipe est devenue de plus en plus agitée, querelleuse et hors de propos.

Nichts lief mehr reibungslos und es kam immer wieder zu Streit.

Plus rien ne fonctionnait correctement et les bagarres devenaient courantes.

Buck blieb im Zentrum des Chaos und provozierte ständig Unruhe.

Buck est resté au cœur des troubles, provoquant toujours des troubles.

François blieb wachsam, aus Angst vor dem Kampf zwischen Buck und Spitz.

François restait vigilant, effrayé par le combat entre Buck et Spitz.

Jede Nacht wurde er durch Rangeleien geweckt, aus Angst, dass es endlich losgehen würde.

Chaque nuit, des bagarres le réveillaient, craignant que le commencement n'arrive enfin.

Er sprang aus seiner Robe, bereit, den Kampf zu beenden.

Il sauta de sa robe, prêt à mettre fin au combat.

Aber der Moment kam nie und sie erreichten schließlich Dawson.

Mais le moment n'arriva jamais et ils atteignirent finalement Dawson.

Das Team betrat die Stadt an einem trüben Nachmittag, angespannt und still.

L'équipe est entrée dans la ville un après-midi sombre, tendu et calme.

Der große Kampf um die Führung hing noch immer in der eisigen Luft.

La grande bataille pour le leadership était encore en suspens dans l'air glacial.

Dawson war voller Männer und Schlittenhunde, die alle mit der Arbeit beschäftigt waren.

Dawson était rempli d'hommes et de chiens de traîneau, tous occupés à travailler.

Buck beobachtete die Hunde von morgens bis abends beim Lastenziehen.

Buck regardait les chiens tirer des charges du matin au soir.

Sie transportierten Baumstämme und Brennholz und lieferten Vorräte an die Minen.

Ils transportaient des bûches et du bois de chauffage et acheminaient des fournitures vers les mines.

Wo früher im Süden Pferde arbeiteten, schufteten heute Hunde.

Là où les chevaux travaillaient autrefois dans le Southland, les chiens travaillent désormais.

Buck sah einige Hunde aus dem Süden, aber die meisten waren wolfsähnliche Huskys.

Buck a vu quelques chiens du Sud, mais la plupart étaient des huskies ressemblant à des loups.

Nachts erhoben die Hunde pünktlich zum ersten Mal ihre Stimmen zum Singen.

La nuit, comme une horloge, les chiens élevaient la voix pour chanter.

Um neun, um Mitternacht und erneut um drei begann der Gesang.

À neuf heures, à minuit et à nouveau à trois heures, les chants ont commencé.

Buck liebte es, in ihren unheimlichen Gesang einzustimmen, der wild und uralt klang.

Buck aimait se joindre à leur chant étrange, au son sauvage et ancien.

Das Polarlicht flammte, die Sterne tanzten und das Land war mit Schnee bedeckt.

Les aurores boréales flamboyaient, les étoiles dansaient et la neige recouvrait le pays.

Der Gesang der Hunde erhob sich als Aufschrei gegen die Stille und die bittere Kälte.

Le chant des chiens s'éleva comme un cri contre le silence et le froid glacial.

Doch in jedem langen Ton ihres Heulens war Trauer und nicht Trotz zu hören.

Mais leur hurlement contenait de la tristesse, et non du défi, dans chaque longue note.

Jeder Klageschrei war voller Flehen; die Last des Lebens selbst.

Chaque cri plaintif était plein de supplications, le fardeau de la vie elle-même.

Dieses Lied war alt – älter als Städte und älter als Feuer

Cette chanson était vieille, plus vieille que les villes et plus vieille que les incendies.

Dieses Lied war sogar älter als die Stimmen der Menschen.

Cette chanson était encore plus ancienne que les voix des hommes.

Es war ein Lied aus der jungen Welt, als alle Lieder traurig waren.

C'était une chanson du monde des jeunes, quand toutes les chansons étaient tristes.

Das Lied trug den Kummer unzähliger Hundegenerationen in sich.

La chanson portait la tristesse d'innombrables générations de chiens.

Buck spürte die Melodie tief und stöhnte vor jahrhundertealtem Schmerz.

Buck ressentait profondément la mélodie, gémissant de douleur enracinée dans les âges.

Er schluchzte aus einem Kummer, der so alt war wie das wilde Blut in seinen Adern.

Il sanglotait d'un chagrin aussi vieux que le sang sauvage dans ses veines.

Die Kälte, die Dunkelheit und das Geheimnisvolle berührten Bucks Seele.

Le froid, l'obscurité et le mystère ont touché l'âme de Buck.

Dieses Lied bewies, wie weit Buck zu seinen Ursprüngen zurückgekehrt war.

Cette chanson prouvait à quel point Buck était revenu à ses origines.

Durch Schnee und Heulen hatte er den Anfang seines eigenen Lebens gefunden.

À travers la neige et les hurlements, il avait trouvé le début de sa propre vie.

Sieben Tage nach ihrer Ankunft in Dawson brachen sie erneut auf.

Sept jours après leur arrivée à Dawson, ils repartent.

Das Team verließ die Kaserne und fuhr hinunter zum Yukon Trail.

L'équipe est descendue de la caserne jusqu'au sentier du Yukon.

Sie begannen die Rückreise nach Dyea und Salt Water.

Ils ont commencé le voyage de retour vers Dyea et Salt Water.

Perrault überbrachte noch dringlichere Depeschen als zuvor.

Perrault portait des dépêches encore plus urgentes qu'auparavant.

Auch ihn packte der Trail-Stolz, und er wollte einen Rekord aufstellen.

Il était également saisi par la fierté du sentier et avait pour objectif d'établir un record.

Diesmal hatte Perrault mehrere Vorteile.

Cette fois, plusieurs avantages étaient du côté de Perrault.

Die Hunde hatten eine ganze Woche lang geruht und ihre Kräfte wiedererlangt.

Les chiens s'étaient reposés pendant une semaine entière et avaient repris des forces.

Die Spur, die sie gebahnt hatten, wurde nun von anderen festgestampft.

Le sentier qu'ils avaient ouvert était maintenant damé par d'autres.

An manchen Stellen hatte die Polizei Futter für Hunde und Menschen gelagert.

À certains endroits, la police avait stocké de la nourriture pour les chiens et les hommes.

Perrault reiste mit leichtem Gepäck und bewegte sich schnell, ohne dass ihn etwas belastete.

Perrault voyageait léger, se déplaçait rapidement et n'avait pas grand-chose pour l'alourdir.

Sie erreichten Sixty-Mile, eine Strecke von achtzig Kilometern, noch in der ersten Nacht.

Ils ont atteint Sixty-Mile, une course de cinquante milles, dès la première nuit.

Am zweiten Tag eilten sie den Yukon hinauf nach Pelly.

Le deuxième jour, ils se sont précipités sur le Yukon en direction de Pelly.

Doch dieser tolle Fortschritt war für François mit vielen Strapazen verbunden.

Mais ces beaux progrès ont été accompagnés de beaucoup de difficultés pour François.

Bucks stille Rebellion hatte die Disziplin des Teams zerstört.

La rébellion silencieuse de Buck avait brisé la discipline de l'équipe.

Sie zogen nicht mehr wie ein Tier an den Zügeln.

Ils ne se rassemblaient plus comme une seule bête dans les rênes.

Buck hatte durch sein mutiges Beispiel andere zum Trotz verleitet.

Buck avait conduit d'autres personnes à la défiance par son exemple audacieux.

Spitz' Befehl stieß weder auf Furcht noch auf Respekt.

L'ordre de Spitz n'a plus été accueilli avec crainte ou respect.

Die anderen verloren ihre Ehrfurcht vor ihm und wagten es, sich seiner Herrschaft zu widersetzen.

Les autres ont perdu leur respect pour lui et ont osé résister à son règne.

Eines Nachts stahl Pike einen halben Fisch und aß ihn vor Bucks Augen.

Une nuit, Pike a volé la moitié d'un poisson et l'a mangé sous les yeux de Buck.

In einer anderen Nacht kämpften Dub und Joe gegen Spitz und blieben ungestraft.

Une autre nuit, Dub et Joe se sont battus contre Spitz et sont restés impunis.

Sogar Billee jammerte weniger süß und zeigte eine neue Schärfe.

Même Billee gémissait moins doucement et montrait une nouvelle vivacité.

Buck knurrte Spitz jedes Mal an, wenn sich ihre Wege kreuzten.

Buck grognait sur Spitz à chaque fois qu'ils se croisaient.

Bucks Haltung wurde dreist und bedrohlich, fast wie die eines Tyrannen.

L'attitude de Buck devint audacieuse et menaçante, presque comme celle d'un tyran.

Mit stolzgeschwellter Brust und voller spöttischer Bedrohung schritt er vor Spitz auf und ab.

Il marchait devant Spitz avec une démarche assurée, pleine de menace moqueuse.

Dieser Zusammenbruch der Ordnung breitete sich auch unter den Schlittenhunden aus.

Cet effondrement de l'ordre s'est également propagé parmi les chiens de traîneau.

Sie stritten und stritten mehr denn je und erfüllten das Lager mit Lärm.

Ils se battaient et se disputaient plus que jamais, remplissant le camp de bruit.

Das Lagerleben verwandelte sich jede Nacht in ein wildes, heulendes Chaos.

La vie au camp se transformait chaque nuit en un chaos sauvage et hurlant.

Nur Dave und Solleks blieben ruhig und konzentriert.

Seuls Dave et Solleks sont restés stables et concentrés.

Doch selbst sie wurden durch die ständigen Schlägereien ungehalten.

Mais même eux sont devenus colériques à cause des bagarres incessantes.

François fluchte in fremden Sprachen und stampfte frustriert auf.

François jurait dans des langues étranges et piétinait de frustration.

Er riss sich die Haare aus und schrie, während der Schnee unter seinen Füßen wirbelte.

Il s'arrachait les cheveux et criait tandis que la neige volait sous ses pieds.

Seine Peitsche knallte über das Rudel, konnte es aber kaum in Schach halten.

Son fouet claqua sur le groupe, mais parvint à peine à les maintenir en ligne.

Immer wenn er sich umdrehte, brachen die Kämpfe erneut aus.

Chaque fois qu'il tournait le dos, les combats reprenaient.

François setzte die Peitsche für Spitz ein, während Buck die Rebellen anführte.

François a utilisé le fouet pour Spitz, tandis que Buck a dirigé les rebelles.

Jeder kannte die Rolle des anderen, aber Buck vermied jegliche Schuldzuweisungen.

Chacun connaissait le rôle de l'autre, mais Buck évitait tout blâme.

François hat Buck nie dabei erwischt, wie er eine Schlägerei anfing oder sich vor seiner Arbeit drückte.

François n'a jamais surpris Buck en train de provoquer une bagarre ou de se dérober à son travail.

Buck arbeitete hart im Geschirr – die Mühe erfüllte ihn jetzt mit Begeisterung.

Buck travaillait dur sous le harnais – le travail lui faisait désormais vibrer l'esprit.

Doch noch mehr Freude bereitete ihm das Anzetteln von Kämpfen und Chaos im Lager.

Mais il trouvait encore plus de joie à provoquer des bagarres et du chaos dans le camp.

Eines Abends schreckte Dub an der Mündung des Tahkeena ein Kaninchen auf.

Un soir, à l'embouchure du Tahkeena, Dub fit sursauter un lapin.

Er verpasste den Fang und das Schneeschuhkaninchen sprang davon.

Il a raté la prise et le lièvre d'Amérique s'est enfui.

Innerhalb von Sekunden nahm das gesamte Schlittenteam unter wildem Geschrei die Verfolgung auf.

En quelques secondes, toute l'équipe de traîneau s'est lancée à sa poursuite en poussant des cris sauvages.

In der Nähe beherbergte ein Lager der Northwest Police fünfzig Huskys.

À proximité, un camp de la police du Nord-Ouest abritait une cinquantaine de chiens huskys.

Sie schlossen sich der Jagd an und stürmten gemeinsam den zugefrorenen Fluss hinunter.

Ils se sont joints à la chasse, descendant ensemble la rivière gelée.

Das Kaninchen verließ den Fluss und floh in ein gefrorenes Bachbett.

Le lapin a quitté la rivière et s'est enfui dans le lit d'un
ruisseau gelé.

**Das Kaninchen hüpfte leichtfüßig über den Schnee,
während die Hunde sich durchkämpften.**

Le lapin sautait légèrement sur la neige tandis que les chiens
peinaient à se frayer un chemin.

**Buck führte das riesige Rudel von sechzig Hunden um jede
Kurve.**

Buck menait l'énorme meute de soixante chiens dans chaque
virage sinueux.

**Er drängte tief und eifrig vorwärts, konnte jedoch keinen
Boden gutmachen.**

Il avança, bas et impatient, mais ne put gagner du terrain.

**Bei jedem kraftvollen Sprung blitzte sein Körper im blassen
Mondlicht auf.**

Son corps brillait sous la lune pâle à chaque saut puissant.

**Vor uns bewegte sich das Kaninchen wie ein Geist, lautlos
und zu schnell, um es einzufangen.**

Devant, le lapin se déplaçait comme un fantôme, silencieux et
trop rapide pour être attrapé.

**All diese alten Instinkte – der Hunger, der Nervenkitzel –
durchströmten Buck.**

Tous ces vieux instincts – la faim, le frisson – envahirent Buck.

**Manchmal verspüren Menschen diesen Instinkt und werden
dazu getrieben, mit Gewehr und Kugel zu jagen.**

Les humains ressentent parfois cet instinct et sont poussés à
chasser avec une arme à feu et des balles.

**Aber Buck empfand dieses Gefühl auf einer tieferen und
persönlicheren Ebene.**

Mais Buck ressentait ce sentiment à un niveau plus profond et
plus personnel.

**Sie konnten die Wildnis nicht in ihrem Blut spüren, so wie
Buck sie spüren konnte.**

Ils ne pouvaient pas ressentir la nature sauvage dans leur sang
comme Buck pouvait la ressentir.

**Er jagte lebendes Fleisch, bereit, mit seinen Zähnen zu töten
und Blut zu schmecken.**

Il chassait la viande vivante, prêt à tuer avec ses dents et à goûter le sang.

Sein Körper spannte sich vor Freude, er wollte in warmem, rotem Leben baden.

Son corps se tendait de joie, voulant se baigner dans la vie rouge et chaude.

Eine seltsame Freude markiert den höchsten Punkt, den das Leben jemals erreichen kann.

Une joie étrange marque le point le plus élevé que la vie puisse atteindre.

Das Gefühl eines Gipfels, bei dem die Lebenden vergessen, dass sie überhaupt am Leben sind.

La sensation d'un pic où les vivants oublient même qu'ils sont en vie.

Diese tiefe Freude berührt den Künstler, der sich in glühender Inspiration verliert.

Cette joie profonde touche l'artiste perdu dans une inspiration fulgurante.

Diese Freude ergreift den Soldaten, der wild kämpft und keinen Feind verschont.

Cette joie saisit le soldat qui se bat avec acharnement et n'épargne aucun ennemi.

Diese Freude erfasste nun Buck, der das Rudel mit seinem Urhunger anführte.

Cette joie s'empara alors de Buck alors qu'il menait la meute dans une faim primitive.

Er heulte mit dem uralten Wolfsschrei, aufgeregt durch die lebendige Jagd.

Il hurla avec le cri ancien du loup, ravi par la chasse vivante.

Buck hat den ältesten Teil seiner selbst angezapft, der in der Wildnis verloren war.

Buck a puisé dans la partie la plus ancienne de lui-même, perdue dans la nature.

Er griff tief in sein Inneres, in die Vergangenheit, in die raue, uralte Zeit.

Il a puisé au plus profond de lui-même, au-delà de la mémoire, dans le temps brut et ancien.

Eine Welle puren Lebens durchströmte jeden Muskel und jede Sehne.

Une vague de vie pure a traversé chaque muscle et chaque tendon.

Jeder Sprung schrie, dass er lebte, dass er durch den Tod ging.

Chaque saut criait qu'il vivait, qu'il traversait la mort.

Sein Körper schwebte freudig über stilles, kaltes Land, das sich nie regte.

Son corps s'élevait joyeusement au-dessus d'une terre calme et froide qui ne bougeait jamais.

Spitz blieb selbst in seinen wildesten Momenten kalt und listig.

Spitz est resté froid et rusé, même dans ses moments les plus fous.

Er verließ den Pfad und überquerte das Land, wo der Bach eine weite Biegung machte.

Il quitta le sentier et traversa un terrain où le ruisseau formait une large courbe.

Buck, der davon nichts wusste, blieb auf dem gewundenen Pfad des Kaninchens.

Buck, inconscient de cela, resta sur le chemin sinueux du lapin.

Dann, als Buck um eine Kurve bog, stand das geisterhafte Kaninchen vor ihm.

Puis, alors que Buck tournait un virage, le lapin fantomatique était devant lui.

Er sah, wie eine zweite Gestalt vor der Beute vom Ufer sprang.

Il vit une deuxième silhouette sauter de la berge devant la proie.

Bei der Gestalt handelte es sich um Spitz, der direkt auf dem Weg des fliehenden Kaninchens landete.

La silhouette était celle d'un Spitz, atterrissant juste sur le chemin du lapin en fuite.

Das Kaninchen konnte sich nicht umdrehen und traf mitten in der Luft auf Spitz' Kiefer.

Le lapin ne pouvait pas se retourner et a rencontré les mâchoires de Spitz en plein vol.

Das Rückgrat des Kaninchens brach mit einem Schrei, der so scharf war wie der Schrei eines sterbenden Menschen.

La colonne vertébrale du lapin se brisa avec un cri aussi aigu que le cri d'un humain mourant.

Bei diesem Geräusch – dem Sturz vom Leben in den Tod – heulte das Rudel laut auf.

À ce bruit – la chute de la vie à la mort – la meute hurla fort.

Hinter Buck erhob sich ein wilder Chor voller dunkler Freude.

Un chœur sauvage s'éleva derrière Buck, plein de joie sombre.

Buck gab keinen Schrei von sich, keinen Laut, und stürmte direkt auf Spitz zu.

Buck n'a émis aucun cri, aucun son, et a chargé directement Spitz.

Er zielte auf die Kehle, traf aber stattdessen die Schulter.

Il a visé la gorge, mais a touché l'épaule à la place.

Sie stürzten durch den weichen Schnee, ihre Körper waren in einen Kampf verstrickt.

Ils dégringolèrent dans la neige molle, leurs corps bloqués dans le combat.

Spitz sprang schnell auf, als wäre er nie niedergeschlagen worden.

Spitz se releva rapidement, comme s'il n'avait jamais été renversé.

Er schlug auf Bucks Schulter und sprang dann aus dem Kampf.

Il a entaillé l'épaule de Buck, puis s'est éloigné du combat.

Zweimal schnappten seine Zähne wie Stahlfallen, seine Lippen waren grimmig gekräuselt.

À deux reprises, ses dents claquèrent comme des pièges en acier, ses lèvres se retroussèrent et devinrent féroces.

Er wich langsam zurück und suchte festen Boden unter seinen Füßen.

Il recula lentement, cherchant un sol ferme sous ses pieds.

Buck verstand den Moment sofort und vollkommen.

Buck a compris le moment instantanément et pleinement.

Die Zeit war gekommen; der Kampf würde ein Kampf auf Leben und Tod werden.

Le moment était venu ; le combat allait être un combat à mort.

Die beiden Hunde umkreisten knurrend den Raum, legten die Ohren an und kniffen die Augen zusammen.

Les deux chiens tournaient en rond, grognant, les oreilles plates, les yeux plissés.

Jeder Hund wartete darauf, dass der andere Schwäche zeigte oder einen Fehltritt machte.

Chaque chien attendait que l'autre montre une faiblesse ou fasse un faux pas.

Buck hatte ein unheimliches Gefühl, die Szene zu kennen und tief in Erinnerung zu behalten.

Pour Buck, la scène semblait étrangement connue et profondément ancrée dans ses souvenirs.

Die weißen Wälder, die kalte Erde, die Schlacht im Mondlicht.

Les bois blancs, la terre froide, la bataille au clair de lune.

Eine schwere Stille erfüllte das Land, tief und unnatürlich.

Un silence pesant emplissait le pays, profond et contre nature.

Kein Wind regte sich, kein Blatt bewegte sich, kein Geräusch unterbrach die Stille.

Aucun vent ne soufflait, aucune feuille ne bougeait, aucun bruit ne brisait le silence.

Der Atem der Hunde stieg wie Rauch in die eiskalte, stille Luft.

Le souffle des chiens s'élevait comme de la fumée dans l'air glacial et calme.

Das Kaninchen war von der Meute der wilden Tiere längst vergessen.

Le lapin a été depuis longtemps oublié par la meute de bêtes sauvages.

Diese halb gezähmten Wölfe standen nun still in einem weiten Kreis.

Ces loups à moitié apprivoisés se tenaient maintenant immobiles dans un large cercle.

Sie waren still, nur ihre leuchtenden Augen verrieten ihren Hunger.

Ils étaient silencieux, seuls leurs yeux brillants révélaient leur faim.

Ihr Atem stieg auf, als sie den Beginn des Endkampfes beobachteten.

Leur souffle s'éleva, regardant le combat final commencer.

Für Buck war dieser Kampf alt und erwartet, überhaupt nicht ungewöhnlich.

Pour Buck, cette bataille était ancienne et attendue, pas du tout étrange.

Es fühlte sich an wie die Erinnerung an etwas, das schon immer passieren sollte.

C'était comme un souvenir de quelque chose qui devait arriver depuis toujours.

Spitz war ein ausgebildeter Kampfhund, gestählt durch zahllose wilde Schlägereien.

Le Spitz était un chien de combat entraîné, affiné par d'innombrables bagarres sauvages.

Von Spitzbergen bis Kanada hatte er viele Feinde besiegt.

Du Spitzberg au Canada, il a vaincu de nombreux ennemis.

Er war voller Wut, ließ seiner Wut jedoch nie freien Lauf.

Il était rempli de fureur, mais n'a jamais cédé au contrôle de la rage.

Seine Leidenschaft war scharf, aber immer durch einen harten Instinkt gemildert.

Sa passion était vive, mais toujours tempérée par un instinct dur.

Er griff nie an, bis seine eigene Verteidigung stand.

Il n'a jamais attaqué jusqu'à ce que sa propre défense soit en place.

Buck versuchte immer wieder, Spitz' verwundbaren Hals zu erreichen.

Buck a essayé encore et encore d'atteindre le cou vulnérable de Spitz.

Doch jeder Schlag wurde von Spitz' scharfen Zähnen mit einem Hieb beantwortet.

Mais chaque coup était accueilli par un coup des dents acérées de Spitz.

Ihre Reißzähne prallten aufeinander und beide Hunde bluteten aus den aufgerissenen Lippen.

Leurs crocs se sont heurtés et les deux chiens ont saigné de leurs lèvres déchirées.

Egal, wie sehr Buck sich auch wehrte, er konnte die Verteidigung nicht durchbrechen.

Peu importe comment Buck s'est lancé, il n'a pas pu briser la défense.

Er wurde immer wütender und stürmte mit wilden Kraftausbrüchen hinein.

Il devint de plus en plus furieux, se précipitant avec des explosions de puissance sauvages.

Immer wieder schlug Buck nach der weißen Kehle von Spitz.

À maintes reprises, Buck frappait la gorge blanche du Spitz.

Jedes Mal wich Spitz aus und schlug mit einem schneidenden Biss zurück.

À chaque fois, Spitz esquivait et riposta avec une morsure tranchante.

Dann änderte Buck seine Taktik und stürzte sich erneut darauf, als wolle er ihm die Kehle zu Leibe rücken.

Buck changea alors de tactique, se précipitant à nouveau comme pour atteindre la gorge.

Doch er zog sich mitten im Angriff zurück und drehte sich um, um von der Seite zuzuschlagen.

Mais il s'est retiré au milieu de l'attaque, se tournant pour frapper sur le côté.

Er warf Spitz seine Schulter entgegen, um ihn niederzuschlagen.

Il a lancé son épaule sur Spitz, dans le but de le faire tomber.

Bei jedem Versuch wich Spitz aus und konterte mit einem Hieb.

À chaque fois qu'il essayait, Spitz esquivait et ripostait avec une frappe.

Bucks Schulter wurde wund, als Spitz nach jedem Schlag davonsprang.

L'épaule de Buck était à vif alors que Spitz s'écartait après chaque coup.

Spitz war nicht berührt worden, während Buck aus vielen Wunden blutete.

Spitz n'avait pas été touché, tandis que Buck saignait de nombreuses blessures.

Bucks Atem ging schnell und schwer, sein Körper war blutverschmiert.

La respiration de Buck était rapide et lourde, son corps était couvert de sang.

Mit jedem Biss und Angriff wurde der Kampf brutaler.

Le combat devenait plus brutal à chaque morsure et à chaque charge.

Um sie herum warteten sechzig stille Hunde darauf, dass der erste fiel.

Autour d'eux, soixante chiens silencieux attendaient le premier à tomber.

Wenn ein Hund zu Boden ging, würde das Rudel den Kampf beenden.

Si un chien tombait, la meute allait mettre fin au combat.

Spitz sah, dass Buck schwächer wurde, und begann, den Angriff voranzutreiben.

Spitz vit Buck faiblir et commença à attaquer.

Er brachte Buck aus dem Gleichgewicht und zwang ihn, um Halt zu kämpfen.

Il a maintenu Buck en déséquilibre, le forçant à lutter pour garder pied.

Einmal stolperte Buck und fiel, und alle Hunde standen auf.

Un jour, Buck trébucha et tomba, et tous les chiens se relevèrent.

Doch Buck richtete sich mitten im Fall auf und alle sanken wieder zu Boden.

Mais Buck s'est redressé au milieu de sa chute, et tout le monde s'est affalé.

Buck hatte etwas Seltenes – eine Vorstellungskraft, die aus tiefem Instinkt geboren war.

Buck avait quelque chose de rare : une imagination née d'un instinct profond.

Er kämpfte mit natürlichem Antrieb, aber auch mit List.

Il combattait par instinct naturel, mais aussi par ruse.

Er griff erneut an, als würde er seinen Schulterangriffstrick wiederholen.

Il chargea à nouveau comme s'il répétait son tour d'attaque à l'épaule.

Doch in der letzten Sekunde ließ er sich fallen und flog unter Spitz hindurch.

Mais à la dernière seconde, il s'est laissé tomber et a balayé Spitz.

Seine Zähne schnappten um Spitz' linkes Vorderbein.

Ses dents se sont bloquées sur la patte avant gauche de Spitz avec un claquement.

Spitz stand nun unsicher da, sein Gewicht ruhte nur noch auf drei Beinen.

Spitz était maintenant instable, son poids reposant sur seulement trois pattes.

Buck schlug erneut zu und versuchte dreimal, ihn zu Fall zu bringen.

Buck frappa à nouveau, essaya trois fois de le faire tomber.

Beim vierten Versuch nutzte er denselben Zug mit Erfolg

À la quatrième tentative, il a utilisé le même mouvement avec succès.

Diesmal gelang es Buck, Spitz in das rechte Bein zu beißen.

Cette fois, Buck a réussi à mordre la jambe droite du Spitz.

Obwohl Spitz verkrüppelt war und große Schmerzen litt, kämpfte er weiter ums Überleben.

Spitz, bien que paralysé et souffrant, continuait à lutter pour survivre.

Er sah, wie der Kreis der Huskys enger wurde, die Zungen herausstreckten und deren Augen leuchteten.

Il vit le cercle de huskies se resserrer, la langue tirée, les yeux brillants.

Sie warteten darauf, ihn zu verschlingen, so wie sie es mit anderen getan hatten.

Ils attendaient de le dévorer, comme ils l'avaient fait pour les autres.

Dieses Mal stand er im Mittelpunkt: besiegt und verdammt.

Cette fois, il se tenait au centre, vaincu et condamné.

Für den weißen Hund gab es jetzt keine Möglichkeit mehr zu entkommen.

Le chien blanc n'avait désormais plus aucune possibilité de s'échapper.

Buck kannte keine Gnade, denn Gnade hatte in der Wildnis nichts zu suchen.

Buck n'a montré aucune pitié, car la pitié n'avait pas sa place dans la nature.

Buck bewegte sich vorsichtig und bereitete sich auf den letzten Angriff vor.

Buck se déplaçait prudemment, se préparant à la charge finale.

Der Kreis der Huskys schloss sich, er spürte ihren warmen Atem.

Le cercle des huskies se referma ; il sentit leur souffle chaud.

Sie duckten sich und waren bereit, im richtigen Moment zu springen.

Ils s'accroupirent, prêts à bondir lorsque le moment viendrait.

Spitz zitterte im Schnee, knurrte und veränderte seine Haltung.

Spitz tremblait dans la neige, grognant et changeant de position.

Seine Augen funkelten, seine Lippen waren gekräuselt und seine Zähne blitzten in verzweifelter Drohung.

Ses yeux brillaient, ses lèvres se courbaient, ses dents brillaient dans une menace désespérée.

Er taumelte und versuchte immer noch, dem kalten Biss des Todes standzuhalten.

Il tituba, essayant toujours de résister à la morsure froide de la mort.

Er hatte das schon früher erlebt, aber immer von der Gewinnerseite.

Il avait déjà vu cela auparavant, mais toujours du côté des gagnants.

Jetzt war er auf der Verliererseite, der Besiegte, die Beute, der Tod.

Il était désormais du côté des perdants, des vaincus, de la proie, de la mort.

Buck umkreiste ihn für den letzten Schlag, der Hundekreis rückte näher.

Buck tourna en rond pour porter le coup final, le cercle de chiens se rapprochant.

Er konnte ihren heißen Atem spüren; bereit zum Töten.

Il pouvait sentir leur souffle chaud, prêt à tuer.

Stille breitete sich aus; alles war an seinem Platz; die Zeit war stehen geblieben.

Un silence s'installa ; tout était à sa place ; le temps s'était arrêté.

Sogar die kalte Luft zwischen ihnen gefror für einen letzten Moment.

Même l'air froid entre eux se figea un dernier instant.

Nur Spitz bewegte sich und versuchte, sein bitteres Ende abzuwenden.

Seul Spitz bougea, essayant de retenir sa fin amère.

Der Kreis der Hunde schloss sich um ihn, und das war sein Schicksal.

Le cercle des chiens se refermait autour de lui, comme l'était son destin.

Er war jetzt verzweifelt, da er wusste, was passieren würde.

Il était désespéré maintenant, sachant ce qui allait se passer.

Buck sprang hinein, Schulter an Schulter traf ein letztes Mal.

Buck bondit, épaule contre épaule une dernière fois.

Die Hunde drängten vorwärts und deckten Spitz in der verschneiten Dunkelheit.

Les chiens se sont précipités en avant, couvrant Spitz dans l'obscurité neigeuse.

Buck sah zu, aufrecht stehend; der Sieger in einer wilden Welt.

Buck regardait, debout, le vainqueur dans un monde sauvage.
**Das dominante Urtier hatte seine Beute gemacht, und es war
gut.**
La bête primordiale dominante avait fait sa proie, et c'était
bien.

Wer die Meisterschaft erlangt hat
Celui qui a gagné la maîtrise

„Wie? Was habe ich gesagt? Ich sage die Wahrheit, wenn ich sage, dass Buck ein Teufel ist."

« Hein ? Qu'est-ce que j'ai dit ? Je dis vrai quand je dis que Buck est un démon. »

François sagte dies am nächsten Morgen, nachdem er festgestellt hatte, dass Spitz verschwunden war.

François a dit cela le lendemain matin après avoir constaté la disparition de Spitz.

Buck stand da, übersät mit Wunden aus dem erbitterten Kampf.

Buck se tenait là, couvert de blessures dues au combat acharné.

François zog Buck zum Feuer und zeigte auf die Verletzungen.

François tira Buck près du feu et lui montra les blessures.

„Dieser Spitz hat gekämpft wie der Devik", sagte Perrault und beäugte die tiefen Schnittwunden.

« Ce Spitz s'est battu comme le Devik », dit Perrault en observant les profondes entailles.

„Und dieser Buck hat wie zwei Teufel gekämpft", antwortete François sofort.

« Et ce Buck s'est battu comme deux diables », répondit aussitôt François.

„Jetzt kommen wir gut voran; kein Spitz mehr, kein Ärger mehr."

« Maintenant, nous allons faire du bon temps ; plus de Spitz, plus de problèmes. »

Perrault packte die Ausrüstung und belud den Schlitten sorgfältig.

Perrault préparait le matériel et chargeait le traîneau avec soin.

François spannte die Hunde für den Lauf des Tages an.

François a attelé les chiens en prévision de la course du jour.

Buck trabte direkt an die Führungsposition, die einst Spitz innehatte.

Buck a trotté directement vers la position de tête autrefois détenue par Spitz.

Doch François bemerkte es nicht und führte Solleks nach vorne.

Mais François, sans s'en apercevoir, conduisit Solleks vers l'avant.

Nach François' Einschätzung war Solleks nun der beste Leithund.

Aux yeux de François, Solleks était désormais le meilleur chien de tête.

Buck stürzte sich wütend auf Solleks und trieb ihn aus Protest zurück.

Buck se jeta sur Solleks avec fureur et le repoussa en signe de protestation.

Er stand dort, wo einst Spitz gestanden hatte, und beanspruchte die Führungsposition.

Il se tenait là où Spitz s'était autrefois tenu, revendiquant la position de leader.

„Wie? Wie?", rief François und schlug sich amüsiert auf die Schenkel.

« Hein ? Hein ? » s'écria François en se frappant les cuisses d'un air amusé.

„Sehen Sie sich Buck an – er hat Spitz umgebracht und jetzt will er ihm den Job wegnehmen!"

« Regardez Buck, il a tué Spitz, et maintenant il veut prendre le poste ! »

„Geh weg, Chook!", schrie er und versuchte, Buck zu vertreiben.

« Va-t'en, Chook ! » cria-t-il, essayant de chasser Buck.

Aber Buck weigerte sich, sich zu bewegen und blieb fest im Schnee stehen.

Mais Buck refusa de bouger et resta ferme dans la neige.

François packte Buck am Genick und zog ihn beiseite.

François attrapa Buck par la peau du cou et le tira sur le côté.

Buck knurrte leise und drohend, griff aber nicht an.

Buck grogna bas et menaçant mais n'attaqua pas.

François brachte Solleks wieder in Führung und versuchte, den Streit zu schlichten

François a remis Solleks en tête, tentant de régler le différend

Der alte Hund zeigte Angst vor Buck und wollte nicht bleiben.

Le vieux chien avait peur de Buck et ne voulait pas rester.

Als François ihm den Rücken zuwandte, verjagte Buck Solleks wieder.

Quand François lui tourna le dos, Buck chassa à nouveau Solleks.

Solleks leistete keinen Widerstand und trat erneut leise zur Seite.

Solleks n'a pas résisté et s'est discrètement écarté une fois de plus.

François wurde wütend und schrie: „Bei Gott, ich werde dich heilen!"

François s'est mis en colère et a crié : « Par Dieu, je te répare ! »

Er kam mit einer schweren Keule in der Hand auf Buck zu.

Il s'approcha de Buck en tenant une lourde massue à la main.

Buck erinnerte sich gut an den Mann im roten Pullover.

Buck se souvenait bien de l'homme au pull rouge.

Er zog sich langsam zurück, beobachtete François, knurrte jedoch tief.

Il recula lentement, observant François, mais grognant profondément.

Er eilte nicht zurück, auch nicht, als Solleks an seiner Stelle stand.

Il ne s'est pas précipité en arrière, même lorsque Solleks s'est levé à sa place.

Buck kreiste knapp außerhalb seiner Reichweite und knurrte wütend und protestierend.

Buck tourna en rond juste hors de portée, grognant de fureur et de protestation.

Er behielt den Schläger im Auge und war bereit auszuweichen, falls François warf.

Il gardait les yeux fixés sur le club, prêt à esquiver si François lançait.

Er war weise und vorsichtig geworden im Umgang mit bewaffneten Männern.

Il était devenu sage et prudent quant aux manières des hommes armés.

François gab auf und rief Buck erneut an seinen alten Platz.

François abandonna et rappela Buck à son ancienne place.

Aber Buck trat vorsichtig zurück und weigerte sich, dem Befehl Folge zu leisten.

Mais Buck recula prudemment, refusant d'obéir à l'ordre.

François folgte ihm, aber Buck wich nur ein paar Schritte zurück.

François le suivit, mais Buck ne recula que de quelques pas supplémentaires.

Nach einiger Zeit warf François frustriert die Waffe hin.

Après un certain temps, François jeta l'arme par frustration.

Er dachte, Buck hätte Angst vor einer Tracht Prügel und würde ruhig kommen.

Il pensait que Buck craignait d'être battu et qu'il allait venir tranquillement.

Aber Buck wollte sich nicht vor einer Strafe drücken – er kämpfte um seinen Rang.

Mais Buck n'évitait pas la punition : il se battait pour son rang.

Er hatte sich den Platz als Leithund durch einen Kampf auf Leben und Tod verdient

Il avait gagné la place de chien de tête grâce à un combat à mort.

er würde sich mit nichts Geringerem zufrieden geben, als der Anführer zu sein.

il n'allait pas se contenter de moins que d'être le leader.

Perrault beteiligte sich an der Verfolgung, um den rebellischen Buck zu fangen.

Perrault a participé à la poursuite pour aider à attraper le Buck rebelle.

Gemeinsam ließen sie ihn fast eine Stunde lang durch das Lager laufen.

Ensemble, ils l'ont fait courir dans le camp pendant près d'une heure.

Sie warfen Knüppel nach ihm, aber Buck wich jedem Schlag geschickt aus.

Ils lui lancèrent des coups de massue, mais Buck les esquiva habilement.

Sie verfluchten ihn, seine Vorfahren, seine Nachkommen und jedes Haar an ihm.

Ils l'ont maudit, lui, ses ancêtres, ses descendants et chaque cheveu de sa personne.

Aber Buck knurrte nur zurück und blieb gerade außerhalb ihrer Reichweite.

Mais Buck se contenta de gronder en retour et resta hors de leur portée.

Er versuchte nie wegzulaufen, sondern umkreiste das Lager absichtlich.

Il n'a jamais essayé de s'enfuir mais a délibérément tourné autour du camp.

Er machte klar, dass er gehorchen würde, sobald sie ihm gäben, was er wollte.

Il a clairement fait savoir qu'il obéirait une fois qu'ils lui auraient donné ce qu'il voulait.

Schließlich setzte sich François hin und kratzte sich frustriert am Kopf.

François s'est finalement assis et s'est gratté la tête avec frustration.

Perrault sah auf seine Uhr, fluchte und murmelte etwas über die verlorene Zeit.

Perrault consulta sa montre, jura et marmonna à propos du temps perdu.

Obwohl sie eigentlich auf der Spur sein sollten, war bereits eine Stunde vergangen.

Une heure s'était déjà écoulée alors qu'ils auraient dû être sur la piste.

François zuckte verlegen mit den Achseln, als der Kurier resigniert seufzte.

François haussa les épaules d'un air penaud en direction du coursier, qui soupira de défaite.

Dann ging François zu Solleks und rief Buck noch einmal.

François se dirigea alors vers Solleks et appela Buck une fois de plus.

Buck lachte wie ein Hund, wahrte jedoch vorsichtig seine Distanz.

Buck rit comme rit un chien, mais garda une distance prudente.

François nahm Solleks das Geschirr ab und brachte ihn an seinen Platz zurück.

François retira le harnais de Solleks et le remit à sa place.

Das Schlittenteam stand voll angespannt da, nur ein Platz war unbesetzt.

L'équipe de traîneau était entièrement harnachée, avec seulement une place libre.

Die Führungsposition blieb leer und war eindeutig nur für Buck bestimmt.

La position de tête est restée vide, clairement destinée à Buck seul.

François rief erneut, und wieder lachte Buck und blieb standhaft.

François appela à nouveau, et à nouveau Buck rit et tint bon.

„Wirf die Keule weg", befahl Perrault ohne zu zögern.

« Jetez le club », ordonna Perrault sans hésitation.

François gehorchte und Buck trabte sofort stolz vorwärts.

François obéit et Buck trotta immédiatement en avant, fièrement.

Er lachte triumphierend und übernahm die Führungsposition.

Il rit triomphalement et prit la tête.

François befestigte seine Leinen und der Schlitten wurde losgerissen.

François a sécurisé ses traces et le traîneau a été détaché.

Beide Männer liefen neben dem Team her, als es auf den Flusspfad rannte.

Les deux hommes couraient côte à côte tandis que l'équipe s'engageait sur le sentier de la rivière.

François hatte Bucks „zwei Teufel" sehr geschätzt,

François avait une haute opinion des « deux diables » de Buck,

aber er merkte bald, dass er den Hund tatsächlich unterschätzt hatte.

mais il s'est vite rendu compte qu'il avait en fait sous-estimé le chien.

Buck übernahm schnell die Führung und erbrachte hervorragende Leistungen.

Buck a rapidement pris le leadership et a fait preuve d'excellence.

In puncto Urteilsvermögen, schnelles Denken und schnelles Handeln übertraf Buck Spitz.

En termes de jugement, de réflexion rapide et d'action, Buck a surpassé Spitz.

François hatte noch nie einen Hund gesehen, der dem von Buck gleichkam.

François n'avait jamais vu un chien égal à celui que Buck présentait maintenant.

Aber Buck war wirklich herausragend darin, für Ordnung zu sorgen und Respekt zu erlangen.

Mais Buck excellait vraiment dans l'art de faire respecter l'ordre et d'imposer le respect.

Dave und Solleks akzeptierten die Änderung ohne Bedenken oder Protest.

Dave et Solleks ont accepté le changement sans inquiétude ni protestation.

Sie konzentrierten sich nur auf die Arbeit und zogen kräftig die Zügel an.

Ils se concentraient uniquement sur le travail et tiraient fort sur les rênes.

Es war ihnen egal, wer führte, solange der Schlitten in Bewegung blieb.

Peu leur importait de savoir qui menait, tant que le traîneau continuait d'avancer.

Billee, der Fröhliche, hätte, soweit es sie interessierte, die Führung übernehmen können.

Billee, la joyeuse, aurait pu diriger pour autant qu'ils s'en soucient.

Was ihnen wichtig war, waren Frieden und Ordnung in den Reihen.

Ce qui comptait pour eux, c'était la paix et l'ordre dans les rangs.

Der Rest des Teams war während Spitz' Niedergang unbändig geworden.

Le reste de l'équipe était devenu indiscipliné pendant le déclin de Spitz.

Sie waren schockiert, als Buck sie sofort zur Ordnung rief.

Ils furent choqués lorsque Buck les ramena immédiatement à l'ordre.

Pike war immer faul gewesen und hatte Buck hinterhergehangen.

Pike avait toujours été paresseux et traînait les pieds derrière Buck.

Doch nun wurde er von der neuen Führung scharf diszipliniert.

Mais maintenant, il a été sévèrement discipliné par la nouvelle direction.

Und er lernte schnell, seinen Teil zum Team beizutragen.

Et il a rapidement appris à faire sa part dans l'équipe.

Am Ende des Tages hatte Pike härter gearbeitet als je zuvor.

À la fin de la journée, Pike avait travaillé plus dur que jamais.

In dieser Nacht im Lager wurde Joe, der mürrische Hund, endlich beruhigt.

Cette nuit-là, au camp, Joe, le chien aigri, fut finalement maîtrisé.

Spitz hatte es nicht geschafft, ihn zu disziplinieren, aber Buck versagte nicht.

Spitz n'avait pas réussi à le discipliner, mais Buck n'avait pas échoué.

Durch die Nutzung seines größeren Gewichts überwältigte Buck Joe in Sekundenschnelle.

Grâce à son poids plus important, Buck a vaincu Joe en quelques secondes.

Er biss und schlug Joe, bis dieser wimmerte und aufhörte, sich zu wehren.

Il a mordu et battu Joe jusqu'à ce qu'il gémisse et cesse de résister.

Von diesem Moment an verbesserte sich das gesamte Team.

Toute l'équipe s'est améliorée à partir de ce moment-là.

Die Hunde erlangten ihre alte Einheit und Disziplin zurück.

Les chiens ont retrouvé leur ancienne unité et leur discipline.

In Rink Rapids kamen zwei neue einheimische Huskies hinzu, Teek und Koona.

À Rink Rapids, deux nouveaux huskies indigènes, Teek et Koona, nous ont rejoint.

Bucks schnelle Ausbildung erstaunte sogar François.

La rapidité avec laquelle Buck les dressa étonna même François.

„So einen Hund wie diesen Buck hat es noch nie gegeben!", rief er erstaunt.

« Il n'y a jamais eu de chien comme ce Buck ! » s'écria-t-il avec stupéfaction.

„Nein, niemals! Er ist tausend Dollar wert, bei Gott!"

« Non, jamais ! Il vaut mille dollars, bon sang ! »

„Wie? Was sagst du dazu, Perrault?", fragte er stolz.

« Hein ? Qu'en dis-tu, Perrault ? » demanda-t-il avec fierté.

Perrault nickte zustimmend und überprüfte seine Notizen.

Perrault hocha la tête en signe d'accord et vérifia ses notes.

Wir liegen bereits vor dem Zeitplan und kommen täglich weiter voran.

Nous sommes déjà en avance sur le calendrier et gagnons chaque jour davantage.

Der Weg war festgestampft und glatt, es lag kein Neuschnee.

Le sentier était dur et lisse, sans neige fraîche.

Es war konstant kalt und lag die ganze Zeit bei minus fünfzig Grad.

Le froid était constant, oscillant autour de cinquante degrés en dessous de zéro.

Die Männer ritten und rannten abwechselnd, um sich warm zu halten und Zeit zu gewinnen.

Les hommes montaient et couraient à tour de rôle pour se réchauffer et gagner du temps.

Die Hunde rannten schnell, mit wenigen Pausen, immer vorwärts.

Les chiens couraient vite avec peu d'arrêts, poussant toujours vers l'avant.

Der Thirty Mile River war größtenteils zugefroren und leicht zu überqueren.

La rivière Thirty Mile était en grande partie gelée et facile à traverser.

Was zehn Tage gedauert hatte, wurde an einem Tag verschickt.

Ils sont sortis en un jour, ce qui leur avait pris dix jours pour venir.

Sie legten einen sechsundneunzig Kilometer langen Sprint vom Lake Le Barge nach White Horse zurück.

Ils ont parcouru une distance de soixante milles du lac Le Barge jusqu'à White Horse.

Sie bewegten sich unglaublich schnell über die Seen Marsh, Tagish und Bennett.

À travers les lacs Marsh, Tagish et Bennett, ils se déplaçaient incroyablement vite.

Der laufende Mann wird an einem Seil hinter dem Schlitten hergezogen.

L'homme qui courait était tiré derrière le traîneau par une corde.

In der letzten Nacht der zweiten Woche erreichten sie ihr Ziel.

La dernière nuit de la deuxième semaine, ils sont arrivés à destination.

Sie hatten gemeinsam die Spitze des White Pass erreicht.

Ils avaient atteint ensemble le sommet du col White.

Sie sanken auf Meereshöhe hinab, mit den Lichtern von Skaguay unter ihnen.

Ils sont descendus au niveau de la mer avec les lumières de Skaguay en dessous d'eux.

Es war ein Rekordlauf durch kilometerlange kalte Wildnis.

Il s'agissait d'une course record à travers des kilomètres de nature froide et sauvage.

An vierzehn aufeinanderfolgenden Tagen legten sie im Durchschnitt satte vierundsechzig Kilometer zurück.

Pendant quatorze jours d'affilée, ils ont parcouru en moyenne quarante miles.

In Skaguay transportierten Perrault und François Fracht durch die Stadt.

À Skaguay, Perrault et François transportaient des marchandises à travers la ville.

Die bewundernde Menge jubelte ihnen zu und bot ihnen viele Getränke an.

Ils ont été acclamés et ont reçu de nombreuses boissons de la part d'une foule admirative.

Hundefänger und Arbeiter versammelten sich um das berühmte Hundegespann.

Les chasseurs de chiens et les ouvriers se sont rassemblés autour du célèbre attelage de chiens.

Dann kamen Gesetzlose aus dem Westen in die Stadt und erlitten eine brutale Niederlage.

Puis les hors-la-loi de l'Ouest arrivèrent en ville et subirent une violente défaite.

Die Leute vergaßen bald das Team und konzentrierten sich auf neue Dramen.

Les gens ont vite oublié l'équipe et se sont concentrés sur un nouveau drame.

Dann kamen die neuen Befehle, die alles auf einen Schlag veränderten.

Puis sont arrivées les nouvelles commandes qui ont tout changé d'un coup.

François rief Buck zu sich und umarmte ihn mit tränenreichem Stolz.

François appela Buck à lui et le serra dans ses bras avec une fierté larmoyante.

In diesem Moment sah Buck François zum letzten Mal wieder.

Ce moment fut la dernière fois que Buck revit François.

Wie viele Männer zuvor waren sowohl François als auch Perrault nicht mehr da.

Comme beaucoup d'hommes avant eux, François et Perrault étaient tous deux partis.

Ein schottischer Mischling übernahm das Kommando über Buck und seine Schlittenhunde-Kollegen.

Un métis écossais a pris en charge Buck et ses coéquipiers de chiens de traîneau.

Mit einem Dutzend anderer Hundegespanne kehrten sie auf dem Weg nach Dawson zurück.

Avec une douzaine d'autres équipes de chiens, ils sont retournés par le sentier jusqu'à Dawson.

Es war kein Schnelllauf mehr, sondern harte Arbeit mit einer schweren Last jeden Tag.

Ce n'était plus une course rapide, juste un travail pénible avec une lourde charge chaque jour.

Dies war der Postzug, der den Goldsuchern in der Nähe des Pols Nachrichten brachte.

C'était le train postal qui apportait des nouvelles aux chercheurs d'or près du pôle.

Buck mochte die Arbeit nicht, ertrug sie jedoch gut und war stolz auf seine Leistung.

Buck n'aimait pas le travail mais le supportait bien, étant fier de ses efforts.

Wie Dave und Solleks zeigte Buck Hingabe bei jeder täglichen Aufgabe.

Comme Dave et Solleks, Buck a fait preuve de dévouement dans chaque tâche quotidienne.

Er stellte sicher, dass jeder seiner Teamkollegen seinen Teil beitrug.

Il s'est assuré que chacun de ses coéquipiers fasse sa part du travail.

Das Leben auf dem Trail wurde langweilig und wiederholte sich mit der Präzision einer Maschine.

La vie sur les sentiers est devenue ennuyeuse, répétée avec la précision d'une machine.

Jeder Tag fühlte sich gleich an, ein Morgen ging in den nächsten über.

Chaque jour était le même, un matin se fondant dans le suivant.

Zur gleichen Stunde standen die Köche auf, um Feuer zu machen und Essen zuzubereiten.

À la même heure, les cuisiniers se levèrent pour allumer des feux et préparer la nourriture.

Nach dem Frühstück verließen einige das Lager, während andere die Hunde anspannten.

Après le petit-déjeuner, certains quittèrent le camp tandis que d'autres attelèrent les chiens.

Sie machten sich auf den Weg, bevor die schwache Morgendämmerung den Himmel berührte.

Ils ont pris la route avant que le faible avertissement de l'aube ne touche le ciel.

Nachts hielten sie an, um ihr Lager aufzuschlagen, wobei jeder Mann eine festgelegte Aufgabe hatte.

La nuit, ils s'arrêtaient pour camper, chaque homme ayant une tâche précise.

Einige stellten die Zelte auf, andere hackten Feuerholz und sammelten Kiefernzweige.

Certains ont monté les tentes, d'autres ont coupé du bois de chauffage et ramassé des branches de pin.

Zum Abendessen wurde den Köchen Wasser oder Eis mitgebracht.

De l'eau ou de la glace étaient ramenées aux cuisiniers pour le repas du soir.

Die Hunde wurden gefüttert und das war für sie der schönste Teil des Tages.

Les chiens ont été nourris et c'était le meilleur moment de la journée pour eux.

Nachdem sie Fisch gegessen hatten, entspannten sich die Hunde und machten es sich in der Nähe des Feuers gemütlich.

Après avoir mangé du poisson, les chiens se sont détendus et se sont allongés près du feu.

Im Konvoi waren noch hundert andere Hunde, unter die man sich mischen konnte.

Il y avait une centaine d'autres chiens dans le convoi avec lesquels se mêler.

Viele dieser Hunde waren wild und kämpften ohne Vorwarnung.

Beaucoup de ces chiens étaient féroces et prompts à se battre sans prévenir.

Doch nach drei Siegen war Buck selbst den härtesten Kämpfern überlegen.

Mais après trois victoires, Buck a maîtrisé même les combattants les plus féroces.

Als Buck nun knurrte und die Zähne fletschte, traten sie zur Seite.

Maintenant, quand Buck grogna et montra ses dents, ils s'écartèrent.

Und das Beste war vielleicht, dass Buck es liebte, neben dem flackernden Lagerfeuer zu liegen.

Mais le plus beau dans tout ça, c'est que Buck aimait s'allonger près du feu de camp vacillant.

Er hockte mit angezogenen Hinterbeinen und nach vorne gestreckten Vorderbeinen.

Il s'accroupit, les pattes arrière repliées et les pattes avant tendues vers l'avant.

Er hatte den Kopf erhoben und blinzelte sanft in die glühenden Flammen.

Sa tête était levée tandis qu'il cligna doucement des yeux devant les flammes rougeoyantes.

Manchmal musste er an Richter Millers großes Haus in Santa Clara denken.

Parfois, il se souvenait de la grande maison du juge Miller à Santa Clara.

Er dachte an den Zementpool, an Ysabel und den Mops namens Toots.

Il pensait à la piscine en ciment, à Ysabel et au carlin appelé Toots.

Aber häufiger musste er an die Keule des Mannes mit dem roten Pullover denken.

Mais le plus souvent, il se souvenait du club de l'homme au pull rouge.

Er erinnerte sich an Curlys Tod und seinen erbitterten Kampf mit Spitz.

Il se souvenait de la mort de Curly et de sa bataille acharnée contre Spitz.

Er erinnerte sich auch an das gute Essen, das er gegessen hatte oder von dem er immer noch träumte.

Il se souvenait aussi des bons plats qu'il avait mangés ou dont il rêvait encore.

Buck hatte kein Heimweh – das warme Tal war weit weg und unwirklich.

Buck n'avait pas le mal du pays : la vallée chaude était lointaine et irréelle.

Die Erinnerungen an Kalifornien hatten keine große Anziehungskraft mehr auf ihn.

Les souvenirs de Californie n'avaient plus vraiment d'influence sur lui.

Stärker als die Erinnerung waren die tief in seinem Blut verwurzelten Instinkte.

Plus forts que la mémoire étaient les instincts profondément ancrés dans sa lignée.

Einst verlorene Gewohnheiten waren zurückgekehrt und durch den Weg und die Wildnis wiederbelebt worden.

Les habitudes autrefois perdues étaient revenues, ravivées par le sentier et la nature sauvage.

Während Buck das Feuerlicht betrachtete, veränderte sich seine Wahrnehmung manchmal.

Tandis que Buck regardait la lumière du feu, cela devenait parfois autre chose.

Er sah im Feuerschein ein anderes Feuer, älter und tiefer als das gegenwärtige.

Il vit à la lueur du feu un autre feu, plus vieux et plus profond que celui-ci.

Neben dem anderen Feuer hockte ein Mann, der anders aussah als der Mischlingskoch.

À côté de cet autre feu se tenait accroupi un homme qui ne ressemblait pas au cuisinier métis.

Diese Figur hatte kurze Beine, lange Arme und harte, verknotete Muskeln.

Cette figurine avait des jambes courtes, de longs bras et des muscles durs et noués.

Sein Haar war lang und verfilzt und fiel von den Augen nach hinten ab.

Ses cheveux étaient longs et emmêlés, tombant en arrière à partir des yeux.

Er gab seltsame Geräusche von sich und starrte voller Angst in die Dunkelheit.

Il émit des sons étranges et regarda l'obscurité avec peur.

Er hielt eine Steinkeule tief in seiner langen, rauen Hand fest.

Il tenait une massue en pierre basse, fermement serrée dans sa longue main rugueuse.

Der Mann trug wenig, nur eine verkohlte Haut, die ihm den Rücken hinunterhing.

L'homme portait peu de vêtements ; juste une peau carbonisée qui pendait dans son dos.

Sein Körper war an Armen, Brust und Oberschenkeln mit dichtem Haar bedeckt.

Son corps était couvert de poils épais sur les bras, la poitrine et les cuisses.

Einige Teile des Haares waren zu rauen Fellbüscheln verfilzt.

Certaines parties des cheveux étaient emmêlées en plaques de fourrure rugueuse.

Er stand nicht gerade, sondern war von der Hüfte bis zu den Knien nach vorne gebeugt.

Il ne se tenait pas droit mais penché en avant des hanches jusqu'aux genoux.

Seine Schritte waren federnd und katzenartig, als wäre er immer zum Sprung bereit.

Ses pas étaient élastiques et félins, comme s'il était toujours prêt à bondir.

Er war in höchster Wachsamkeit, als lebte er in ständiger Angst.

Il y avait une vive vigilance, comme s'il vivait dans une peur constante.

Dieser alte Mann schien mit Gefahr zu rechnen, ob er die Gefahr nun sah oder nicht.

Cet homme ancien semblait s'attendre au danger, que le danger soit perçu ou non.

Manchmal schlief der haarige Mann am Feuer, den Kopf zwischen die Beine gesteckt.

Parfois, l'homme poilu dormait près du feu, la tête entre les jambes.

Seine Ellbogen ruhten auf seinen Knien, die Hände waren über seinem Kopf gefaltet.

Ses coudes reposaient sur ses genoux, ses mains jointes au-dessus de sa tête.

Wie ein Hund benutzte er seine haarigen Arme, um den fallenden Regen abzuschütteln.

Comme un chien, il utilisait ses bras velus pour se débarrasser de la pluie qui tombait.

Hinter dem Feuerschein sah Buck zwei Kohlen im Dunkeln glühen.

Au-delà de la lumière du feu, Buck vit deux charbons jumeaux briller dans l'obscurité.

Immer zu zweit, waren sie die Augen der sich anpirschenden Raubtiere.

Toujours deux par deux, ils étaient les yeux des bêtes de proie traquantes.

Er hörte, wie Körper durchs Unterholz krachten und Geräusche in der Nacht.

Il entendit des corps s'écraser à travers les broussailles et des bruits se faire entendre dans la nuit.

Buck lag blinzelnd am Ufer des Yukon und träumte am Feuer.

Allongé sur la rive du Yukon, clignant des yeux, Buck rêvait près du feu.

Die Anblicke und Geräusche dieser wilden Welt ließen ihm die Haare zu Berge stehen.

Les images et les sons de ce monde sauvage lui faisaient dresser les cheveux sur la tête.

Das Fell stand ihm über den Rücken, die Schultern und den Hals hinauf.

La fourrure s'élevait le long de son dos, de ses épaules et de son cou.

Er wimmerte leise oder gab ein tiefes Knurren aus der Brust von sich.

Il gémissait doucement ou émettait un grognement sourd au plus profond de sa poitrine.

Dann rief der Mischlingskoch: „Hey, du Buck, wach auf!"

Alors le cuisinier métis cria : « Hé, toi Buck, réveille-toi ! »

Die Traumwelt verschwand und das wirkliche Leben kehrte in Bucks Augen zurück.

Le monde des rêves a disparu et la vraie vie est revenue aux yeux de Buck.

Er wollte aufstehen, sich strecken und gähnen, als wäre er aus einem Nickerchen erwacht.

Il allait se lever, s'étirer et bâiller, comme s'il venait de se réveiller d'une sieste.

Die Reise war anstrengend, da sie den Postschlitten hinter sich herziehen mussten.

Le voyage était difficile, avec le traîneau postal qui traînait derrière eux.

Schwere Lasten und harte Arbeit zermürbten die Hunde jeden langen Tag.

Les lourdes charges et le travail pénible épuisaient les chiens à chaque longue journée.

Sie kamen dünn und müde in Dawson an und brauchten über eine Woche Ruhe.

Ils arrivèrent à Dawson maigres, fatigués et ayant besoin de plus d'une semaine de repos.

Doch nur zwei Tage später machten sie sich erneut auf den Weg den Yukon hinunter.

Mais seulement deux jours plus tard, ils repartaient sur le Yukon.

Sie waren mit weiteren Briefen beladen, die für die Außenwelt bestimmt waren.

Ils étaient chargés de lettres supplémentaires destinées au monde extérieur.

Die Hunde waren erschöpft und die Männer beschwerten sich ständig.

Les chiens étaient épuisés et les hommes se plaignaient constamment.

Jeden Tag fiel Schnee, der den Weg weicher machte und die Schlitten verlangsamte.

La neige tombait tous les jours, ramollissant le sentier et ralentissant les traîneaux.

Dies führte zu einem stärkeren Ziehen und einem größeren Widerstand der Läufer.

Cela a rendu la traction plus difficile et a entraîné plus de traînée sur les patins.

Trotzdem waren die Fahrer fair und kümmerten sich um ihre Teams.

Malgré cela, les pilotes étaient justes et se souciaient de leurs équipes.

Jeden Abend wurden die Hunde gefüttert, bevor die Männer etwas zu essen bekamen.

Chaque nuit, les chiens étaient nourris avant que les hommes ne puissent manger.

Kein Mann geht schlafen, ohne vorher die Pfoten seines eigenen Hundes zu kontrollieren.

Aucun homme ne dormait avant de vérifier les pattes de son propre chien.

Dennoch wurden die Hunde mit jeder zurückgelegten Strecke schwächer.

Cependant, les chiens s'affaiblissaient à mesure que les kilomètres s'écoulaient sur leur corps.

Sie waren den ganzen Winter über zweitausendachthundert Kilometer gereist.

Ils avaient parcouru mille huit cents kilomètres pendant l'hiver.

Sie zogen Schlitten über jede Meile dieser brutalen Distanz.

Ils ont tiré des traîneaux sur chaque kilomètre de cette distance brutale.

Selbst die härtesten Schlittenhunde spüren nach so vielen Kilometern die Belastung.

Même les chiens de traîneau les plus robustes ressentent de la tension après tant de kilomètres.

Buck hielt durch, sorgte für die Weiterarbeit seines Teams und sorgte für die nötige Disziplin.

Buck a tenu bon, a permis à son équipe de travailler et a maintenu la discipline.

Aber Buck war müde, genau wie die anderen auf der langen Reise.

Mais Buck était fatigué, tout comme les autres pendant le long voyage.

Billee wimmerte und weinte jede Nacht ohne Ausnahme im Schlaf.

Billee gémissait et pleurait dans son sommeil chaque nuit sans faute.

Joe wurde noch verbitterter und Solleks blieb kalt und distanziert.

Joe devint encore plus amer et Solleks resta froid et distant.

Doch Dave war derjenige des gesamten Teams, der am meisten darunter litt.

Mais c'est Dave qui a le plus souffert de toute l'équipe.

Irgendetwas in seinem Inneren war schiefgelaufen, doch niemand wusste, was.

Quelque chose n'allait pas en lui, même si personne ne savait quoi.

Er wurde launischer und fuhr andere mit wachsender Wut an.

Il est devenu de plus en plus maussade et s'en est pris aux autres avec une colère croissante.

Jede Nacht ging er direkt zu seinem Nest und wartete darauf, gefüttert zu werden.

Chaque nuit, il se rendait directement à son nid, attendant d'être nourri.

Als Dave einmal unten war, stand er bis zum Morgen nicht mehr auf.

Une fois tombé, Dave ne s'est pas relevé avant le matin.

Plötzliche Rucke oder Anlaufe an den Zügeln ließen ihn vor Schmerzen aufschreien.

Sur les rênes, des secousses ou des sursauts brusques le faisaient crier de douleur.

Sein Fahrer suchte nach der Ursache, konnte jedoch keine Verletzungen feststellen.

Son chauffeur a recherché la cause du sinistre, mais n'a constaté aucune blessure.

Alle Fahrer beobachteten Dave und besprachen seinen Fall.

Tous les conducteurs ont commencé à regarder Dave et ont discuté de son cas.

Sie unterhielten sich beim Essen und während ihrer letzten Zigarette des Tages.

Ils ont discuté pendant les repas et pendant leur dernière cigarette de la journée.

Eines Nachts hielten sie eine Versammlung ab und brachten Dave zum Feuer.

Une nuit, ils ont tenu une réunion et ont amené Dave au feu.

Sie drückten und untersuchten seinen Körper und er schrie oft.

Ils pressèrent et sondèrent son corps, et il cria souvent.

Offensichtlich stimmte etwas nicht, auch wenn keine Knochen gebrochen zu sein schienen.

De toute évidence, quelque chose n'allait pas, même si aucun os ne semblait cassé.

Als sie Cassiar Bar erreichten, war Dave am Umfallen.

Au moment où ils atteignirent Cassiar Bar, Dave était en train de tomber.

Der schottische Mischling machte Schluss und nahm Dave aus dem Team.

Le métis écossais a appelé à la fin et a retiré Dave de l'équipe.

Er befestigte Solleks an Daves Stelle, ganz vorne am Schlitten.

Il a attaché Solleks à la place de Dave, le plus près de l'avant du traîneau.

Er wollte Dave ausruhen und ihm die Freiheit geben, hinter dem fahrenden Schlitten herzulaufen.

Il avait l'intention de laisser Dave se reposer et courir librement derrière le traîneau en mouvement.

Doch selbst als er krank war, hasste Dave es, von seinem Job geholt zu werden.

Mais même malade, Dave détestait être privé du travail qu'il avait occupé.

Er knurrte und wimmerte, als ihm die Zügel aus dem Körper gerissen wurden.

Il grogna et gémit tandis que les rênes étaient retirées de son corps.

Als er Solleks an seiner Stelle sah, weinte er vor gebrochenem Herzen.

Quand il vit Solleks à sa place, il pleura de douleur.

Dave war noch immer stolz auf seine Arbeit auf dem Weg, selbst als der Tod nahte.

La fierté du travail sur les sentiers était profonde chez Dave, même à l'approche de la mort.

Während der Schlitten fuhr, kämpfte sich Dave durch den weichen Schnee in der Nähe des Pfades.

Alors que le traîneau se déplaçait, Dave pataugeait dans la neige molle près du sentier.

Er griff Solleks an, biss ihn und stieß ihn von der Seite des Schlittens.

Il a attaqué Solleks, le mordant et le poussant du côté du traîneau.

Dave versuchte, in das Geschirr zu springen und seinen Arbeitsplatz zurückzuerobern.

Dave a essayé de sauter dans le harnais et de récupérer sa place de travail.

Er schrie, jammerte und weinte, hin- und hergerissen zwischen Schmerz und Stolz auf die Wehen.

Il hurlait, gémissait et pleurait, déchiré entre la douleur et la fierté du travail.

Der Mischling versuchte, Dave mit seiner Peitsche vom Team zu vertreiben.

Le métis a utilisé son fouet pour essayer de chasser Dave de l'équipe.

Doch Dave ignorierte den Hieb und der Mann konnte nicht härter zuschlagen.

Mais Dave ignora le coup de fouet, et l'homme ne put pas le frapper plus fort.

Dave lehnte den einfacheren Weg hinter dem Schlitten ab, wo der Schnee festgefahren war.

Dave a refusé le chemin le plus facile derrière le traîneau, où la neige était tassée.

Stattdessen kämpfte er sich elend durch den tiefen Schnee neben dem Weg.

Au lieu de cela, il se débattait dans la neige profonde à côté du sentier, dans la misère.

Schließlich brach Dave zusammen, blieb im Schnee liegen und schrie vor Schmerzen.

Finalement, Dave s'est effondré, allongé dans la neige et hurlant de douleur.

Er schrie auf, als die lange Schlittenkette einer nach dem anderen an ihm vorbeifuhr.

Il cria tandis que le long train de traîneaux le dépassait un par un.

Dennoch stand er mit der ihm verbleibenden Kraft auf und stolperte ihnen hinterher.

Pourtant, avec ce qu'il lui restait de force, il se leva et trébucha après eux.

Als der Zug wieder anhielt, holte er ihn ein und fand seinen alten Schlitten.

Il l'a rattrapé lorsque le train s'est arrêté à nouveau et a retrouvé son vieux traîneau.

Er kämpfte sich an den anderen Teams vorbei und stand wieder neben Solleks.

Il a dépassé les autres équipes et s'est retrouvé à nouveau aux côtés de Solleks.

Als der Fahrer anhielt, um seine Pfeife anzuzünden, nutzte Dave seine letzte Chance.

Alors que le conducteur s'arrêtait pour allumer sa pipe, Dave saisit sa dernière chance.

Als der Fahrer zurückkam und schrie, bewegte sich das Team nicht weiter.

Lorsque le chauffeur est revenu et a crié, l'équipe n'a pas avancé.

Die Hunde hatten ihre Köpfe gedreht, verwirrt durch den plötzlichen Stopp.

Les chiens avaient tourné la tête, déconcertés par l'arrêt soudain.

Auch der Fahrer war schockiert – der Schlitten hatte sich keinen Zentimeter vorwärts bewegt.

Le conducteur était également choqué : le traîneau n'avait pas avancé d'un pouce.

Er rief den anderen zu, sie sollten kommen und nachsehen, was passiert sei.

Il a appelé les autres pour qu'ils viennent voir ce qui s'était passé.

Dave hatte Solleks' Zügel durchgekaut und beide auseinandergerissen.

Dave avait mâché les rênes de Solleks, les brisant toutes les deux.

Nun stand er vor dem Schlitten, wieder an seinem rechtmäßigen Platz.

Il se tenait maintenant devant le traîneau, de retour à sa position légitime.

Dave blickte zum Fahrer auf und flehte ihn stumm an, in der Spur zu bleiben.

Dave leva les yeux vers le conducteur, le suppliant silencieusement de rester dans les traces.

Der Fahrer war verwirrt und wusste nicht, was er für den zappelnden Hund tun sollte.

Le conducteur était perplexe, ne sachant pas quoi faire pour le chien en difficulté.

Die anderen Männer sprachen von Hunden, die beim Rausbringen gestorben waren.

Les autres hommes parlaient de chiens qui étaient morts après avoir été emmenés dehors.

Sie erzählten von alten oder verletzten Hunden, denen es das Herz brach, als sie zurückgelassen wurden.

Ils ont parlé de chiens âgés ou blessés dont le cœur se brisait lorsqu'ils étaient abandonnés.

Sie waren sich einig, dass es Gnade wäre, Dave sterben zu lassen, während er noch im Geschirr steckte.

Ils ont convenu que c'était une preuve de miséricorde de laisser Dave mourir alors qu'il était encore dans son harnais.

Er wurde wieder auf dem Schlitten festgeschnallt und Dave zog voller Stolz.

Il était attaché au traîneau et Dave tirait avec fierté.

Obwohl er manchmal schrie, arbeitete er, als könne man den Schmerz ignorieren.

Même s'il criait parfois, il travaillait comme si la douleur pouvait être ignorée.

Mehr als einmal fiel er und wurde mitgeschleift, bevor er wieder aufstand.

Plus d'une fois, il est tombé et a été traîné avant de se relever.

Einmal wurde er vom Schlitten überrollt und von diesem Moment an humpelte er.

Un jour, le traîneau l'a écrasé et il a boité à partir de ce moment-là.

Trotzdem arbeitete er, bis das Lager erreicht war, und legte sich dann ans Feuer.

Il travailla néanmoins jusqu'à ce qu'il atteigne le camp, puis s'allongea près du feu.

Am Morgen war Dave zu schwach, um zu reisen oder auch nur aufrecht zu stehen.

Le matin, Dave était trop faible pour voyager ou même se tenir debout.

Als es Zeit war, das Geschirr anzulegen, versuchte er mit zitternder Anstrengung, seinen Fahrer zu erreichen.

Au moment de l'attelage, il essaya d'atteindre son conducteur avec un effort tremblant.

Er rappelte sich auf, taumelte und brach auf dem schneebedeckten Boden zusammen.

Il se força à se relever, tituba et s'effondra sur le sol enneigé.

Mithilfe seiner Vorderbeine zog er seinen Körper in Richtung des Angeschirrs.

À l'aide de ses pattes avant, il a traîné son corps vers la zone de harnais.

Zentimeter für Zentimeter schob er sich auf die Arbeitshunde zu.

Il s'avança, pouce par pouce, vers les chiens de travail.

Er verließ die Kraft, aber er machte mit seinem letzten verzweifelten Vorstoß weiter.

Ses forces l'abandonnèrent, mais il continua d'avancer dans sa dernière poussée désespérée.

Seine Teamkollegen sahen ihn im Schnee nach Luft schnappen und sich immer noch danach sehnen, zu ihnen zu kommen.

Ses coéquipiers l'ont vu haleter dans la neige, impatients de les rejoindre.

Sie hörten ihn vor Kummer schreien, als sie das Lager hinter sich ließen.

Ils l'entendirent hurler de tristesse alors qu'ils quittaient le camp.

Als das Team zwischen den Bäumen verschwand, hallte Daves Schrei hinter ihnen wider.

Alors que l'équipe disparaissait dans les arbres, le cri de Dave résonna derrière eux.

Der Schlittenzug hielt kurz an, nachdem er einen Abschnitt des Flusswalds überquert hatte.

Le train de traîneaux s'est brièvement arrêté après avoir traversé un tronçon de forêt fluviale.

Der schottische Mischling ging langsam zurück zum Lager dahinter.

Le métis écossais retourna lentement vers le camp situé derrière lui.

Die Männer verstummten, als sie ihn den Schlittenzug verlassen sahen.

Les hommes ont arrêté de parler quand ils l'ont vu quitter le train de traîneaux.

Dann ertönte ein einzelner Schuss klar und scharf über den Weg.

Puis un coup de feu retentit clairement et distinctement de l'autre côté du sentier.

Der Mann kam schnell zurück und nahm wortlos seinen Platz ein.

L'homme revint rapidement et reprit sa place sans un mot.

Peitschen knallten, Glöckchen bimmelten und die Schlitten rollten durch den Schnee.

Les fouets claquaient, les cloches tintaient et les traîneaux roulaient dans la neige.

Aber Buck wusste, was passiert war – und alle anderen Hunde auch.

Mais Buck savait ce qui s'était passé, et tous les autres chiens aussi.

Die Mühen der Zügel und des Trails
Le travail des rênes et du sentier

Dreißig Tage nach dem Verlassen von Dawson erreichte die Salt Water Mail Skaguay.
Trente jours après avoir quitté Dawson, le Salt Water Mail atteignit Skaguay.

Buck und seine Teamkollegen gingen in Führung, kamen aber in einem erbärmlichen Zustand an.
Buck et ses coéquipiers ont pris la tête, arrivant dans un état pitoyable.

Buck hatte von hundertvierzig auf hundertfünfzehn Pfund abgenommen.
Buck était passé de cent quarante à cent quinze livres.

Die anderen Hunde hatten, obwohl kleiner, noch mehr Körpergewicht verloren.
Les autres chiens, bien que plus petits, avaient perdu encore plus de poids.

Pike, einst ein vorgetäuschter Hinker, schleppte nun ein wirklich verletztes Bein hinter sich her.
Pike, autrefois un faux boiteux, traînait désormais derrière lui une jambe véritablement blessée.

Solleks humpelte stark und Dub hatte ein verrenktes Schulterblatt.
Solleks boitait beaucoup et Dub avait une omoplate déchirée.

Die Füße aller Hunde im Team waren von den Wochen auf dem gefrorenen Pfad wund.
Tous les chiens de l'équipe avaient mal aux pieds après des semaines passées sur le sentier gelé.

Ihre Schritte waren völlig federnd und bewegten sich nur langsam und schleppend.
Ils n'avaient plus aucun ressort dans leurs pas, seulement un mouvement lent et traînant.

Ihre Füße treffen den Weg hart und jeder Schritt belastet ihren Körper stärker.
Leurs pieds heurtent durement le sentier, chaque pas ajoutant plus de tension à leur corps.

Sie waren nicht krank, sondern nur so erschöpft, dass sie sich auf natürliche Weise nicht mehr erholen konnten.

Ils n'étaient pas malades, seulement épuisés au-delà de toute guérison naturelle.

Dies war nicht die Müdigkeit eines harten Tages, die durch eine Nachtruhe geheilt werden konnte.

Ce n'était pas la fatigue d'une dure journée, guérie par une nuit de repos.

Es war eine Erschöpfung, die sich durch monatelange, zermürbende Anstrengungen langsam aufgebaut hatte.

C'était un épuisement qui s'était construit lentement au fil de mois d'efforts épuisants.

Es waren keine Kraftreserven mehr vorhanden, sie hatten alles aufgebraucht, was sie hatten.

Il ne leur restait plus aucune force de réserve : ils avaient épuisé toutes leurs forces.

Jeder Muskel, jede Faser und jede Zelle ihres Körpers war erschöpft und abgenutzt.

Chaque muscle, chaque fibre et chaque cellule de leur corps étaient épuisés et usés.

Und das hatte seinen Grund: Sie hatten zweitausendfünfhundert Meilen zurückgelegt.

Et il y avait une raison : ils avaient parcouru deux mille cinq cents kilomètres.

Auf den letzten zweitausendachthundert Kilometern hatten sie sich nur fünf Tage ausgeruht.

Ils ne s'étaient reposés que cinq jours au cours des mille huit cents derniers kilomètres.

Als sie Skaguay erreichten, sahen sie aus, als könnten sie kaum aufrecht stehen.

Lorsqu'ils arrivèrent à Skaguay, ils semblaient à peine capables de se tenir debout.

Sie hatten Mühe, die Zügel straff zu halten und vor dem Schlitten zu bleiben.

Ils ont lutté pour garder les rênes serrées et rester devant le traîneau.

Auf abschüssigen Hängen konnten sie nur noch vermeiden, überfahren zu werden.

Dans les descentes, ils ont tout juste réussi à éviter d'être écrasés.

„Weiter, ihr armen, wunden Füße", sagte der Fahrer, während sie weiterhumpelten.

« Continuez, pauvres pieds endoloris », dit le chauffeur tandis qu'ils boitaient.

„Das ist die letzte Strecke, danach bekommen wir alle auf jeden Fall noch eine lange Pause."

« C'est la dernière ligne droite, après quoi nous aurons tous droit à un long repos, c'est sûr. »

„Eine richtig lange Pause", versprach er und sah ihnen nach, wie sie weiter taumelten.

« Un très long repos », promit-il en les regardant avancer en titubant.

Die Fahrer rechneten damit, dass sie nun eine lange, notwendige Pause bekommen würden.

Les pilotes s'attendaient à bénéficier d'une longue pause bien méritée.

Sie hatten zweitausend Meilen zurückgelegt und nur zwei Tage Pause gemacht.

Ils avaient parcouru douze cents milles avec seulement deux jours de repos.

Sie waren der Meinung, dass sie sich die Zeit zum Entspannen verdient hätten, und das aus fairen und vernünftigen Gründen.

Par souci d'équité et de raison, ils estimaient avoir mérité un temps de détente.

Aber zu viele waren zum Klondike gekommen und zu wenige waren zu Hause geblieben.

Mais trop de gens étaient venus au Klondike et trop peu étaient restés chez eux.

Es gingen unzählige Briefe von Familien ein, die zu Bergen verspäteter Post führten.

Les lettres des familles ont afflué, créant des piles de courrier en retard.

Offizielle Anweisungen trafen ein – neue Hudson Bay-Hunde würden die Nachfolge antreten.

Les ordres officiels sont arrivés : de nouveaux chiens de la Baie d'Hudson allaient prendre le relais.

Die erschöpften Hunde, die nun als wertlos galten, sollten entsorgt werden.

Les chiens épuisés, désormais considérés comme sans valeur, devaient être éliminés.

Da Geld wichtiger war als Hunde, sollten sie billig verkauft werden.

Comme l'argent comptait plus que les chiens, ils allaient être vendus à bas prix.

Drei weitere Tage vergingen, bevor die Hunde spürten, wie schwach sie waren.

Trois jours supplémentaires passèrent avant que les chiens ne ressentent à quel point ils étaient faibles.

Am vierten Morgen kauften zwei Männer aus den Staaten das gesamte Team.

Le quatrième matin, deux hommes venus des États-Unis ont acheté toute l'équipe.

Der Verkauf umfasste alle Hunde sowie ihre abgenutzte Geschirrausrüstung.

La vente comprenait tous les chiens, ainsi que leur harnais usagé.

Die Männer nannten sich gegenseitig „Hal" und „Charles", als sie den Deal abschlossen.

Les hommes s'appelaient mutuellement « Hal » et « Charles » lorsqu'ils concluaient l'affaire.

Charles war mittleren Alters, blass, hatte schlaffe Lippen und wilde Schnurrbartspitzen.

Charles était d'âge moyen, pâle, avec des lèvres molles et des pointes de moustache féroces.

Hal war ein junger Mann, vielleicht neunzehn, der einen Patronengürtel trug.

Hal était un jeune homme, peut-être âgé de dix-neuf ans, portant une ceinture bourrée de cartouches.

Am Gürtel befanden sich ein großer Revolver und ein Jagdmesser, beide unbenutzt.

La ceinture contenait un gros revolver et un couteau de chasse, tous deux inutilisés.

Es zeigte, wie unerfahren und ungeeignet er für das Leben im Norden war.

Cela a montré à quel point il était inexpérimenté et inapte à la vie dans le Nord.

Keiner der beiden Männer gehörte in die Wildnis; ihre Anwesenheit widersprach jeder Vernunft.

Aucun des deux hommes n'appartenait à la nature sauvage ; leur présence défiait toute raison.

Buck beobachtete, wie das Geld zwischen Käufer und Makler den Besitzer wechselte.

Buck a regardé l'argent échanger des mains entre l'acheteur et l'agent.

Er wusste, dass die Postzugführer sein Leben wie alle anderen verlassen würden.

Il savait que les conducteurs du train postal allaient le quitter comme les autres.

Sie folgten Perrault und François, die nun unwiederbringlich verschwunden waren.

Ils suivirent Perrault et François, désormais irrévocables.

Buck und das Team wurden in das schlampige Lager ihrer neuen Besitzer geführt.

Buck et l'équipe ont été conduits dans le camp négligé de leurs nouveaux propriétaires.

Das Zelt hing durch, das Geschirr war schmutzig und alles lag in Unordnung.

La tente s'affaissait, la vaisselle était sale et tout était en désordre.

Buck bemerkte dort auch eine Frau – Mercedes, Charles' Frau und Hals Schwester.

Buck remarqua également une femme : Mercedes, la femme de Charles et la sœur de Hal.

Sie bildeten eine vollständige Familie, obwohl sie alles andere als für den Wanderpfad geeignet waren.

Ils formaient une famille complète, bien que loin d'être adaptée au sentier.

Buck beobachtete nervös, wie das Trio begann, die Vorräte einzupacken.

Buck regarda nerveusement le trio commencer à emballer les fournitures.

Sie arbeiteten hart, aber ohne Ordnung – nur Aufhebens und vergeudete Mühe.

Ils ont travaillé dur mais sans ordre, juste du grabuge et des efforts gaspillés.

Das Zelt war zu einer sperrigen Form zusammengerollt und viel zu groß für den Schlitten.

La tente a été roulée dans une forme volumineuse, beaucoup trop grande pour le traîneau.

Schmutziges Geschirr wurde eingepackt, ohne dass es gespült oder getrocknet worden wäre.

La vaisselle sale a été emballée sans avoir été nettoyée ni séchée du tout.

Mercedes flatterte herum, redete, korrigierte und mischte sich ständig ein.

Mercedes voltigeait, parlant constamment, corrigeant et intervenant.

Als ein Sack vorne platziert wurde, bestand sie darauf, dass er hinten drankam.

Lorsqu'un sac était placé à l'avant, elle insistait pour qu'il soit placé à l'arrière.

Sie packte den Sack ganz unten rein und im nächsten Moment brauchte sie ihn.

Elle a mis le sac au fond, et l'instant d'après, elle en avait besoin.

Also wurde der Schlitten erneut ausgepackt, um an die eine bestimmte Tasche zu gelangen.

Le traîneau a donc été déballé à nouveau pour atteindre le sac spécifique.

In der Nähe standen drei Männer vor einem Zelt und beobachteten die Szene.

À proximité, trois hommes se tenaient devant une tente, observant la scène se dérouler.

Sie lächelten, zwinkerten und grinsten über die offensichtliche Verwirrung der Neuankömmlinge.

Ils souriaient, faisaient des clins d'œil et souriaient à la confusion évidente des nouveaux arrivants.

„Sie haben schon eine ziemlich schwere Last", sagte einer der Männer.

« Vous avez déjà une charge très lourde », dit l'un des hommes.

„Ich glaube nicht, dass Sie das Zelt tragen sollten, aber es ist Ihre Entscheidung."

« Je ne pense pas que tu devrais porter cette tente, mais c'est ton choix. »

„Unvorstellbar!", rief Mercedes und warf verzweifelt die Hände in die Luft.

« Inimaginable ! » s'écria Mercedes en levant les mains de désespoir.

„Wie könnte ich ohne Zelt reisen, unter dem ich übernachten kann?"

« Comment pourrais-je voyager sans une tente sous laquelle dormir ? »

„Es ist Frühling – Sie werden kein kaltes Wetter mehr erleben", antwortete der Mann.

« C'est le printemps, vous ne verrez plus jamais de froid », répondit l'homme.

Aber sie schüttelte den Kopf und sie stapelten weiterhin Gegenstände auf den Schlitten.

Mais elle secoua la tête et ils continuèrent à empiler des objets sur le traîneau.

Als sie die letzten Dinge hinzufügten, türmte sich die Ladung gefährlich hoch auf.

La charge s'élevait dangereusement alors qu'ils ajoutaient les dernières choses.

„Glauben Sie, der Schlitten fährt?", fragte einer der Männer mit skeptischem Blick.

« Tu penses que le traîneau va rouler ? » demanda l'un des hommes avec un regard sceptique.

„Warum sollte es nicht?", blaffte Charles mit scharfer Verärgerung zurück.

« Pourquoi pas ? » rétorqua Charles, vivement agacé.

„Oh, das ist schon in Ordnung", sagte der Mann schnell und wich seiner Beleidigung aus.

« Oh, ce n'est pas grave », dit rapidement l'homme, s'éloignant de l'offense.

„Ich habe mich nur gewundert – es sah für mich einfach ein bisschen zu kopflastig aus."

« Je me demandais juste – ça me semblait un peu trop lourd. »

Charles drehte sich um und band die Ladung so gut fest, wie er konnte.

Charles se détourna et attacha la charge du mieux qu'il put.

Allerdings waren die Zurrgurte locker und die Verpackung insgesamt schlecht ausgeführt.

Mais les attaches étaient lâches et l'emballage mal fait dans l'ensemble.

„Klar, die Hunde machen das den ganzen Tag", sagte ein anderer Mann sarkastisch.

« Bien sûr, les chiens tireront ça toute la journée », a dit un autre homme avec sarcasme.

„Natürlich", antwortete Hal kalt und packte die lange Lenkstange des Schlittens.

« Bien sûr », répondit froidement Hal en saisissant le long mât du traîneau.

Mit einer Hand an der Stange schwang er mit der anderen die Peitsche.

D'une main sur le poteau, il faisait tournoyer le fouet dans l'autre.

„Los geht's!", rief er. „Bewegt euch!", und trieb die Hunde zum Aufbruch an.

« Allons-y ! » cria-t-il. « Allez ! » exhortant les chiens à démarrer.

Die Hunde lehnten sich in das Geschirr und spannten sich einige Augenblicke lang an.

Les chiens se sont penchés sur le harnais et ont tendu pendant quelques instants.

Dann blieben sie stehen, da sie den überladenen Schlitten keinen Zentimeter bewegen konnten.

Puis ils s'arrêtèrent, incapables de déplacer d'un pouce le traîneau surchargé.

„Diese faulen Bestien!", schrie Hal und hob die Peitsche, um sie zu schlagen.

« Ces brutes paresseuses ! » hurla Hal en levant le fouet pour les frapper.

Doch Mercedes stürzte herein und riss Hal die Peitsche aus der Hand.

Mais Mercedes s'est précipitée et a saisi le fouet des mains de Hal.

„Oh, Hal, wage es ja nicht, ihnen wehzutun", rief sie alarmiert.

« Oh, Hal, n'ose pas leur faire de mal », s'écria-t-elle, alarmée.

„Versprich mir, dass du nett zu ihnen bist, sonst gehe ich keinen Schritt weiter."

« Promets-moi que tu seras gentil avec eux, sinon je n'irai pas plus loin. »

„Du weißt nichts über Hunde", fuhr Hal seine Schwester an.

« Tu ne connais rien aux chiens », lança Hal à sa sœur.

„Sie sind faul, und die einzige Möglichkeit, sie zu bewegen, besteht darin, sie zu peitschen."

« Ils sont paresseux, et la seule façon de les déplacer est de les fouetter. »

„Fragen Sie irgendjemanden – fragen Sie einen dieser Männer dort drüben, wenn Sie mir nicht glauben."

« Demandez à n'importe qui, demandez à l'un de ces hommes là-bas si vous doutez de moi. »

Mercedes sah die Zuschauer mit flehenden, tränennassen Augen an.

Mercedes regarda les spectateurs avec des yeux suppliants et pleins de larmes.

Ihr Gesicht zeigte, wie sehr sie den Anblick jeglichen Schmerzes hasste.

Son visage montrait à quel point elle détestait la vue de la douleur.

„Sie sind schwach, das ist alles", sagte ein Mann. „Sie sind erschöpft."

« Ils sont faibles, c'est tout », dit un homme. « Ils sont épuisés. »

„Sie brauchen Ruhe – sie haben zu lange ohne Pause gearbeitet."

« Ils ont besoin de repos, ils ont travaillé trop longtemps sans pause. »

„Der Rest sei verflucht", murmelte Hal mit verzogenen Lippen.

« Que le repos soit maudit », murmura Hal, la lèvre retroussée.

Mercedes schnappte nach Luft, sein grobes Wort schmerzte sie sichtlich.

Mercedes haleta, clairement peinée par ce mot grossier de sa part.

Dennoch blieb sie loyal und verteidigte ihren Bruder sofort.

Pourtant, elle est restée loyale et a immédiatement défendu son frère.

„Kümmere dich nicht um den Mann", sagte sie zu Hal. „Das sind unsere Hunde."

« Ne fais pas attention à cet homme », dit-elle à Hal. « Ce sont nos chiens. »

„Fahren Sie sie, wie Sie es für richtig halten – tun Sie, was Sie für richtig halten."

« Vous les conduisez comme bon vous semble, faites ce que vous pensez être juste. »

Hal hob die Peitsche und schlug die Hunde erneut gnadenlos.

Hal leva le fouet et frappa à nouveau les chiens sans pitié.

Sie stürzten sich nach vorne, die Körper tief gebeugt, die Füße in den Schnee gedrückt.

Ils se sont précipités en avant, le corps bas, les pieds poussant dans la neige.

Sie gaben sich alle Mühe, den Schlitten zu ziehen, aber er bewegte sich nicht.

Toutes leurs forces étaient utilisées pour tirer, mais le traîneau ne bougeait pas.

Der Schlitten blieb wie ein im Schnee festgefrorener Anker stecken.

Le traîneau est resté coincé, comme une ancre figée dans la neige tassée.

Nach einem zweiten Versuch blieben die Hunde wieder stehen und keuchten schwer.

Après un deuxième effort, les chiens s'arrêtèrent à nouveau, haletants.

Hal hob die Peitsche noch einmal, gerade als Mercedes erneut eingriff.

Hal leva à nouveau le fouet, juste au moment où Mercedes intervenait à nouveau.

Sie fiel vor Buck auf die Knie und umarmte seinen Hals.

Elle tomba à genoux devant Buck et lui serra le cou.

Tränen traten ihr in die Augen, als sie den erschöpften Hund anflehte.

Les larmes lui montèrent aux yeux tandis qu'elle suppliait le chien épuisé.

„Ihr Armen", sagte sie, „warum zieht ihr nicht einfach stärker?"

« Pauvres chéris », dit-elle, « pourquoi ne tirez-vous pas plus fort ? »

„Wenn du ziehst, wirst du nicht so ausgepeitscht."

« Si tu tires, tu ne seras pas fouetté comme ça. »

Buck mochte Mercedes nicht, aber er war zu müde, um ihr jetzt zu widerstehen.

Buck n'aimait pas Mercedes, mais il était trop fatigué pour lui résister maintenant.

Er akzeptierte ihre Tränen als einen weiteren Teil dieses elenden Tages.

Il accepta ses larmes comme une simple partie de cette journée misérable.

Einer der zuschauenden Männer ergriff schließlich das Wort, nachdem er seinen Ärger unterdrückt hatte.

L'un des hommes qui regardaient a finalement parlé après avoir retenu sa colère.

„Es ist mir egal, was mit euch passiert, Leute, aber diese Hunde sind wichtig."

« Je me fiche de ce qui vous arrive, mais ces chiens comptent. »

„Wenn du helfen willst, mach den Schlitten los – er ist am Schnee festgefroren."

« Si vous voulez aider, détachez ce traîneau, il est gelé dans la neige. »

„Drücken Sie fest auf die Gee-Stange, rechts und links, und brechen Sie die Eisversiegelung."

« Appuyez fort sur la perche, à droite et à gauche, et brisez le sceau de glace. »

Ein dritter Versuch wurde unternommen, diesmal auf Vorschlag des Mannes.

Une troisième tentative a été faite, cette fois-ci suite à la suggestion de l'homme.

Hal schaukelte den Schlitten von einer Seite auf die andere und löste so die Kufen.

Hal a balancé le traîneau d'un côté à l'autre, libérant les patins.

Obwohl der Schlitten überladen und unhandlich war, machte er schließlich einen Satz nach vorne.

Le traîneau, bien que surchargé et maladroit, a finalement fait un bond en avant.

Buck und die anderen zogen wild, angetrieben von einem Sturm aus Schleudertraumen.

Buck et les autres tiraient sauvagement, poussés par une tempête de coups de fouet.

Hundert Meter weiter machte der Weg eine Biegung und führte in die Straße hinein.

Une centaine de mètres plus loin, le sentier courbait et descendait en pente dans la rue.

Um den Schlitten aufrecht zu halten, hätte es eines erfahrenen Fahrers bedurft.

Il aurait fallu un conducteur expérimenté pour maintenir le traîneau droit.

Hal war nicht geschickt und der Schlitten kippte, als er um die Kurve schwang.

Hal n'était pas habile et le traîneau a basculé en tournant dans le virage.

Lose Zurrgurte gaben nach und die Hälfte der Ladung ergoss sich auf den Schnee.

Les sangles lâches ont cédé et la moitié de la charge s'est répandue sur la neige.

Die Hunde hielten nicht an; der leichtere Schlitten flog auf der Seite weiter.

Les chiens ne s'arrêtèrent pas ; le traîneau le plus léger volait sur le côté.

Wütend über die Beschimpfungen und die schwere Last rannten die Hunde noch schneller.

En colère à cause des mauvais traitements et du lourd fardeau, les chiens couraient plus vite.

Buck rannte wütend los und das Team folgte ihm.

Buck, furieux, s'est mis à courir, suivi par l'équipe.

Hal rief „Whoa! Whoa!", aber das Team beachtete ihn nicht.

Hal a crié « Whoa ! Whoa ! » mais l'équipe ne lui a pas prêté attention.

Er stolperte, fiel und wurde am Geschirr über den Boden geschleift.

Il a trébuché, est tombé et a été traîné au sol par le harnais.

Der umgekippte Schlitten wurde über ihn geworfen, als die Hunde weiterrasten.

Le traîneau renversé l'a heurté tandis que les chiens couraient devant.

Die restlichen Vorräte verteilten sich über die belebte Straße von Skaguay.

Le reste des fournitures est dispersé dans la rue animée de Skaguay.

Gutherzige Menschen eilten herbei, um die Hunde anzuhalten und die Ausrüstung einzusammeln.

Des personnes au grand cœur se sont précipitées pour arrêter les chiens et rassembler le matériel.

Sie gaben den neuen Reisenden auch direkte und praktische Ratschläge.

Ils ont également donné des conseils, directs et pratiques, aux nouveaux voyageurs.

„Wenn Sie Dawson erreichen wollen, nehmen Sie die halbe Ladung und die doppelte Anzahl an Hunden mit."

« Si vous voulez atteindre Dawson, prenez la moitié du chargement et doublez les chiens. »

Hal, Charles und Mercedes hörten zu, wenn auch nicht mit Begeisterung.

Hal, Charles et Mercedes écoutaient, mais sans enthousiasme.

Sie bauten ihr Zelt auf und begannen, ihre Vorräte zu sortieren.

Ils ont installé leur tente et ont commencé à trier leurs provisions.

Heraus kamen Konserven, die die Zuschauer laut lachen ließen.

Des conserves sont sorties, ce qui a fait rire les spectateurs.

„Konserven auf dem Weg? Bevor die schmelzen, verhungern Sie", sagte einer.

« Des conserves sur le sentier ? Tu vas mourir de faim avant qu'elles ne fondent », a dit l'un d'eux.

„Hoteldecken? Die wirfst du am besten alle weg."

« Des couvertures d'hôtel ? Tu ferais mieux de toutes les jeter. »

„Schmeißen Sie auch das Zelt weg, und hier spült niemand mehr Geschirr."

« Laissez tomber la tente aussi, et personne ne fait la vaisselle ici. »

„Sie glauben, Sie fahren in einem Pullman-Zug mit Bediensteten an Bord?"

« Tu crois que tu voyages dans un train Pullman avec des domestiques à bord ? »

Der Prozess begann – jeder nutzlose Gegenstand wurde beiseite geworfen.

Le processus a commencé : chaque objet inutile a été jeté de côté.

Mercedes weinte, als ihre Taschen auf den schneebedeckten Boden geleert wurden.

Mercedes a pleuré lorsque ses sacs ont été vidés sur le sol enneigé.

Sie schluchzte ohne Pause über jeden einzelnen hinausgeworfenen Gegenstand.

Elle sanglotait sur chaque objet jeté, un par un, sans pause.

Sie schwor, keinen Schritt weiterzugehen – nicht einmal für zehn Charleses.

Elle jura de ne plus faire un pas de plus, même pas pendant dix Charles.

Sie flehte alle Menschen in ihrer Nähe an, ihr ihre wertvollen Sachen zu überlassen.

Elle a supplié chaque personne à proximité de la laisser garder ses objets précieux.

Schließlich wischte sie sich die Augen und begann, auch die wichtigsten Kleidungsstücke wegzuwerfen.

Finalement, elle s'essuya les yeux et commença à jeter même les vêtements essentiels.

Als sie mit ihrem eigenen fertig war, begann sie, die Vorräte der Männer auszuräumen.

Une fois les siennes terminées, elle commença à vider les provisions des hommes.

Wie ein Wirbelwind verwüstete sie die Habseligkeiten von Charles und Hal.

Comme un tourbillon, elle a déchiré les affaires de Charles et Hal.

Obwohl die Ladung halbiert wurde, war sie immer noch viel schwerer als nötig.

Même si la charge était réduite de moitié, elle était encore bien plus lourde que nécessaire.

In dieser Nacht gingen Charles und Hal los und kauften sechs neue Hunde.

Cette nuit-là, Charles et Hal sont sortis et ont acheté six nouveaux chiens.

Diese neuen Hunde gesellten sich zu den ursprünglichen sechs, plus Teek und Koona.

Ces nouveaux chiens ont rejoint les six originaux, plus Teek et Koona.

Zusammen bildeten sie ein Gespann aus vierzehn Hunden, die vor den Schlitten gespannt wurden.

Ensemble, ils formaient une équipe de quatorze chiens attelés au traîneau.

Doch die neuen Hunde waren für die Schlittenarbeit ungeeignet und schlecht ausgebildet.

Mais les nouveaux chiens n'étaient pas aptes et mal entraînés au travail en traîneau.

Drei der Hunde waren kurzhaarige Vorstehhunde und einer war ein Neufundländer.

Trois des chiens étaient des pointeurs à poil court et un était un Terre-Neuve.

Bei den letzten beiden Hunden handelte es sich um Mischlinge ohne eindeutige Rasse oder Zweckbestimmung.

Les deux derniers chiens étaient des bâtards sans race ni objectif clairement définis.

Sie haben den Weg nicht verstanden und ihn nicht schnell gelernt.

Ils n'ont pas compris le sentier et ne l'ont pas appris rapidement.

Buck und seine Kameraden beobachteten sie mit Verachtung und tiefer Verärgerung.

Buck et ses compagnons les regardaient avec mépris et une profonde irritation.

Obwohl Buck ihnen beibrachte, was sie nicht tun sollten, konnte er ihnen keine Pflicht beibringen.

Bien que Buck leur ait appris ce qu'il ne fallait pas faire, il ne pouvait pas leur enseigner le devoir.

Sie kamen mit dem Leben auf dem Wanderpfad und dem Ziehen von Zügeln und Schlitten nicht gut zurecht.

Ils n'ont pas bien supporté la vie sur les sentiers ni la traction des rênes et des traîneaux.

Nur die Mischlinge versuchten, sich anzupassen, und selbst ihnen fehlte der Kampfgeist.

Seuls les bâtards essayaient de s'adapter, et même eux manquaient d'esprit combatif.

Die anderen Hunde waren durch ihr neues Leben verwirrt, geschwächt und gebrochen.

Les autres chiens étaient confus, affaiblis et brisés par leur nouvelle vie.

Da die neuen Hunde ahnungslos und die alten erschöpft waren, gab es kaum Hoffnung.

Les nouveaux chiens étant désemparés et les anciens épuisés, l'espoir était mince.

Bucks Team hatte zweitausendfünfhundert Meilen eines rauen Pfades zurückgelegt.

L'équipe de Buck avait parcouru deux mille cinq cents kilomètres de sentiers difficiles.

Dennoch waren die beiden Männer fröhlich und stolz auf ihr großes Hundegespann.

Pourtant, les deux hommes étaient joyeux et fiers de leur grande équipe de chiens.

Sie dachten, sie würden mit Stil reisen, mit vierzehn Hunden an der Leine.

Ils pensaient voyager avec style, avec quatorze chiens attelés.

Sie hatten gesehen, wie Schlitten nach Dawson aufbrachen und andere von dort ankamen.

Ils avaient vu des traîneaux partir pour Dawson, et d'autres en arriver.

Aber noch nie hatten sie eins gesehen, das von bis zu vierzehn Hunden gezogen wurde.

Mais ils n'en avaient jamais vu un tiré par quatorze chiens.

Es gab einen Grund, warum solche Teams in der arktischen Wildnis selten waren.

Il y avait une raison pour laquelle de telles équipes étaient rares dans la nature sauvage de l'Arctique.

Kein Schlitten konnte genug Futter transportieren, um vierzehn Hunde für die Reise zu versorgen.

Aucun traîneau ne pouvait transporter suffisamment de nourriture pour nourrir quatorze chiens pendant le voyage.

Aber Charles und Hal wussten das nicht – sie hatten nachgerechnet.

Mais Charles et Hal ne le savaient pas : ils avaient fait le calcul.

Sie haben das Futter berechnet: so viel pro Hund, so viele Tage, fertig.

Ils ont planifié la nourriture : tant par chien, tant de jours, et c'est fait.

Mercedes betrachtete ihre Zahlen und nickte, als ob es Sinn machte.

Mercedes regarda leurs chiffres et hocha la tête comme si cela avait du sens.

Zumindest auf dem Papier erschien ihr alles sehr einfach.

Tout cela lui semblait très simple, du moins sur le papier.

Am nächsten Morgen führte Buck das Team langsam die verschneite Straße hinauf.

Le lendemain matin, Buck conduisit lentement l'équipe dans la rue enneigée.

Weder er noch die Hunde hinter ihm hatten Energie oder Tatendrang.

Il n'y avait aucune énergie ni aucun esprit en lui ou chez les chiens derrière lui.

Sie waren von Anfang an todmüde, es waren keine Reserven mehr vorhanden.

Ils étaient épuisés dès le départ, il n'y avait plus de réserve.

Buck hatte bereits vier Fahrten zwischen Salt Water und Dawson unternommen.

Buck avait déjà effectué quatre voyages entre Salt Water et Dawson.

Als er nun erneut vor derselben Spur stand, empfand er nichts als Bitterkeit.

Maintenant, confronté à nouveau à la même épreuve, il ne ressentait que de l'amertume.

Er war nicht mit dem Herzen dabei und die anderen Hunde auch nicht.

Son cœur n'y était pas, ni celui des autres chiens.

Die neuen Hunde waren schüchtern und den Huskys fehlte jegliches Vertrauen.

Les nouveaux chiens étaient timides et les huskies manquaient totalement de confiance.

Buck spürte, dass er sich auf diese beiden Männer oder ihre Schwester nicht verlassen konnte.

Buck sentait qu'il ne pouvait pas compter sur ces deux hommes ou sur leur sœur.

Sie wussten nichts und zeigten auf dem Weg keine Anzeichen, etwas zu lernen.

Ils ne savaient rien et ne montraient aucun signe d'apprentissage sur le sentier.

Sie waren unorganisiert und es fehlte ihnen jeglicher Sinn für Disziplin.

Ils étaient désorganisés et manquaient de tout sens de la discipline.

Sie brauchten jedes Mal die halbe Nacht, um ein schlampiges Lager aufzubauen.

Il leur fallait à chaque fois la moitié de la nuit pour monter un campement bâclé.

Und den halben nächsten Morgen verbrachten sie wieder damit, am Schlitten herumzufummeln.

Et ils passèrent la moitié de la matinée suivante à tâtonner à nouveau avec le traîneau.

Gegen Mittag hielten sie oft nur an, um die ungleichmäßige Beladung zu korrigieren.

À midi, ils s'arrêtaient souvent juste pour réparer la charge inégale.

An manchen Tagen legten sie insgesamt weniger als sechzehn Kilometer zurück.

Certains jours, ils parcouraient moins de dix milles au total.

An anderen Tagen schafften sie es überhaupt nicht, das Lager zu verlassen.

D'autres jours, ils ne parvenaient pas du tout à quitter le camp.

Sie kamen nie auch nur annähernd an die geplante Nahrungsdistanz heran.

Ils n'ont jamais réussi à couvrir la distance alimentaire prévue.

Wie erwartet ging das Futter für die Hunde sehr schnell aus.

Comme prévu, ils ont très vite manqué de nourriture pour les chiens.

Sie haben die Sache noch schlimmer gemacht, indem sie in den ersten Tagen zu viel gefüttert haben.

Ils ont aggravé la situation en les suralimentant au début.

Mit jeder unvorsichtigen Ration rückte der Hungertod näher.

À chaque ration négligée, la famine se rapprochait.

Die neuen Hunde hatten nicht gelernt, mit sehr wenig zu überleben.

Les nouveaux chiens n'avaient pas appris à survivre avec très peu.

Sie aßen hungrig, ihr Appetit war zu groß für den Weg.

Ils mangeaient avec faim, avec un appétit trop grand pour le sentier.

Als Hal sah, wie die Hunde schwächer wurden, glaubte er, dass das Futter nicht ausreichte.

Voyant les chiens s'affaiblir, Hal pensait que la nourriture n'était pas suffisante.

Er verdoppelte die Rationen und verschlimmerte damit den Fehler noch.

Il a doublé les rations, rendant l'erreur encore pire.

Mercedes verschärfte das Problem mit Tränen und leisem Flehen.

Mercedes a aggravé le problème avec ses larmes et ses douces supplications.

Als sie Hal nicht überzeugen konnte, fütterte sie die Hunde heimlich.

Comme elle n'arrivait pas à convaincre Hal, elle nourrissait les chiens en secret.

Sie stahl den Fisch aus den Säcken und gab ihn ihnen hinter seinem Rücken.

Elle a volé des sacs de poissons et les leur a donnés dans son dos.

Doch was die Hunde wirklich brauchten, war nicht mehr Futter, sondern Ruhe.

Mais ce dont les chiens avaient réellement besoin, ce n'était pas de plus de nourriture, mais de repos.

Sie kamen nur langsam voran, aber der schwere Schlitten schleppte sich trotzdem weiter.

Ils progressaient mal, mais le lourd traîneau continuait à avancer.

Allein dieses Gewicht zehrte jeden Tag an ihrer verbleibenden Kraft.

Ce poids à lui seul épuisait chaque jour leurs forces restantes.

Dann kam es zur Phase der Unterernährung, da die Vorräte zur Neige gingen.

Puis vint l'étape de la sous-alimentation, les réserves s'épuisant.

Eines Morgens stellte Hal fest, dass die Hälfte des Hundefutters bereits weg war.

Un matin, Hal s'est rendu compte que la moitié de la nourriture pour chien avait déjà disparu.

Sie hatten nur ein Viertel der gesamten Wegstrecke zurückgelegt.

Ils n'avaient parcouru qu'un quart de la distance totale du sentier.

Es konnten keine Lebensmittel mehr gekauft werden, egal zu welchem Preis.

On ne pouvait plus acheter de nourriture, quel que soit le prix proposé.

Er reduzierte die Portionen der Hunde unter die normale Tagesration.

Il a réduit les portions des chiens en dessous de la ration quotidienne standard.

Gleichzeitig forderte er längere Reisemöglichkeiten, um die Verluste auszugleichen.

Dans le même temps, il a exigé des voyages plus longs pour compenser la perte.

Mercedes und Charles unterstützten diesen Plan, scheiterten jedoch bei der Umsetzung.

Mercedes et Charles ont soutenu ce plan, mais ont échoué dans son exécution.

Ihr schwerer Schlitten und ihre mangelnden Fähigkeiten machten ein Vorankommen nahezu unmöglich.

Leur lourd traîneau et leur manque de compétences rendaient la progression presque impossible.

Es war einfach, weniger Futter zu geben, aber unmöglich, mehr Anstrengung zu erzwingen.

Il était facile de donner moins de nourriture, mais impossible de forcer plus d'efforts.

Sie konnten weder früher anfangen, noch konnten sie Überstunden machen.

Ils ne pouvaient pas commencer plus tôt, ni voyager pendant des heures supplémentaires.

Sie wussten nicht, wie sie mit den Hunden und überhaupt mit sich selbst arbeiten sollten.

Ils ne savaient pas comment travailler les chiens, ni eux-mêmes d'ailleurs.

Der erste Hund, der starb, war Dub, der unglückliche, aber fleißige Dieb.

Le premier chien à mourir était Dub, le voleur malchanceux mais travailleur.

Obwohl Dub oft bestraft wurde, leistete er ohne zu klagen seinen Beitrag.

Bien que souvent puni, Dub avait fait sa part sans se plaindre.

Seine Schulterverletzung verschlimmerte sich ohne Pflege und nötige Ruhe.

Son épaule blessée s'est aggravée sans qu'il soit nécessaire de prendre soin de lui et de se reposer.

Schließlich beendete Hal mit dem Revolver Dubs Leiden.

Finalement, Hal a utilisé le revolver pour mettre fin aux souffrances de Dub.

Ein gängiges Sprichwort besagt, dass normale Hunde an der Husky-Ration sterben.

Un dicton courant dit que les chiens normaux meurent à cause des rations de husky.

Bucks sechs neue Gefährten bekamen nur die Hälfte des Futteranteils des Huskys.

Les six nouveaux compagnons de Buck n'avaient que la moitié de la part de nourriture du husky.

Zuerst starb der Neufundländer, dann die drei kurzhaarigen Vorstehhunde.

Le Terre-Neuve est mort en premier, puis les trois braques à poil court.

Die beiden Mischlinge hielten länger durch, kamen aber schließlich wie die anderen um.

Les deux bâtards résistèrent plus longtemps mais finirent par périr comme les autres.

Zu diesem Zeitpunkt waren alle Annehmlichkeiten und die Sanftheit des Südens verschwunden.

À cette époque, toutes les commodités et la douceur du Southland avaient disparu.

Die drei Menschen hatten die letzten Spuren ihrer zivilisierten Erziehung abgelegt.

Les trois personnes avaient perdu les dernières traces de leur éducation civilisée.

Ohne Glamour und Romantik wurde das Reisen in die Arktis zur brutalen Realität.

Dépouillé de glamour et de romantisme, le voyage dans l'Arctique est devenu brutalement réel.

Es war eine Realität, die zu hart für ihr Männlichkeits- und Weiblichkeitsgefühl war.

C'était une réalité trop dure pour leur sens de la virilité et de la féminité.

Mercedes weinte nicht mehr um die Hunde, sondern nur noch um sich selbst.

Mercedes ne pleurait plus pour les chiens, mais maintenant elle pleurait seulement pour elle-même.

Sie verbrachte ihre Zeit damit, zu weinen und mit Hal und Charles zu streiten.

Elle passait son temps à pleurer et à se disputer avec Hal et Charles.

Streiten war das Einzige, wozu sie nie zu müde waren.

Se disputer était la seule chose qu'ils n'étaient jamais trop fatigués de faire.

Ihre Gereiztheit rührte vom Elend her, wuchs mit ihm und übertraf es.

Leur irritabilité provenait de la misère, grandissait avec elle et la surpassait.

Die Geduld des Weges, die diejenigen kennen, die sich abmühen und freundlich leiden, kam nie.

La patience du sentier, connue de ceux qui peinent et souffrent avec bienveillance, n'est jamais venue.

Diese Geduld, die die Sprache trotz Schmerzen süß hält, war ihnen unbekannt.

Cette patience, qui garde la parole douce malgré la douleur, leur était inconnue.

Sie besaßen nicht die geringste Spur von Geduld und schöpften keine Kraft aus dem anmutigen Leiden.

Ils n'avaient aucune trace de patience, aucune force tirée de la souffrance avec grâce.

Sie waren steif vor Schmerz – ihre Muskeln, Knochen und ihr Herz schmerzten.

Ils étaient raides de douleur : leurs muscles, leurs os et leur cœur étaient douloureux.

Aus diesem Grund bekamen sie eine scharfe Zunge und waren schnell im Umgang mit harten Worten.

À cause de cela, ils devinrent acerbes et prompts à prononcer des paroles dures.

Jeder Tag begann und endete mit wütenden Stimmen und bitteren Klagen.

Chaque jour commençait et se terminait par des voix en colère et des plaintes amères.

Charles und Hal stritten sich, wann immer Mercedes ihnen eine Chance gab.

Charles et Hal se disputaient chaque fois que Mercedes leur en donnait l'occasion.

Jeder Mann glaubte, dass er mehr als seinen gerechten Anteil an der Arbeit geleistet hatte.

Chaque homme estimait avoir fait plus que sa juste part du travail.

Keiner von beiden ließ es sich je entgehen, dies immer wieder zu sagen.

Aucun des deux n'a jamais manqué une occasion de le dire, encore et encore.

Manchmal stand Mercedes auf der Seite von Charles, manchmal auf der Seite von Hal.

Parfois, Mercedes se rangeait du côté de Charles, parfois du côté de Hal.

Dies führte zu einem großen und endlosen Streit zwischen den dreien.

Cela a conduit à une grande et interminable querelle entre les trois.

Ein Streit darüber, wer Brennholz hacken sollte, geriet außer Kontrolle.

Une dispute sur la question de savoir qui devait couper le bois de chauffage est devenue incontrôlable.

Bald wurden Väter, Mütter, Cousins und verstorbene Verwandte genannt.

Bientôt, les pères, les mères, les cousins et les parents décédés ont été nommés.

Hal's Ansichten über Kunst oder die Theaterstücke seines Onkels wurden Teil des Kampfes.

Les opinions de Hal sur l'art ou les pièces de son oncle sont devenues partie intégrante du combat.

Auch Charles' politische Überzeugungen wurden in die Debatte einbezogen.

Les convictions politiques de Charles sont également entrées dans le débat.

Für Mercedes schienen sogar die Gerüchte über die Schwester ihres Mannes relevant zu sein.

Pour Mercedes, même les ragots de la sœur de son mari semblaient pertinents.

Sie äußerte ihre Meinung dazu und zu vielen Fehlern in Charles' Familie.

Elle a exprimé son opinion sur ce sujet et sur de nombreux défauts de la famille de Charles.

Während sie stritten, blieb das Feuer aus und das Lager war halb fertig.

Pendant qu'ils se disputaient, le feu restait éteint et le camp à moitié monté.

In der Zwischenzeit waren die Hunde unterkühlt und hatten nichts zu fressen.

Pendant ce temps, les chiens restaient froids et sans nourriture.

Mercedes hegte einen Groll, den sie als zutiefst persönlich betrachtete.

Mercedes avait un grief qu'elle considérait comme profondément personnel.

Sie fühlte sich als Frau misshandelt und fühlte sich ihrer Privilegien beraubt.

Elle se sentait maltraitée en tant que femme, privée de ses doux privilèges.

Sie war hübsch und sanft und pflegte ihr ganzes Leben lang ritterliche Gesten.

Elle était jolie et douce, et habituée à la chevalerie toute sa vie.

Doch ihr Mann und ihr Bruder begegneten ihr nun mit Ungeduld.

Mais son mari et son frère la traitaient désormais avec impatience.

Sie hatte die Angewohnheit, sich hilflos zu verhalten, und sie begannen, sich zu beschweren.

Elle avait pour habitude d'agir comme si elle était impuissante, et ils commencèrent à se plaindre.

Sie war davon beleidigt und machte ihnen das Leben noch schwerer.

Offensée par cela, elle leur rendit la vie encore plus difficile.

Sie ignorierte die Hunde und bestand darauf, den Schlitten selbst zu fahren.

Elle a ignoré les chiens et a insisté pour conduire elle-même le traîneau.

Obwohl sie von leichter Gestalt war, wog sie fünfundvierzig Kilo.

Bien que légère en apparence, elle pesait cent vingt livres.

Diese zusätzliche Belastung war zu viel für die hungernden, schwachen Hunde.

Ce fardeau supplémentaire était trop lourd pour les chiens affamés et faibles.

Trotzdem ritt sie tagelang, bis die Hunde in den Zügeln zusammenbrachen.

Elle a continué à monter pendant des jours, jusqu'à ce que les chiens s'effondrent sous les rênes.

Der Schlitten stand still und Charles und Hal baten sie, zu laufen.

Le traîneau s'arrêta et Charles et Hal la supplièrent de marcher.

Sie flehten und flehten, aber sie weinte und nannte sie grausam.

Ils la supplièrent et la supplièrent, mais elle pleura et les traita de cruels.

Einmal zogen sie sie mit purer Kraft und Wut vom Schlitten.

À une occasion, ils l'ont tirée du traîneau avec force et colère.

Nach dem, was damals passiert ist, haben sie es nie wieder versucht.

Ils n'ont plus jamais essayé après ce qui s'est passé cette fois-là.

Sie wurde schlaff wie ein verwöhntes Kind und setzte sich in den Schnee.

Elle devint molle comme un enfant gâté et s'assit dans la neige.

Sie gingen weiter, aber sie weigerte sich aufzustehen oder ihnen zu folgen.

Ils continuèrent leur chemin, mais elle refusa de se lever ou de les suivre.

Nach drei Meilen hielten sie an, kehrten um und trugen sie zurück.

Après trois milles, ils s'arrêtèrent, revinrent et la ramenèrent.

Sie luden sie wieder auf den Schlitten, wobei sie erneut rohe Gewalt anwandten.

Ils l'ont rechargée sur le traîneau, en utilisant encore une fois la force brute.

In ihrem tiefen Elend zeigten sie gegenüber dem Leid der Hunde keine Skrupel.

Dans leur profonde misère, ils étaient insensibles à la souffrance des chiens.

Hal glaubte, man müsse sich abhärten und zwang anderen diesen Glauben auf.

Hal croyait qu'il fallait s'endurcir et il a imposé cette croyance aux autres.

Er versuchte zunächst, seiner Schwester seine Philosophie zu predigen

Il a d'abord essayé de prêcher sa philosophie à sa sœur

und dann predigte er erfolglos seinem Schwager.

et puis, sans succès, il prêcha à son beau-frère.

Bei den Hunden hatte er mehr Erfolg, aber nur, weil er ihnen weh tat.

Il a eu plus de succès avec les chiens, mais seulement parce qu'il leur a fait du mal.

Bei Five Fingers ist das Hundefutter komplett ausgegangen.

Chez Five Fingers, la nourriture pour chiens est complètement épuisée.

Eine zahnlose alte Squaw verkaufte ein paar Pfund gefrorenes Pferdeleder

Une vieille squaw édentée a vendu quelques kilos de peau de cheval congelée

Hal tauschte seinen Revolver gegen das getrocknete Pferdefell.

Hal a échangé son revolver contre la peau de cheval séchée.

Das Fleisch stammte von den Pferden der Viehzüchter, die Monate zuvor verhungert waren.

La viande provenait de chevaux affamés d'éleveurs de bétail des mois auparavant.

Gefroren war die Haut wie verzinktes Eisen: zäh und ungenießbar.

Gelée, la peau était comme du fer galvanisé ; dure et immangeable.

Die Hunde mussten endlos auf dem Fell herumkauen, um es zu fressen.

Les chiens devaient mâcher la peau sans fin pour la manger.

Doch die ledrigen Fäden und das kurze Haar waren kaum Nahrung.

Mais les cordes en cuir et les cheveux courts n'étaient guère une nourriture.

Das Fell war größtenteils irritierend und kein echtes Nahrungsmittel.

La majeure partie de la peau était irritante et ne constituait pas véritablement de la nourriture.

Und während all dem taumelte Buck vorne herum, wie in einem Albtraum.

Et pendant tout ce temps, Buck titubait en tête, comme dans un cauchemar.

Er zog, wenn er dazu in der Lage war; wenn nicht, blieb er liegen, bis er mit einer Peitsche oder einem Knüppel hochgehoben wurde.

Il tirait quand il le pouvait ; quand il ne le pouvait pas, il restait allongé jusqu'à ce qu'un fouet ou un gourdin le relève.

Sein feines, glänzendes Fell hatte jegliche Steifheit und jeglichen Glanz verloren, den es einst hatte.

Son pelage fin et brillant avait perdu toute sa rigidité et son éclat d'autrefois.

Sein Haar hing schlaff herunter, war zerzaust und mit getrocknetem Blut von den Schlägen verklebt.

Ses cheveux pendaient, mous, en bataille et coagulés par le sang séché des coups.

Seine Muskeln schrumpften zu Sehnen und seine Fleischpolster waren völlig abgenutzt.

Ses muscles se sont réduits à l'état de cordes et ses coussinets de chair étaient tous usés.

Jede Rippe, jeder Knochen war deutlich durch die Falten der runzligen Haut zu sehen.

Chaque côte, chaque os apparaissait clairement à travers les plis de la peau ridée.

Es war herzzerreißend, doch Bucks Herz konnte nicht brechen.

C'était déchirant, mais le cœur de Buck ne pouvait pas se briser.

Der Mann im roten Pullover hatte das getestet und vor langer Zeit bewiesen.

L'homme au pull rouge avait testé cela et l'avait prouvé il y a longtemps.

So wie es bei Buck war, war es auch bei allen seinen übrigen Teamkollegen.

Comme ce fut le cas pour Buck, ce fut le cas pour tous ses coéquipiers restants.

Insgesamt waren es sieben, jeder einzelne ein wandelndes Skelett des Elends.

Il y en avait sept au total, chacun étant un squelette ambulant de misère.

Sie waren gegenüber den Peitschenhieben taub geworden und spürten nur noch entfernten Schmerz.

Ils étaient devenus insensibles au fouet, ne ressentant qu'une douleur lointaine.

Sogar Bild und Ton erreichten sie nur schwach, wie durch dichten Nebel.

Même la vue et le son leur parvenaient faiblement, comme à travers un épais brouillard.

Sie waren nicht halb lebendig – es waren Knochen mit schwachen Funken darin.

Ils n'étaient pas à moitié vivants : c'étaient des os avec de faibles étincelles à l'intérieur.

Als sie angehalten wurden, brachen sie wie Leichen zusammen, ihre Funken waren fast erloschen.

Lorsqu'ils s'arrêtèrent, ils s'effondrèrent comme des cadavres, leurs étincelles presque éteintes.

Und als die Peitsche oder der Knüppel erneut zuschlug, sprühten schwache Funken.

Et lorsque le fouet ou le gourdin frappaient à nouveau, les étincelles voltigeaient faiblement.

Dann erhoben sie sich, taumelten vorwärts und schleiften ihre Gliedmaßen vor sich her.

Puis ils se levèrent, titubèrent en avant et traînèrent leurs membres en avant.

Eines Tages stürzte der nette Billee und konnte überhaupt nicht mehr aufstehen.

Un jour, le gentil Billee tomba et ne put plus se relever du tout.

Hal hatte seinen Revolver eingetauscht und benutzte stattdessen eine Axt, um Billee zu töten.

Hal avait échangé son revolver, alors il a utilisé une hache pour tuer Billee à la place.

Er schlug ihm auf den Kopf, schnitt dann seinen Körper los und schleifte ihn weg.

Il le frappa à la tête, puis lui coupa le corps et le traîna.

Buck sah dies und die anderen auch; sie wussten, dass der Tod nahe war.

Buck vit cela, et les autres aussi ; ils savaient que la mort était proche.

Am nächsten Tag ging Koona und ließ nur fünf Hunde im hungernden Team zurück.

Le lendemain, Koona partit, ne laissant que cinq chiens dans l'équipe affamée.

Joe war nicht länger gemein, sondern zu weit weg, um überhaupt noch viel mitzubekommen.

Joe, qui n'était plus méchant, était trop loin pour se rendre compte de quoi que ce soit.

Pike täuschte seine Verletzung nicht länger vor und war kaum bei Bewusstsein.

Pike, ne faisant plus semblant d'être blessé, était à peine conscient.

Solleks, der immer noch treu war, beklagte, dass er nicht mehr die Kraft hatte, etwas zu geben.

Solleks, toujours fidèle, se lamentait de ne plus avoir de force à donner.

Teek wurde am häufigsten geschlagen, weil er frischer war, aber schnell nachließ.

Teek a été le plus battu parce qu'il était plus frais, mais qu'il s'estompait rapidement.

Und Buck, der immer noch in Führung lag, sorgte nicht länger für Ordnung und setzte sie auch nicht durch.

Et Buck, toujours en tête, ne maintenait plus l'ordre ni ne le faisait respecter.

Halb blind vor Schwäche folgte Buck der Spur nur nach Gefühl.

À moitié aveugle à cause de sa faiblesse, Buck suivit la piste au toucher seul.

Es war schönes Frühlingswetter, aber keiner von ihnen bemerkte es.

C'était un beau temps printanier, mais aucun d'entre eux ne l'a remarqué.

Jeden Tag ging die Sonne früher auf und später unter als zuvor.

Chaque jour, le soleil se levait plus tôt et se couchait plus tard qu'avant.

Um drei Uhr morgens dämmerte es, die Dämmerung dauerte bis neun Uhr.

À trois heures du matin, l'aube était arrivée ; le crépuscule durait jusqu'à neuf heures.

Die langen Tage waren erfüllt von der vollen Strahlkraft des Frühlingssonnenscheins.

Les longues journées étaient remplies du plein soleil printanier.

Die gespenstische Stille des Winters hatte sich in ein warmes Murmeln verwandelt.

Le silence fantomatique de l'hiver s'était transformé en un murmure chaleureux.

Das ganze Land erwachte und war erfüllt von der Freude am Leben.

Toute la terre s'éveillait, animée par la joie des êtres vivants.

Das Geräusch kam von etwas, das den Winter über tot und reglos dagelegen hatte.

Le bruit provenait de ce qui était resté mort et immobile pendant l'hiver.

Jetzt bewegten sich diese Dinger wieder und schüttelten den langen Frostschlaf ab.

Maintenant, ces choses bougeaient à nouveau, secouant le long sommeil de gel.

Saft stieg durch die dunklen Stämme der wartenden Kiefern.

La sève montait à travers les troncs sombres des pins en attente.

An jedem Zweig von Weiden und Espen treiben leuchtende junge Knospen aus.

Les saules et les trembles font apparaître de jeunes bourgeons brillants sur chaque brindille.

Sträucher und Weinreben erstrahlten in frischem Grün, als der Wald zum Leben erwachte.

Les arbustes et les vignes se parent d'un vert frais tandis que les bois prennent vie.

Nachts zirpten Grillen und in der Sonne krabbelten Käfer.

Les grillons chantaient la nuit et les insectes rampaient au soleil.

Rebhühner dröhnten und Spechte klopften tief in den Bäumen.

Les perdrix résonnaient et les pics frappaient profondément dans les arbres.

Eichhörnchen schnatterten, Vögel sangen und Gänse schnatterten über den Hunden.

Les écureuils bavardaient, les oiseaux chantaient et les oies klaxonnaient au-dessus des chiens.

Das Wildgeflügel kam in scharfen Keilen und flog aus dem Süden heran.

Les oiseaux sauvages arrivaient en groupes serrés, volant vers le haut depuis le sud.

Von jedem Hügel ertönte die Musik verborgener, rauschender Bäche.

De chaque colline venait la musique des ruisseaux cachés et impétueux.

Alles taute auf, brach, bog sich und geriet wieder in Bewegung.

Toutes choses ont dégelé et se sont brisées, se sont pliées et ont repris leur mouvement.

Der Yukon bemühte sich, die Kälteketten des gefrorenen Eises zu durchbrechen.

Le Yukon s'efforçait de briser les chaînes de froid de la glace gelée.

Das Eis schmolz von unten, während die Sonne es von oben zum Schmelzen brachte.

La glace fondait en dessous, tandis que le soleil la faisait fondre par le dessus.

Luftlöcher öffneten sich, Risse breiteten sich aus und Brocken fielen in den Fluss.

Des trous d'aération se sont ouverts, des fissures se sont propagées et des morceaux sont tombés dans la rivière.

Inmitten dieses pulsierenden und lodernden Lebens taumelten die Reisenden.

Au milieu de toute cette vie débordante et flamboyante, les voyageurs titubaient.

Zwei Männer, eine Frau und ein Rudel Huskys liefen wie die Toten.

Deux hommes, une femme et une meute de huskies marchaient comme des morts.

Die Hunde fielen, Mercedes weinte, fuhr aber immer noch Schlitten.

Les chiens tombaient, Mercedes pleurait, mais continuait à conduire le traîneau.

Hal fluchte schwach und Charles blinzelte mit tränenden Augen.

Hal jura faiblement et Charles cligna des yeux à travers ses yeux larmoyants.

Sie stolperten in John Thorntons Lager an der Mündung des White River.

Ils tombèrent sur le camp de John Thornton à l'embouchure de la rivière White.

Als sie anhielten, fielen die Hunde flach um, als wären sie alle tot.

Lorsqu'ils s'arrêtèrent, les chiens s'effondrèrent, comme s'ils étaient tous morts.

Mercedes wischte sich die Tränen ab und sah zu John Thornton hinüber.

Mercedes essuya ses larmes et regarda John Thornton.

Charles saß langsam und steif auf einem Baumstamm, mit Schmerzen vom Weg.

Charles s'assit sur une bûche, lentement et raidement, souffrant du sentier.

Hal redete, während Thornton das Ende eines Axtstiels schnitzte.

Hal parlait pendant que Thornton sculptait l'extrémité d'un manche de hache.

Er schnitzte Birkenholz und antwortete mit kurzen, bestimmten Antworten.

Il taillait du bois de bouleau et répondait par des réponses brèves et fermes.

Wenn man ihn fragte, gab er Ratschläge, war sich jedoch sicher, dass diese nicht befolgt würden.

Lorsqu'on lui a demandé son avis, il a donné des conseils, certain qu'ils ne seraient pas suivis.

Hal erklärte: „Sie sagten uns, dass das Eis auf dem Weg schmelzen würde."

Hal a expliqué : « Ils nous ont dit que la glace du sentier disparaissait. »

„Sie sagten, wir sollten bleiben, wo wir waren – aber wir haben es bis nach White River geschafft."

« Ils ont dit que nous devions rester sur place, mais nous sommes arrivés à White River. »

Er schloss mit höhnischem Ton, als wolle er einen Sieg in der Not für sich beanspruchen.

Il a terminé sur un ton moqueur, comme pour crier victoire dans les difficultés.

„Und sie haben dir die Wahrheit gesagt", antwortete John Thornton Hal ruhig.

« Et ils t'ont dit la vérité », répondit doucement John Thornton à Hal.

„Das Eis kann jeden Moment nachgeben – es ist kurz davor, abzufallen."

« La glace peut céder à tout moment, elle est prête à tomber. »

„Nur durch blindes Glück und ein paar Narren wäre es möglich gewesen, lebend so weit zu kommen."

« Seuls un peu de chance et des imbéciles ont pu arriver jusqu'ici en vie. »

„Ich sage es Ihnen ganz offen: Ich würde mein Leben nicht für alles Gold Alaskas riskieren."

« Je vous le dis franchement, je ne risquerais pas ma vie pour tout l'or de l'Alaska. »

„Das liegt wohl daran, dass Sie kein Narr sind", antwortete Hal.

« C'est parce que tu n'es pas un imbécile, je suppose », répondit Hal.

„Trotzdem fahren wir weiter nach Dawson." Er rollte seine Peitsche ab.

« Tout de même, nous irons à Dawson. » Il déroula son fouet.

„Komm rauf, Buck! Hallo! Steh auf! Los!", rief er barsch.

« Monte là-haut, Buck ! Salut ! Debout ! Vas-y ! » cria-t-il durement.

Thornton schnitzte weiter, wohl wissend, dass Narren nicht auf Vernunft hören.

Thornton continuait à tailler, sachant que les imbéciles n'entendraient pas la raison.

Einen Narren aufzuhalten war sinnlos – und zwei oder drei Narren änderten nichts.

Arrêter un imbécile était futile, et deux ou trois imbéciles ne changeaient rien.

Doch als das Team Hal's Befehl hörte, bewegte es sich nicht.

Mais l'équipe n'a pas bougé au son de l'ordre de Hal.

Jetzt konnten sie nur noch durch Schläge wieder auf die Beine kommen und weiterkommen.

Désormais, seuls les coups pouvaient les faire se relever et avancer.

Immer wieder knallte die Peitsche über die geschwächten Hunde.

Le fouet claquait encore et encore sur les chiens affaiblis.

John Thornton presste die Lippen fest zusammen und sah schweigend zu.

John Thornton serra fermement ses lèvres et regarda en silence.

Solleks war der Erste, der unter der Peitsche auf die Beine kam.

Solleks fut le premier à se relever sous le fouet.

Dann folgte Teek zitternd. Joe schrie auf, als er stolperte.

Puis Teek le suivit, tremblant. Joe poussa un cri en se relevant.

Pike versuchte aufzustehen, scheiterte zweimal und stand schließlich unsicher da.

Pike a essayé de se relever, a échoué deux fois, puis est finalement resté debout, chancelant.

Aber Buck blieb liegen, wo er hingefallen war, und bewegte sich dieses Mal überhaupt nicht.

Mais Buck resta là où il était tombé, sans bouger du tout cette fois.

Die Peitsche schlug immer wieder auf ihn ein, aber er gab keinen Laut von sich.

Le fouet le frappait à plusieurs reprises, mais il ne faisait aucun bruit.

Er zuckte nicht zusammen und wehrte sich nicht, sondern blieb einfach still und ruhig.

Il n'a pas bronché ni résisté, il est simplement resté immobile et silencieux.

Thornton rührte sich mehr als einmal, als wolle er etwas sagen, tat es aber nicht.

Thornton remua plus d'une fois, comme pour parler, mais ne le fit pas.

Seine Augen wurden feucht und immer noch knallte die Peitsche gegen Buck.

Ses yeux s'humidifièrent, et le fouet continuait à claquer contre Buck.

Schließlich begann Thornton langsam auf und ab zu gehen, unsicher, was er tun sollte.

Finalement, Thornton commença à marcher lentement, ne sachant pas quoi faire.

Es war das erste Mal, dass Buck versagt hatte, und Hal wurde wütend.

C'était la première fois que Buck échouait, et Hal devint furieux.

Er warf die Peitsche weg und nahm stattdessen die schwere Keule.

Il a jeté le fouet et a pris la lourde massue à la place.

Der Holzknüppel schlug hart auf, aber Buck stand immer noch nicht auf, um sich zu bewegen.

Le club en bois s'abattit violemment, mais Buck ne se releva toujours pas pour bouger.

Wie seine Teamkollegen war er zu schwach – aber mehr als das.

Comme ses coéquipiers, il était trop faible, mais plus que cela.

Buck hatte beschlossen, sich nicht zu bewegen, egal was als Nächstes passieren würde.

Buck avait décidé de ne pas bouger, quoi qu'il arrive.

Er spürte, wie etwas Dunkles und Bestimmtes direkt vor ihm schwebte.

Il sentait quelque chose de sombre et de certain planer juste devant lui.

Diese Angst hatte ihn ergriffen, sobald er das Flussufer erreicht hatte.

Cette peur l'avait saisi dès qu'il avait atteint la rive du fleuve.

Dieses Gefühl hatte ihn nicht verlassen, seit er das Eis unter seinen Pfoten dünner werden fühlte.

Cette sensation ne l'avait pas quitté depuis qu'il sentait la glace s'amincir sous ses pattes.

Etwas Schreckliches wartete – er spürte es gleich weiter unten auf dem Weg.

Quelque chose de terrible l'attendait – il le sentait juste au bout du sentier.

Er würde nicht auf das Schreckliche vor ihm zugehen

Il n'allait pas marcher vers cette terrible chose devant lui.

Er würde keinem Befehl gehorchen, der ihn zu diesem Ding führte.

Il n'allait pas obéir à un quelconque ordre qui le conduirait à cette chose.

Der Schmerz der Schläge war für ihn kaum noch spürbar, er war zu weit weg.

La douleur des coups ne l'atteignait plus guère, il était trop loin.

Der Funke des Lebens flackerte schwach und erlosch unter jedem grausamen Schlag.

L'étincelle de vie vacillait faiblement, s'affaiblissant sous chaque coup cruel.

Seine Glieder fühlten sich fremd an, sein ganzer Körper schien einem anderen zu gehören.

Ses membres semblaient lointains ; tout son corps semblait appartenir à un autre.

Er spürte eine seltsame Taubheit, als der Schmerz vollständig nachließ.

Il ressentit un étrange engourdissement alors que la douleur disparaissait complètement.

Aus der Ferne spürte er, dass er geschlagen wurde, aber er wusste es kaum.

De loin, il sentait qu'il était battu, mais il le savait à peine.

Er konnte die Schläge schwach hören, aber sie taten nicht mehr wirklich weh.

Il pouvait entendre les coups sourds faiblement, mais ils ne faisaient plus vraiment mal.

Die Schläge trafen, aber sein Körper schien nicht mehr sein eigener zu sein.

Les coups ont porté, mais son corps ne semblait plus être le sien.

Dann stieß John Thornton plötzlich und ohne Vorwarnung einen wilden Schrei aus.

Puis, soudain, sans prévenir, John Thornton poussa un cri sauvage.

Es war unartikuliert, eher der Schrei eines Tieres als eines
Menschen.

C'était inarticulé, plus le cri d'une bête que celui d'un homme.

Er sprang mit der Keule auf den Mann zu und stieß Hal
nach hinten.

Il sauta sur l'homme avec la massue et renversa Hal en arrière.

Hal flog, als wäre er von einem Baum getroffen worden, und
landete hart auf dem Boden.

Hal vola comme s'il avait été frappé par un arbre, atterrissant
durement sur le sol.

Mercedes schrie laut vor Panik und umklammerte ihr
Gesicht.

Mercedes a crié de panique et s'est agrippée au visage.

Charles sah nur zu, wischte sich die Augen und blieb sitzen.

Charles se contenta de regarder, s'essuya les yeux et resta
assis.

Sein Körper war vor Schmerzen zu steif, um aufzustehen
oder beim Kampf mitzuhelfen.

Son corps était trop raide à cause de la douleur pour se lever
ou aider au combat.

Thornton stand über Buck, zitterte vor Wut und konnte
nicht sprechen.

Thornton se tenait au-dessus de Buck, tremblant de fureur,
incapable de parler.

Er zitterte vor Wut und kämpfte darum, trotz allem seine
Stimme wiederzufinden.

Il tremblait de rage et luttait pour trouver sa voix à travers
elle.

„Wenn du den Hund noch einmal schlägst, bringe ich dich
um", sagte er schließlich.

« Si tu frappes encore ce chien, je te tue », dit-il finalement.

Hal wischte sich das Blut aus dem Mund und kam wieder
nach vorne.

Hal essuya le sang de sa bouche et s'avança à nouveau.

„Es ist mein Hund", murmelte er. „Geh mir aus dem Weg,
sonst kriege ich dich wieder in Ordnung."

« C'est mon chien », murmura-t-il. « Dégage, ou je te répare. »

„Ich gehe nach Dawson und Sie halten mich nicht auf",
fügte er hinzu.

« Je vais à Dawson, et vous ne m'en empêcherez pas », a-t-il
ajouté.

**Thornton stand fest zwischen Buck und dem wütenden
jungen Mann.**

Thornton se tenait fermement entre Buck et le jeune homme en
colère.

**Er hatte nicht die Absicht, zur Seite zu treten oder Hal
vorbeizulassen.**

Il n'avait aucune intention de s'écarter ou de laisser passer
Hal.

**Hal zog sein Jagdmesser heraus, das lang und gefährlich in
der Hand lag.**

Hal sortit son couteau de chasse, long et dangereux à la main.

**Mercedes schrie, dann weinte sie und lachte dann in wilder
Hysterie.**

Mercedes a crié, puis pleuré, puis ri dans une hystérie
sauvage.

**Thornton schlug mit dem Axtstiel hart und schnell auf Hals
Hand.**

Thornton frappa la main de Hal avec le manche de sa hache,
fort et vite.

**Das Messer wurde aus Hals Griff gerissen und flog zu
Boden.**

Le couteau s'est détaché de la main de Hal et a volé au sol.

**Hal versuchte, das Messer aufzuheben, und Thornton
klopfte erneut auf seine Fingerknöchel.**

Hal essaya de ramasser le couteau, et Thornton frappa à
nouveau ses jointures.

**Dann bückte sich Thornton, griff nach dem Messer und hielt
es fest.**

Thornton se baissa alors, attrapa le couteau et le tint.

**Mit zwei schnellen Hieben des Axtstiels zerschnitt er Bucks
Zügel.**

D'un coup rapide de manche de hache, il coupa les rênes de
Buck.

Hal hatte keine Kraft mehr, sich zu wehren, und trat von dem Hund zurück.

Hal n'avait plus aucune résistance et s'éloigna du chien.

Außerdem brauchte Mercedes jetzt beide Arme, um aufrecht zu bleiben.

De plus, Mercedes avait désormais besoin de ses deux bras pour se maintenir debout.

Buck war dem Tod zu nahe, um noch einmal einen Schlitten ziehen zu können.

Buck était trop proche de la mort pour pouvoir à nouveau tirer un traîneau.

Ein paar Minuten später legten sie ab und fuhren flussabwärts.

Quelques minutes plus tard, ils se sont retirés et ont descendu la rivière.

Buck hob schwach den Kopf und sah ihnen nach, wie sie die Bank verließen.

Buck leva faiblement la tête et les regarda quitter la banque.

Pike führte das Team an, mit Solleks am Ende des Feldes.

Pike a mené l'équipe, avec Solleks à l'arrière dans la roue.

Joe und Teek gingen dazwischen, beide humpelten vor Erschöpfung.

Joe et Teek marchaient entre eux, tous deux boitant d'épuisement.

Mercedes saß auf dem Schlitten und Hal hielt die lange Lenkstange fest.

Mercedes s'assit sur le traîneau et Hal saisit le long mât.

Charles stolperte hinterher, seine Schritte waren unbeholfen und unsicher.

Charles trébuchait derrière, ses pas maladroits et incertains.

Thornton kniete neben Buck und tastete vorsichtig nach gebrochenen Knochen.

Thornton s'agenouilla près de Buck et chercha doucement des os cassés.

Seine Hände waren rau, bewegten sich aber mit Freundlichkeit und Sorgfalt.

Ses mains étaient rudes mais bougeaient avec gentillesse et attention.

Bucks Körper wies Blutergüsse auf, wies jedoch keine bleibenden Verletzungen auf.

Le corps de Buck était meurtri mais ne présentait aucune blessure durable.

Zurück blieben schrecklicher Hunger und nahezu völlige Schwäche.

Ce qui restait, c'était une faim terrible et une faiblesse quasi totale.

Als dies klar wurde, war der Schlitten bereits weit flussabwärts gefahren.

Au moment où cela fut clair, le traîneau était déjà loin en aval.

Mann und Hund sahen zu, wie der Schlitten langsam über das knackende Eis kroch.

L'homme et le chien regardaient le traîneau ramper lentement sur la glace fissurée.

Dann sahen sie, wie der Schlitten in eine Mulde sank.

Puis, ils virent le traîneau s'enfoncer dans un creux.

Die Gee-Stange flog in die Höhe, und Hal klammerte sich immer noch vergeblich daran fest.

Le mât s'est envolé, Hal s'y accrochant toujours en vain.

Mercedes' Schrei erreichte sie über die kalte Ferne.

Le cri de Mercedes les atteignit à travers la distance froide.

Charles drehte sich um und trat zurück – aber er war zu spät.

Charles se retourna et recula, mais il était trop tard.

Eine ganze Eisdecke brach nach und sie alle fielen hindurch.

Une calotte glaciaire entière a cédé et ils sont tous tombés à travers.

Hunde, Schlitten und Menschen verschwanden im schwarzen Wasser darunter.

Les chiens, le traîneau et les gens ont disparu dans l'eau noire en contrebas.

An der Stelle, an der sie vorbeigekommen waren, war nur ein breites Loch im Eis zurückgeblieben.

Il ne restait qu'un large trou dans la glace là où ils étaient passés.

Der Boden des Pfades war nach unten abgesunken – genau wie Thornton gewarnt hatte.

Le fond du sentier s'était affaissé, comme Thornton l'avait prévenu.

Thornton und Buck sahen sich einen Moment lang schweigend an.

Thornton et Buck se regardèrent, silencieux pendant un moment.

„Du armer Teufel", sagte Thornton leise und Buck leckte ihm die Hand.

« Pauvre diable », dit doucement Thornton, et Buck lui lécha la main.

Aus Liebe zu einem Mann
Pour l'amour d'un homme

John Thornton erfror in der Kälte des vergangenen Dezembers seine Füße.

John Thornton s'est gelé les pieds dans le froid du mois de décembre précédent.

Seine Partner machten es ihm bequem und ließen ihn allein genesen.

Ses partenaires l'ont mis à l'aise et l'ont laissé se rétablir seul.

Sie fuhren den Fluss hinauf, um ein Floß mit Sägestämmen für Dawson zu holen.

Ils remontèrent la rivière pour rassembler un radeau de billes de bois pour Dawson.

Er humpelte noch leicht, als er Buck vor dem Tod rettete.

Il boitait encore légèrement lorsqu'il a sauvé Buck de la mort.

Aber bei anhaltend warmem Wetter verschwand sogar dieses Hinken.

Mais avec le temps chaud qui continue, même cette boiterie a disparu.

Buck ruhte sich an langen Frühlingstagen am Flussufer aus.

Allongé au bord de la rivière pendant les longues journées de printemps, Buck se reposait.

Er beobachtete das fließende Wasser und lauschte den Vögeln und Insekten.

Il regardait l'eau couler et écoutait les oiseaux et les insectes.

Langsam erlangte Buck unter Sonne und Himmel seine Kraft zurück.

Lentement, Buck reprit ses forces sous le soleil et le ciel.

Nach einer Reise von dreitausend Meilen war eine Pause ein wunderbares Gefühl.

Un repos merveilleux après avoir parcouru trois mille kilomètres.

Buck wurde träge, als seine Wunden heilten und sein Körper an Gewicht zunahm.

Buck est devenu paresseux à mesure que ses blessures guérissaient et que son corps se remplissait.

Seine Muskeln wurden fester und das Fleisch bedeckte
wieder seine Knochen.

Ses muscles se raffermirent et la chair revint recouvrir ses os.

Sie ruhten sich alle aus – Buck, Thornton, Skeet und Nig.

Ils se reposaient tous : Buck, Thornton, Skeet et Nig.

Sie warteten auf das Floß, das sie nach Dawson bringen
sollte.

Ils attendaient le radeau qui allait les transporter jusqu'à
Dawson.

Skeet war ein kleiner Irish Setter, der sich mit Buck
anfreundete.

Skeet était un petit setter irlandais qui s'est lié d'amitié avec
Buck.

Buck war zu schwach und krank, um ihr bei ihrem ersten
Treffen Widerstand zu leisten.

Buck était trop faible et malade pour lui résister lors de leur
première rencontre.

Skeet hatte die Heilereigenschaft, die manche Hunde von
Natur aus besitzen.

Skeet avait le trait de guérisseur que certains chiens possèdent
naturellement.

Wie eine Katzenmutter leckte und reinigte sie Bucks offene
Wunden.

Comme une mère chatte, elle lécha et nettoya les blessures à
vif de Buck.

Jeden Morgen nach dem Frühstück wiederholte sie ihre
sorgfältige Arbeit.

Chaque matin, après le petit-déjeuner, elle répétait son travail
minutieux.

Buck erwartete ihre Hilfe ebenso sehr wie die von Thornton.

Buck s'attendait à son aide autant qu'à celle de Thornton.

Nig war auch freundlich, aber weniger offen und weniger
liebevoll.

Nig était également amical, mais moins ouvert et moins
affectueux.

Nig war ein großer schwarzer Hund, halb Bluthund, halb
Hirschhund.

Nig était un gros chien noir, à la fois chien de Saint-Hubert et chien de chasse.

Er hatte lachende Augen und eine unendlich gute Seele.

Il avait des yeux rieurs et une infinie bonne nature dans son esprit.

Zu Bucks Überraschung zeigte keiner der Hunde Eifersucht ihm gegenüber.

À la surprise de Buck, aucun des deux chiens n'a montré de jalousie envers lui.

Sowohl Skeet als auch Nig erfuhren die Freundlichkeit von John Thornton.

Skeet et Nig ont tous deux partagé la gentillesse de John Thornton.

Als Buck stärker wurde, verleiteten sie ihn zu albernen Hundespielen.

À mesure que Buck devenait plus fort, ils l'ont attiré dans des jeux de chiens stupides.

Auch Thornton spielte oft mit ihnen und konnte ihrer Freude nicht widerstehen.

Thornton jouait souvent avec eux aussi, incapable de résister à leur joie.

Auf diese spielerische Weise gelang Buck der Übergang von der Krankheit in ein neues Leben.

De cette manière ludique, Buck est passé de la maladie à une nouvelle vie.

Endlich hatte er Liebe gefunden – wahre, brennende und leidenschaftliche Liebe.

L'amour – un amour véritable, brûlant et passionné – était enfin à lui.

Auf Millers Anwesen hatte er diese Art von Liebe nie erlebt.

Il n'avait jamais connu ce genre d'amour dans le domaine de Miller.

Mit den Söhnen des Richters hatte er Arbeit und Abenteuer geteilt.

Avec les fils du juge, il avait partagé le travail et l'aventure.

Bei den Enkeln sah er steifen und prahlerischen Stolz.

Chez les petits-fils, il vit une fierté raide et vantarde.

Mit Richter Miller selbst verband ihn eine respektvolle Freundschaft.

Il entretenait avec le juge Miller lui-même une amitié respectueuse.

Doch mit Thornton kam eine Liebe, die Feuer, Wahnsinn und Anbetung war.

Mais l'amour qui était feu, folie et adoration est venu avec Thornton.

Dieser Mann hatte Bucks Leben gerettet, und das allein bedeutete sehr viel.

Cet homme avait sauvé la vie de Buck, et cela seul signifiait beaucoup.

Aber darüber hinaus war John Thornton der ideale Meistertyp.

Mais plus que cela, John Thornton était le type de maître idéal.

Andere Männer kümmerten sich aus Pflichtgefühl oder geschäftlicher Notwendigkeit um Hunde.

D'autres hommes s'occupaient de chiens par devoir ou par nécessité professionnelle.

John Thornton kümmerte sich um seine Hunde, als wären sie seine Kinder.

John Thornton prenait soin de ses chiens comme s'ils étaient ses enfants.

Er kümmerte sich um sie, weil er sie liebte und einfach nicht anders konnte.

Il prenait soin d'eux parce qu'il les aimait et qu'il ne pouvait tout simplement pas s'en empêcher.

John Thornton sah sogar weiter, als die meisten Menschen jemals sehen konnten.

John Thornton a vu encore plus loin que la plupart des hommes n'ont jamais réussi à voir.

Er vergaß nie, sie freundlich zu grüßen oder ein aufmunterndes Wort zu sagen.

Il n'oubliait jamais de les saluer gentiment ou de leur adresser un mot d'encouragement.

Er liebte es, mit den Hunden zusammenzusitzen und lange zu reden, oder, wie er sagte, „gasy".

Il adorait s'asseoir avec les chiens pour de longues conversations, ou « gazeuses », comme il disait.

Er packte Bucks Kopf gern grob zwischen seinen starken Händen.

Il aimait saisir brutalement la tête de Buck entre ses mains fortes.

Dann lehnte er seinen Kopf an Bucks und schüttelte ihn sanft.

Puis il posa sa tête contre celle de Buck et le secoua doucement.

Die ganze Zeit über beschimpfte er Buck mit unhöflichen Namen, die für ihn Liebe bedeuteten.

Pendant tout ce temps, il traitait Buck de noms grossiers qui signifiaient de l'amour pour Buck.

Buck bereiteten diese grobe Umarmung und diese Worte große Freude.

Pour Buck, cette étreinte brutale et ces mots ont apporté une joie profonde.

Sein Herz schien bei jeder Bewegung vor Glück zu beben.

Son cœur semblait se déchaîner de bonheur à chaque mouvement.

Als er anschließend aufsprang, sah sein Mund aus, als würde er lachen.

Lorsqu'il se releva ensuite, sa bouche semblait rire.

Seine Augen leuchteten hell und seine Kehle zitterte vor unausgesprochener Freude.

Ses yeux brillaient et sa gorge tremblait d'une joie inexprimée.

Sein Lächeln blieb in diesem Zustand der Ergriffenheit und glühenden Zuneigung stehen.

Son sourire resta figé dans cet état d'émotion et d'affection rayonnante.

Dann rief Thornton nachdenklich aus: „Gott! Er kann fast sprechen!"

Thornton s'exclama alors pensivement : « Mon Dieu ! Il peut presque parler ! »

Buck hatte eine seltsame Art, Liebe auszudrücken, die beinahe Schmerzen verursachte.

Buck avait une étrange façon d'exprimer son amour qui causait presque de la douleur.

Er umklammerte Thorntons Hand oft sehr fest mit seinen Zähnen.

Il serrait souvent très fort la main de Thornton entre ses dents.

Der Biss würde tiefe Spuren hinterlassen, die noch einige Zeit blieben.

La morsure allait laisser des marques profondes qui resteraient un certain temps après.

Buck glaubte, dass diese Eide Liebe waren, und Thornton wusste das auch.

Buck croyait que ces serments étaient de l'amour, et Thornton savait la même chose.

Meistens zeigte sich Bucks Liebe in stiller, fast stummer Verehrung.

Le plus souvent, l'amour de Buck se manifestait par une adoration silencieuse, presque silencieuse.

Obwohl er sich freute, wenn man ihn berührte oder ansprach, suchte er nicht nach Aufmerksamkeit.

Bien qu'il soit ravi lorsqu'on le touche ou qu'on lui parle, il ne cherche pas à attirer l'attention.

Skeet schob ihre Nase unter Thorntons Hand, bis er sie streichelte.

Skeet a poussé son nez sous la main de Thornton jusqu'à ce qu'il la caresse.

Nig kam leise herbei und legte seinen großen Kopf auf Thorntons Knie.

Nig s'approcha tranquillement et posa sa grosse tête sur le genou de Thornton.

Buck hingegen war zufrieden damit, aus respektvoller Distanz zu lieben.

Buck, au contraire, se contentait d'aimer à distance respectueuse.

Er lag stundenlang zu Thorntons Füßen, wachsam und aufmerksam beobachtend.

Il resta allongé pendant des heures aux pieds de Thornton, alerte et observant attentivement.

Buck studierte jedes Detail des Gesichts seines Herrn und jede kleinste Bewegung.

Buck étudiait chaque détail du visage de son maître et le moindre mouvement.

Oder er blieb weiter weg liegen und betrachtete schweigend die Gestalt des Mannes.

Ou bien il était allongé plus loin, étudiant la silhouette de l'homme en silence.

Buck beobachtete jede kleine Bewegung, jede Veränderung seiner Haltung oder Geste.

Buck observait chaque petit mouvement, chaque changement de posture ou de geste.

Diese Verbindung war so stark, dass sie Thorntons Blick oft auf sich zog.

Ce lien était si puissant qu'il attirait souvent le regard de Thornton.

Er begegnete Bucks Blick ohne Worte, Liebe schimmerte deutlich hindurch.

Il rencontra les yeux de Buck sans un mot, l'amour brillant clairement à travers.

Nach seiner Rettung ließ Buck Thornton lange Zeit nicht aus den Augen.

Pendant longtemps après avoir été sauvé, Buck n'a jamais laissé Thornton hors de vue.

Immer wenn Thornton das Zelt verließ, folgte Buck ihm dicht auf den Fersen.

Chaque fois que Thornton quittait la tente, Buck le suivait de près à l'extérieur.

All die strengen Herren im Nordland hatten Buck Angst gemacht, zu vertrauen.

Tous les maîtres sévères du Northland avaient fait que Buck avait peur de faire confiance.

Er befürchtete, dass kein Mann länger als kurze Zeit sein Herr bleiben könnte.

Il craignait qu'aucun homme ne puisse rester son maître plus d'un court instant.

Er befürchtete, dass John Thornton wie Perrault und François verschwinden würde.

Il craignait que John Thornton ne disparaisse comme Perrault et François.

Sogar nachts quälte die Angst, ihn zu verlieren, Buck mit unruhigem Schlaf.

Même la nuit, la peur de le perdre hantait le sommeil agité de Buck.

Als Buck aufwachte, kroch er in die Kälte hinaus und ging zum Zelt.

Quand Buck se réveilla, il se glissa dehors dans le froid et se dirigea vers la tente.

Er lauschte aufmerksam auf das leise Geräusch des Atmens in seinem Inneren.

Il écoutait attentivement le doux bruit de la respiration à l'intérieur.

Trotz Bucks tiefer Liebe zu John Thornton blieb die Wildnis am Leben.

Malgré l'amour profond de Buck pour John Thornton, la nature sauvage est restée vivante.

Dieser im Norden erwachte primitive Instinkt ist nicht verschwunden.

Cet instinct primitif, éveillé dans le Nord, n'a pas disparu.

Liebe brachte Hingabe, Treue und die warme Verbundenheit des Kaminfeuers.

L'amour a apporté la dévotion, la loyauté et le lien chaleureux du coin du feu.

Aber Buck behielt auch seine wilden Instinkte, scharf und stets wachsam.

Mais Buck a également conservé son instinct sauvage, vif et toujours en alerte.

Er war nicht nur ein gezähmtes Haustier aus den sanften Ländern der Zivilisation.

Il n'était pas seulement un animal de compagnie apprivoisé venu des terres douces de la civilisation.

Buck war ein wildes Wesen, das hereingekommen war, um an Thorntons Feuer zu sitzen.

Buck était un être sauvage qui était venu s'asseoir près du feu de Thornton.

Er sah aus wie ein Südlandhund, aber in ihm lebte Wildheit.

Il ressemblait à un chien du Southland, mais la sauvagerie vivait en lui.

Seine Liebe zu Thornton war zu groß, um zuzulassen, dass er den Mann bestohlen hätte.

Son amour pour Thornton était trop grand pour permettre de voler cet homme.

Aber in jedem anderen Lager würde er dreist und ohne Pause stehlen.

Mais dans n'importe quel autre camp, il volerait avec audace et sans relâche.

Er war beim Stehlen so geschickt, dass ihn niemand erwischen oder beschuldigen konnte.

Il était si habile à voler que personne ne pouvait l'attraper ou l'accuser.

Sein Gesicht und sein Körper waren mit Narben aus vielen vergangenen Kämpfen übersät.

Son visage et son corps étaient couverts de cicatrices dues à de nombreux combats passés.

Buck kämpfte immer noch erbittert, aber jetzt kämpfte er mit mehr List.

Buck se battait toujours avec acharnement, mais maintenant il se battait avec plus de ruse.

Skeet und Nig waren zu sanft, um zu kämpfen, und sie gehörten Thornton.

Skeet et Nig étaient trop doux pour se battre, et ils appartenaient à Thornton.

Aber jeder fremde Hund, egal wie stark oder mutig, wich zurück.

Mais tout chien étranger, aussi fort ou courageux soit-il, cédait.

Ansonsten kämpfte der Hund gegen Buck und um sein Leben.

Sinon, le chien se retrouvait à lutter contre Buck, à se battre pour sa vie.

Buck kannte keine Gnade, wenn er sich entschied, gegen einen anderen Hund zu kämpfen.

Buck n'a eu aucune pitié une fois qu'il a choisi de se battre contre un autre chien.

Er hatte das Gesetz der Keule und des Reißzahns im Nordland gut gelernt.

Il avait bien appris la loi du gourdin et des crocs dans le Nord.

Er gab nie einen Vorteil auf und wich nie einer Schlacht aus.

Il n'a jamais abandonné un avantage et n'a jamais reculé devant la bataille.

Er hatte Spitz und die wildesten Post- und Polizeihunde studiert.

Il avait étudié les Spitz et les chiens les plus féroces de la poste et de la police.

Er wusste genau, dass es im wilden Kampf keinen Mittelweg gab.

Il savait clairement qu'il n'y avait pas de juste milieu dans un combat sauvage.

Er musste herrschen oder beherrscht werden; Gnade zu zeigen, hieße, Schwäche zu zeigen.

Il doit gouverner ou être gouverné ; faire preuve de miséricorde signifie faire preuve de faiblesse.

In der rauen und brutalen Welt des Überlebens kannte man keine Gnade.

La miséricorde était inconnue dans le monde brut et brutal de la survie.

Gnade zu zeigen wurde als Angst angesehen und Angst führte schnell zum Tod.

Faire preuve de miséricorde était perçu comme de la peur, et la peur menait rapidement à la mort.

Das alte Gesetz war einfach: töten oder getötet werden, essen oder gefressen werden.

L'ancienne loi était simple : tuer ou être tué, manger ou être mangé.

Dieses Gesetz stammte aus längst vergangenen Zeiten und Buck befolgte es vollständig.

Cette loi venait des profondeurs du temps, et Buck la suivait pleinement.

Buck war älter als sein Alter und die Anzahl seiner Atemzüge.

Buck était plus vieux que son âge et que le nombre de respirations qu'il prenait.

Er verband die ferne Vergangenheit klar mit der Gegenwart.

Il a clairement relié le passé ancien au moment présent.

Die tiefen Rhythmen der Zeitalter bewegten sich durch ihn wie die Gezeiten.

Les rythmes profonds des âges le traversaient comme les marées.

Die Zeit pulsierte in seinem Blut so sicher, wie die Jahreszeiten die Erde bewegen.

Le temps pulsait dans son sang aussi sûrement que les saisons faisaient bouger la terre.

Er saß mit starker Brust und weißen Reißzähnen an Thorntons Feuer.

Il était assis près du feu de Thornton, la poitrine forte et les crocs blancs.

Sein langes Fell wehte, aber hinter ihm beobachteten ihn die Geister wilder Hunde.

Sa longue fourrure ondulait, mais derrière lui, les esprits des chiens sauvages observaient.

Halbwölfe und Vollwölfe regten sich in seinem Herzen und seinen Sinnen.

Des demi-loups et des loups à part entière s'agitaient dans son cœur et dans ses sens.

Sie probierten sein Fleisch und tranken dasselbe Wasser wie er.

Ils goûtèrent sa viande et burent la même eau que lui.

Sie schnupperten neben ihm den Wind und lauschten dem Wald.

Ils reniflaient le vent à ses côtés et écoutaient la forêt.

Sie flüsterten die Bedeutung der wilden Geräusche in der Dunkelheit.

Ils murmuraient la signification des sons sauvages dans l'obscurité.

Sie prägten seine Stimmungen und leiteten jede seiner stillen Reaktionen.

Ils façonnaient ses humeurs et guidaient chacune de ses réactions silencieuses.

Sie lagen bei ihm, während er schlief, und wurden Teil seiner tiefen Träume.

Ils se sont couchés avec lui pendant son sommeil et sont devenus une partie de ses rêves profonds.

Sie träumten mit ihm, über ihn hinaus und bildeten seinen Geist.

Ils rêvaient avec lui, au-delà de lui, et constituaient son esprit même.

Die Geister der Wildnis riefen so stark, dass Buck sich hingezogen fühlte.

Les esprits de la nature appelèrent si fort que Buck se sentit attiré.

Mit jedem Tag wurden die Menschheit und ihre Ansprüche in Bucks Herzen schwächer.

Chaque jour, l'humanité et ses revendications s'affaiblissaient dans le cœur de Buck.

Tief im Wald würde ein seltsamer und aufregender Ruf erklingen.

Au plus profond de la forêt, un appel étrange et palpitant allait s'élever.

Jedes Mal, wenn er den Ruf hörte, verspürte Buck einen Drang, dem er nicht widerstehen konnte.

Chaque fois qu'il entendait l'appel, Buck ressentait une envie à laquelle il ne pouvait résister.

Er wollte sich vom Feuer und den ausgetretenen menschlichen Pfaden abwenden.

Il allait se détourner du feu et des sentiers battus des humains.

Er wollte in den Wald eintauchen und weitergehen, ohne zu wissen, warum.

Il allait s'enfoncer dans la forêt, avançant sans savoir pourquoi.

Er hinterfragte diese Anziehungskraft nicht, denn der Ruf war tief und kraftvoll.

Il ne remettait pas en question cette attraction, car l'appel était profond et puissant.

Oft erreichte er den grünen Schatten und die weiche, unberührte Erde

Souvent, il atteignait l'ombre verte et la terre douce et intacte

Doch dann zog ihn die große Liebe zu John Thornton zurück zum Feuer.

Mais ensuite, son amour profond pour John Thornton l'a ramené vers le feu.

Nur John Thornton hatte Bucks wildes Herz wirklich in seiner Gewalt.

Seul John Thornton tenait véritablement le cœur sauvage de Buck entre ses mains.

Der Rest der Menschheit hatte für Buck keinen bleibenden Wert oder keine bleibende Bedeutung.

Le reste de l'humanité n'avait aucune valeur ni signification durable pour Buck.

Fremde könnten ihn loben oder ihm mit freundlichen Händen über das Fell streicheln.

Les étrangers pourraient le féliciter ou caresser sa fourrure avec des mains amicales.

Buck blieb ungerührt und ging vor lauter Zuneigung davon.

Buck resta impassible et s'éloigna à cause de trop d'affection.

Hans und Pete kamen mit dem lange erwarteten Floß

Hans et Pete sont arrivés avec le radeau qu'ils attendaient depuis longtemps

Buck ignorierte sie, bis er erfuhr, dass sie sich in der Nähe von Thornton befanden.

Buck les a ignorés jusqu'à ce qu'il apprenne qu'ils étaient proches de Thornton.

Danach tolerierte er sie, zeigte ihnen jedoch nie seine volle Zuneigung.

Après cela, il les a tolérés, mais ne leur a jamais montré toute sa chaleur.

Er nahm Essen oder Freundlichkeiten von ihnen an, als täte er ihnen einen Gefallen.

Il prenait de la nourriture ou des marques de gentillesse de leur part comme s'il leur rendait service.

Sie waren wie Thornton – einfach, ehrlich und klar im Denken.

Ils étaient comme Thornton : simples, honnêtes et clairs dans leurs pensées.

Gemeinsam reisten sie zu Dawsons Sägewerk und dem großen Wirbel

Tous ensemble, ils se rendirent à la scierie de Dawson et au grand tourbillon

Auf ihrer Reise lernten sie Bucks Wesen tiefgründig kennen.

Au cours de leur voyage, ils ont appris à comprendre profondément la nature de Buck.

Sie versuchten nicht, sich näherzukommen, wie es Skeet und Nig getan hatten.

Ils n'ont pas essayé de se rapprocher comme Skeet et Nig l'avaient fait.

Doch Bucks Liebe zu John Thornton wurde mit der Zeit immer stärker.

Mais l'amour de Buck pour John Thornton n'a fait que s'approfondir avec le temps.

Nur Thornton könnte Buck im Sommer eine Last auf die Schultern laden.

Seul Thornton pouvait placer un sac sur le dos de Buck en été.

Was auch immer Thornton befahl, Buck war bereit, es uneingeschränkt zu tun.

Quoi que Thornton ordonne, Buck était prêt à l'exécuter pleinement.

Eines Tages, nachdem sie Dawson in Richtung der Quellgewässer des Tanana verlassen hatten,

Un jour, après avoir quitté Dawson pour les sources du Tanana,

die Gruppe saß auf einer Klippe, die dreihundert Fuß bis zum nackten Fels abfiel.

le groupe était assis sur une falaise qui descendait d'un mètre jusqu'au substrat rocheux nu.

John Thornton saß nahe der Kante und Buck ruhte sich neben ihm aus.

John Thornton était assis près du bord et Buck se reposait à côté de lui.

Thornton hatte plötzlich eine Idee und rief die Männer auf sich aufmerksam.

Thornton eut une pensée soudaine et attira l'attention des hommes.

Er deutete über den Abgrund und gab Buck einen einzigen Befehl.

Il désigna le gouffre et donna un seul ordre à Buck.

„Spring, Buck!", sagte er und schwang seinen Arm über den Abgrund.

« Saute, Buck ! » dit-il en balançant son bras au-dessus de la chute.

Einen Moment später musste er Buck packen, der sofort lossprang, um zu gehorchen.

En un instant, il dut attraper Buck, qui sautait pour obéir.

Hans und Pete eilten nach vorne und zogen beide in Sicherheit.

Hans et Pete se sont précipités en avant et ont ramené les deux hommes en sécurité.

Nachdem alles vorbei war und sie wieder zu Atem gekommen waren, ergriff Pete das Wort.

Une fois que tout fut terminé et qu'ils eurent repris leur souffle, Pete prit la parole.

„Die Liebe ist unheimlich", sagte er, erschüttert von der wilden Hingabe des Hundes.

« L'amour est étrange », dit-il, secoué par la dévotion féroce du chien.

Thornton schüttelte den Kopf und antwortete mit ruhiger Ernsthaftigkeit.

Thornton secoua la tête et répondit avec un sérieux calme.

„Nein, die Liebe ist großartig", sagte er, „aber auch schrecklich."

« Non, l'amour est splendide », dit-il, « mais aussi terrible. »

„Manchmal, das muss ich zugeben, macht mir diese Art von Liebe Angst."

« Parfois, je dois l'admettre, ce genre d'amour me fait peur. »

Pete nickte und sagte: „Ich möchte nicht der Mann sein, der dich berührt."

Pete hocha la tête et dit : « Je détesterais être l'homme qui te touche. »

Er sah Buck beim Sprechen ernst und voller Respekt an.

Il regarda Buck pendant qu'il parlait, sérieux et plein de respect.

„Py Jingo!", sagte Hans schnell. „Ich auch nicht, nein, Sir."

« Py Jingo ! » s'empressa de dire Hans. « Moi non plus, non monsieur. »

Noch vor Jahresende wurden Petes Befürchtungen in Circle City wahr.

Avant la fin de l'année, les craintes de Pete se sont réalisées à Circle City.

Ein grausamer Mann namens Black Burton hat in der Bar eine Schlägerei angezettelt.

Un homme cruel nommé Black Burton a provoqué une bagarre dans le bar.

Er war wütend und bösartig und ging auf einen Neuling los.

Il était en colère et malveillant, s'en prenant à un nouveau tendre.

John Thornton schritt ein, ruhig und gutmütig wie immer.

John Thornton est intervenu, calme et de bonne humeur comme toujours.

Buck lag mit gesenktem Kopf in einer Ecke und beobachtete Thornton aufmerksam.

Buck était allongé dans un coin, la tête baissée, observant Thornton de près.

Burton schlug plötzlich zu und sein Schlag ließ Thornton herumwirbeln.

Burton frappa soudainement, son coup envoyant Thornton tourner.

Nur die Stangenreling verhinderte, dass er hart auf den Boden stürzte.

Seule la barre du bar l'a empêché de s'écraser violemment au sol.

Die Beobachter hörten ein Geräusch, das weder Bellen noch Jaulen war

Les observateurs ont entendu un son qui n'était ni un aboiement ni un cri.

Ein tiefes Brüllen kam von Buck, als er auf den Mann zustürzte.

un rugissement profond sortit de Buck alors qu'il se lançait vers l'homme.

Burton riss seinen Arm hoch und rettete nur knapp sein eigenes Leben.

Burton a levé le bras et a sauvé sa vie de justesse.

Buck prallte gegen ihn und warf ihn flach auf den Boden.

Buck l'a percuté, le faisant tomber à plat sur le sol.

Buck biss tief in den Arm des Mannes und stürzte sich dann auf die Kehle.

Buck mordit profondément le bras de l'homme, puis se jeta à la gorge.

Burton konnte den Angriff nur teilweise blocken und sein Hals wurde aufgerissen.

Burton n'a pu bloquer que partiellement et son cou a été déchiré.

Männer stürmten mit erhobenen Knüppeln herein und vertrieben Buck von dem blutenden Mann.

Des hommes se sont précipités, les bâtons levés, et ont chassé Buck de l'homme ensanglanté.

Ein Chirurg arbeitete schnell, um den Blutausfluss zu stoppen.

Un chirurgien est intervenu rapidement pour arrêter l'écoulement du sang.

Buck ging auf und ab und knurrte, während er immer wieder versuchte anzugreifen.

Buck marchait de long en large et grognait, essayant d'attaquer encore et encore.

Nur schwingende Knüppel hielten ihn davon ab, Burton zu erreichen.

Seuls les coups de massue l'ont empêché d'atteindre Burton.

Eine Bergarbeiterversammlung wurde einberufen und noch vor Ort abgehalten.

Une réunion de mineurs a été convoquée et tenue sur place.

Sie waren sich einig, dass Buck provoziert worden war, und stimmten für seine Freilassung.

Ils ont convenu que Buck avait été provoqué et ont voté pour le libérer.

Doch Bucks wilder Name hallte nun durch jedes Lager in Alaska.

Mais le nom féroce de Buck résonnait désormais dans tous les camps d'Alaska.

Später im Herbst rettete Buck Thornton erneut auf eine neue Art und Weise.

Plus tard cet automne-là, Buck sauva à nouveau Thornton d'une nouvelle manière.

Die drei Männer steuerten ein langes Boot durch wilde Stromschnellen.

Les trois hommes guidaient un long bateau sur des rapides impétueux.

Thornton steuerte das Boot und rief Anweisungen zur Küste.

Thornton dirigeait le bateau et donnait des indications pour se rendre sur le rivage.

Hans und Pete rannten an Land und hielten sich an einem Seil fest, das sie von Baum zu Baum führte.

Hans et Pete couraient sur terre, tenant une corde d'arbre en arbre.

Buck hielt am Ufer Schritt und behielt seinen Herrn immer im Auge.

Buck suivait le rythme sur la rive, surveillant toujours son maître.

An einer ungünstigen Stelle ragten Felsen aus dem schnellen Wasser hervor.

À un endroit désagréable, des rochers surplombaient les eaux vives.

Hans ließ das Seil los und Thornton steuerte das Boot weit.

Hans lâcha la corde et Thornton dirigea le bateau vers le large.

Hans sprintete, um das Boot an den gefährlichen Felsen vorbei wieder zu erreichen.

Hans sprinta pour rattraper le bateau en passant devant les rochers dangereux.

Das Boot passierte den Felsvorsprung, geriet jedoch in eine stärkere Strömung.

Le bateau a franchi le rebord mais a heurté une partie plus forte du courant.

Hans griff zu schnell nach dem Seil und brachte das Boot aus dem Gleichgewicht.

Hans a attrapé la corde trop vite et a déséquilibré le bateau.

Das Boot kenterte und prallte mit dem Hinterteil nach oben gegen das Ufer.

Le bateau s'est retourné et a heurté la berge, cul en l'air.

Thornton wurde hinausgeworfen und in den wildesten Teil des Wassers geschwemmt.

Thornton a été jeté dehors et emporté dans la partie la plus sauvage de l'eau.

Kein Schwimmer hätte in diesen tödlichen, reißenden Gewässern überleben können.

Aucun nageur n'aurait pu survivre dans ces eaux mortelles et tumultueuses.

Buck sprang sofort hinein und jagte seinen Herrn den Fluss hinunter.

Buck sauta instantanément et poursuivit son maître sur la rivière.

Nach dreihundert Metern erreichte er endlich Thornton.

Après trois cents mètres, il atteignit enfin Thornton.

Thornton packte Buck am Schwanz und Buck drehte sich zum Ufer um.

Thornton attrapa la queue de Buck, et Buck se tourna vers le rivage.

Er schwamm mit voller Kraft und kämpfte gegen den wilden Sog des Wassers an.

Il nageait de toutes ses forces, luttant contre la force de l'eau.

Sie bewegten sich schneller flussabwärts, als sie das Ufer erreichen konnten.

Ils se déplaçaient en aval plus vite qu'ils ne pouvaient atteindre le rivage.

Vor ihnen toste der Fluss immer lauter und stürzte in tödliche Stromschnellen.

Plus loin, la rivière rugissait plus fort alors qu'elle tombait dans des rapides mortels.

Felsen schnitten durch das Wasser wie die Zähne eines riesigen Kamms.

Les rochers fendaient l'eau comme les dents d'un énorme peigne.

Die Anziehungskraft des Wassers in der Nähe des Tropfens war wild und unausweichlich.

L'attraction de l'eau près de la chute était sauvage et inévitable.

Thornton wusste, dass sie das Ufer nie rechtzeitig erreichen würden.

Thornton savait qu'ils ne pourraient jamais atteindre le rivage à temps.

Er schrammte über einen Felsen, zerschmetterte einen zweiten,

Il a gratté un rocher, s'est écrasé sur un deuxième,

Und dann prallte er gegen einen dritten Felsen, den er mit beiden Händen festhielt.

Et puis il s'est écrasé contre un troisième rocher, l'attrapant à deux mains.

Er ließ Buck los und übertönte das Gebrüll: „Los, Buck! Los!"

Il lâcha Buck et cria par-dessus le rugissement : « Vas-y, Buck ! Vas-y ! »

Buck konnte sich nicht über Wasser halten und wurde von der Strömung mitgerissen.

Buck n'a pas pu rester à flot et a été emporté par le courant.

Er kämpfte hart und versuchte, sich umzudrehen, kam aber überhaupt nicht voran.

Il s'est battu avec acharnement, s'efforçant de se retourner, mais n'a fait aucun progrès.

Dann hörte er, wie Thornton den Befehl über das Tosen des Flusses hinweg wiederholte.

Puis il entendit Thornton répéter l'ordre par-dessus le rugissement de la rivière.

Buck erhob sich aus dem Wasser und hob den Kopf, als wolle er einen letzten Blick werfen.

Buck sortit de l'eau et leva la tête comme pour un dernier regard.

dann drehte er sich um und gehorchte und schwamm entschlossen auf das Ufer zu.

puis il se retourna et obéit, nageant vers la rive avec résolution.

Pete und Hans zogen ihn im letzten Moment an Land.

Pete et Hans l'ont tiré à terre au dernier moment possible.

Sie wussten, dass Thornton sich nur noch wenige Minuten am Felsen festklammern konnte.

Ils savaient que Thornton ne pourrait s'accrocher au rocher que quelques minutes de plus.

Sie rannten das Ufer hinauf zu einer Stelle weit oberhalb der Stelle, an der er hing.

Ils coururent sur la berge jusqu'à un endroit bien au-dessus de l'endroit où il était suspendu.

Sie befestigten die Bootsleine sorgfältig an Bucks Hals und Schultern.

Ils ont soigneusement attaché la ligne du bateau au cou et aux épaules de Buck.

Das Seil saß eng, war aber locker genug zum Atmen und für Bewegung.

La corde était serrée mais suffisamment lâche pour permettre la respiration et le mouvement.

Dann warfen sie ihn erneut in den reißenden, tödlichen Fluss.

Puis ils le jetèrent à nouveau dans la rivière tumultueuse et mortelle.

Buck schwamm mutig, verpasste jedoch seinen Winkel in die Kraft des Stroms.

Buck nageait avec audace mais manquait son angle face à la force du courant.

Er sah zu spät, dass er an Thornton vorbeiziehen würde.

Il a vu trop tard qu'il allait dépasser Thornton.

Hans riss das Seil fest, als wäre Buck ein kenterndes Boot.

Hans tira fort sur la corde, comme si Buck était un bateau en train de chavirer.

Die Strömung zog ihn nach unten und er verschwand unter der Oberfläche.

Le courant l'a entraîné vers le fond et il a disparu sous la surface.

Sein Körper schlug gegen das Ufer, bevor Hans und Pete ihn herauszogen.

Son corps a heurté la berge avant que Hans et Pete ne le sortent.

Er war halb ertrunken und sie haben das Wasser aus ihm herausgeprügelt.

Il était à moitié noyé et ils l'ont chassé de l'eau.

Buck stand auf, taumelte und brach erneut auf dem Boden zusammen.

Buck se leva, tituba et s'effondra à nouveau sur le sol.

Dann hörten sie Thorntons Stimme, die schwach vom Wind getragen wurde.

Puis ils entendirent la voix de Thornton faiblement portée par le vent.

Obwohl die Worte undeutlich waren, wussten sie, dass er dem Tode nahe war.

Même si les mots n'étaient pas clairs, ils savaient qu'il était proche de la mort.

Der Klang von Thorntons Stimme traf Buck wie ein elektrischer Schlag.

Le son de la voix de Thornton frappa Buck comme une décharge électrique.

Er sprang auf, rannte das Ufer hinauf und kehrte zum Startpunkt zurück.

Il sauta et courut sur la berge, retournant au point de lancement.

Wieder banden sie Buck das Seil fest und wieder betrat er den Bach.

Ils attachèrent à nouveau la corde à Buck, et il entra à nouveau dans le ruisseau.

Diesmal schwamm er direkt und entschlossen in das rauschende Wasser.

Cette fois, il nagea directement et fermement dans l'eau tumultueuse.

Hans ließ das Seil langsam los, während Pete darauf achtete, dass es sich nicht verhedderte.

Hans laissa sortir la corde régulièrement tandis que Pete l'empêchait de s'emmêler.

Buck schwamm schnell, bis er direkt über Thornton auf einer Linie lag.

Buck a nagé avec acharnement jusqu'à ce qu'il soit aligné juste au-dessus de Thornton.

Dann drehte er sich um und raste wie ein Zug mit voller Geschwindigkeit nach unten.

Puis il s'est retourné et a foncé comme un train à toute vitesse.

Thornton sah ihn kommen, machte sich bereit und schlang die Arme um seinen Hals.

Thornton le vit arriver, se redressa et entoura son cou de ses bras.

Hans band das Seil fest um einen Baum, als beide unter Wasser gezogen wurden.

Hans a attaché la corde fermement autour d'un arbre alors qu'ils étaient tous les deux entraînés sous l'eau.

Sie stürzten unter Wasser und zerschellten an Felsen und Flusstrümmern.

Ils ont dégringolé sous l'eau, s'écrasant contre des rochers et des débris de la rivière.

In einem Moment war Buck oben, im nächsten erhob sich Thornton keuchend.

Un instant, Buck était au sommet, l'instant d'après, Thornton se levait en haletant.

Zerschlagen und erstickend steuerten sie auf das Ufer zu und waren in Sicherheit.

Battus et étouffés, ils se dirigèrent vers la rive et la sécurité.

Thornton erlangte sein Bewusstsein wieder und lag quer über einem Treibholzbaumstamm.

Thornton a repris connaissance, allongé sur un tronc d'arbre.

Hans und Pete haben hart gearbeitet, um ihm Atem und Leben zurückzugeben.

Hans et Pete ont travaillé dur pour lui redonner souffle et vie.

Sein erster Gedanke galt Buck, der regungslos und schlaff dalag.

Sa première pensée fut pour Buck, qui gisait immobile et mou.

Nig heulte über Bucks Körper und Skeet leckte sanft sein Gesicht.

Nig hurla sur le corps de Buck et Skeet lui lécha doucement le visage.

Thornton, wund und verletzt, untersuchte Buck mit vorsichtigen Händen.

Thornton, endolori et meurtri, examina Buck avec des mains prudentes.

Er stellte fest, dass der Hund drei Rippen gebrochen hatte, jedoch keine tödlichen Wunden aufwies.

Il a trouvé trois côtes cassées, mais aucune blessure mortelle chez le chien.

„Damit ist die Sache geklärt", sagte Thornton. „Wir zelten hier." Und das taten sie.

« C'est réglé », dit Thornton. « On campe ici. » Et c'est ce qu'ils firent.

Sie blieben, bis Bucks Rippen verheilt waren und er wieder laufen konnte.

Ils sont restés jusqu'à ce que les côtes de Buck soient guéries et qu'il puisse à nouveau marcher.

In diesem Winter vollbrachte Buck eine Leistung, die seinen Ruhm noch weiter steigerte.

Cet hiver-là, Buck accomplit un exploit qui augmenta encore sa renommée.

Es war weniger heroisch als Thornton zu retten, aber genauso beeindruckend.

C'était moins héroïque que de sauver Thornton, mais tout aussi impressionnant.

In Dawson benötigten die Partner Vorräte für eine weite Reise.

À Dawson, les partenaires avaient besoin de provisions pour un long voyage.

Sie wollten nach Osten reisen, in unberührte Wildnisgebiete.

Ils voulaient voyager vers l'Est, dans des terres sauvages et intactes.

Bucks Tat im Eldorado Saloon machte diese Reise möglich.

L'acte de Buck dans l'Eldorado Saloon a rendu ce voyage possible.

Es begann damit, dass Männer bei einem Drink mit ihren Hunden prahlten.

Tout a commencé avec des hommes qui se vantaient de leurs chiens en buvant un verre.

Bucks Ruhm machte ihn zur Zielscheibe von Herausforderungen und Zweifeln.

La renommée de Buck a fait de lui la cible de défis et de doutes.

Thornton blieb stolz und ruhig und verteidigte Bucks Namen standhaft.

Thornton, fier et calme, resta ferme dans la défense du nom de Buck.

Ein Mann sagte, sein Hund könne problemlos zweihundertsechsunddreißig kg ziehen.

Un homme a déclaré que son chien pouvait facilement tirer deux cents kilos.

Ein anderer sagte sechshundert und ein dritter prahlte mit siebenhundert.

Un autre a dit six cents, et un troisième s'est vanté d'en avoir sept cents.

„Pfft!", sagte John Thornton, „Buck kann einen fünfhundert kg schweren Schlitten ziehen."

« Pfft ! » dit John Thornton, « Buck peut tirer un traîneau de mille livres. »

Matthewson, ein Bonanza-König, beugte sich vor und forderte ihn heraus.

Matthewson, un roi de Bonanza, s'est penché en avant et l'a défié.

„Glauben Sie, er kann so viel Gewicht in Bewegung setzen?"

« Tu penses qu'il peut mettre autant de poids en mouvement ? »

„Und Sie glauben, er kann das Gewicht volle hundert Meter weit ziehen?"

« Et tu penses qu'il peut tirer le poids sur une centaine de mètres ? »

Thornton antwortete kühl: „Ja. Buck ist Hund genug, um das zu tun."

Thornton répondit froidement : « Oui. Buck est assez doué pour le faire. »

„Er wird tausend Pfund in Bewegung setzen und es hundert Meter weit ziehen."

« Il mettra mille livres en mouvement et le tirera sur une centaine de mètres. »

Matthewson lächelte langsam und stellte sicher, dass alle Männer seine Worte hörten.

Matthewson sourit lentement et s'assura que tous les hommes entendaient ses paroles.

„Ich habe tausend Dollar, die sagen, dass er es nicht kann. Da ist es."

« J'ai mille dollars qui disent qu'il ne peut pas. Le voilà. »

Er knallte einen Sack Goldstaub von der Größe einer Wurst auf die Theke.

Il a claqué un sac de poussière d'or de la taille d'une saucisse sur le bar.

Niemand sagte ein Wort. Die Stille um sie herum wurde drückend und angespannt.

Personne ne dit un mot. Le silence devint pesant et tendu autour d'eux.

Thorntons Bluff – wenn es denn einer war – war ernst genommen worden.

Le bluff de Thornton – s'il en était un – avait été pris au sérieux.

Er spürte, wie ihm die Hitze im Gesicht aufstieg und das Blut in seine Wangen schoss.

Il sentit la chaleur monter sur son visage tandis que le sang affluait sur ses joues.

In diesem Moment war seine Zunge seiner Vernunft voraus.

Sa langue avait pris le pas sur sa raison à ce moment-là.

Er wusste wirklich nicht, ob Buck fünfhundert kg bewegen konnte.

Il ne savait vraiment pas si Buck pouvait déplacer mille livres.

Eine halbe Tonne! Allein die Größe ließ ihm das Herz schwer werden.

Une demi-tonne ! Rien que sa taille lui pesait le cœur.

Er hatte Vertrauen in Bucks Stärke und hielt ihn für fähig.

Il avait foi en la force de Buck et le pensait capable.

Doch einer solchen Herausforderung war er noch nie begegnet, nicht auf diese Art und Weise.

Mais il n'avait jamais été confronté à ce genre de défi, pas comme celui-ci.

Ein Dutzend Männer beobachteten ihn still und warteten darauf, was er tun würde.

Une douzaine d'hommes l'observaient tranquillement, attendant de voir ce qu'il allait faire.

Er hatte das Geld nicht – Hans und Pete auch nicht.

Il n'avait pas d'argent, ni Hans ni Pete.

„Ich habe draußen einen Schlitten", sagte Matthewson kalt und direkt.

« J'ai un traîneau dehors », dit Matthewson froidement et directement.

„Es ist mit zwanzig Säcken zu je fünfzig Pfund beladen, alles Mehl.

« Il est chargé de vingt sacs de cinquante livres chacun, tous de farine.

Lassen Sie sich also jetzt nicht von einem fehlenden Schlitten als Ausrede ausreden", fügte er hinzu.

« Alors ne laissez pas un traîneau manquant devenir votre excuse maintenant », a-t-il ajouté.

Thornton stand still da. Er wusste nicht, was er sagen sollte.

Thornton resta silencieux. Il ne savait pas quels mots lui dire.

Er blickte sich die Gesichter an, ohne sie deutlich zu erkennen.

Il regarda les visages autour de lui sans les voir clairement.

Er sah aus wie ein Mann, der in Gedanken erstarrt war und versuchte, neu zu starten.

Il ressemblait à un homme figé dans ses pensées, essayant de redémarrer.

Dann sah er Jim O'Brien, einen Freund aus der Mastodon-Zeit.

Puis il a vu Jim O'Brien, un ami de l'époque Mastodon.

Dieses vertraute Gesicht gab ihm Mut, von dem er nicht wusste, dass er ihn hatte.

Ce visage familier lui a donné un courage qu'il ne savait pas avoir.

Er drehte sich um und fragte mit leiser Stimme: „Können Sie mir tausend leihen?"

Il se tourna et demanda à voix basse : « Peux-tu me prêter mille ? »

„Sicher", sagte O'Brien und ließ bereits einen schweren Sack neben dem Gold fallen.

« Bien sûr », dit O'Brien, laissant déjà tomber un lourd sac près de l'or.

„Aber ehrlich gesagt, John, ich glaube nicht, dass das Biest das tun kann."

« Mais honnêtement, John, je ne crois pas que la bête puisse faire ça. »

Alle im Eldorado Saloon strömten nach draußen, um sich die Veranstaltung anzusehen.

Tout le monde dans le Saloon Eldorado s'est précipité dehors pour voir l'événement.

Sie ließen Tische und Getränke zurück und sogar die Spiele wurden unterbrochen.

Ils ont laissé les tables et les boissons, et même les jeux ont été interrompus.

Dealer und Spieler kamen, um das Ende der kühnen Wette mitzuerleben.

Les croupiers et les joueurs sont venus assister à la fin de ce pari audacieux.

Hunderte versammelten sich auf der vereisten Straße um den Schlitten.

Des centaines de personnes se sont rassemblées autour du traîneau dans la rue glacée.

Matthewsons Schlitten stand mit einer vollen Ladung Mehlsäcke da.

Le traîneau de Matthewson était chargé d'une charge complète de sacs de farine.

Der Schlitten stand stundenlang bei Minustemperaturen.

Le traîneau était resté immobile pendant des heures à des températures négatives.

Die Kufen des Schlittens waren fest am festgetretenen Schnee festgefroren.

Les patins du traîneau étaient gelés et collés à la neige tassée.

Die Männer wetteten zwei zu eins, dass Buck den Schlitten nicht bewegen könne.

Les hommes ont offert une cote de deux contre un que Buck ne pourrait pas déplacer le traîneau.

Es kam zu einem Streit darüber, was „ausbrechen" eigentlich bedeutet.

Une dispute a éclaté sur ce que signifiait réellement « sortir ».

O'Brien sagte, Thornton solle die festgefrorene Basis des Schlittens lösen.

O'Brien a déclaré que Thornton devrait desserrer la base gelée du traîneau.

Buck könnte dann aus einem soliden, bewegungslosen Start „ausbrechen".

Buck pourrait alors « sortir » d'un départ solide et immobile.

Matthewson argumentierte, dass der Hund auch die Läufer befreien müsse.

Matthewson a soutenu que le chien devait également libérer les coureurs.

Die Männer, die von der Wette gehört hatten, stimmten Matthewsons Ansicht zu.

Les hommes qui avaient entendu le pari étaient d'accord avec le point de vue de Matthewson.

Mit dieser Entscheidung stiegen die Chancen auf drei zu eins gegen Buck.

Avec cette décision, les chances sont passées à trois contre un contre Buck.

Niemand trat vor, um die wachsende Drei-zu-eins-Chance auf sich zu nehmen.

Personne ne s'est manifesté pour prendre en compte les chances croissantes de trois contre un.

Kein einziger Mann glaubte, dass Buck diese große Leistung vollbringen könnte.

Pas un seul homme ne croyait que Buck pouvait accomplir un tel exploit.

Thornton war zu der Wette gedrängt worden, obwohl er voller Zweifel war.

Thornton s'était précipité dans le pari, lourd de doutes.

Nun blickte er auf den Schlitten und das zehnköpfige Hundegespann daneben.

Il regarda alors le traîneau et l'attelage de dix chiens à côté.

Als ich die Realität der Aufgabe sah, erschien sie noch unmöglicher.

En voyant la réalité de la tâche, elle semblait encore plus impossible.

Matthewson war in diesem Moment voller Stolz und Selbstvertrauen.

Matthewson était plein de fierté et de confiance à ce moment-là.

„Drei zu eins!", rief er. „Ich wette noch tausend, Thornton!"

« Trois contre un ! » cria-t-il. « Je parie mille de plus, Thornton !

Was sagst du dazu?", fügte er laut genug hinzu, dass es alle hören konnten.

« Que dites-vous ? » ajouta-t-il, assez fort pour que tout le monde l'entende.

Thorntons Gesicht zeigte seine Zweifel, aber sein Geist war aufgeblüht.

Le visage de Thornton exprimait ses doutes, mais son esprit s'était élevé.

Dieser Kampfgeist ignorierte alle Widrigkeiten und fürchtete sich überhaupt nicht.

Cet esprit combatif ignorait les probabilités et ne craignait rien du tout.

Er forderte Hans und Pete auf, ihr gesamtes Bargeld auf den Tisch zu bringen.

Il a appelé Hans et Pete pour apporter tout leur argent sur la table.

Ihnen blieb nicht mehr viel übrig – insgesamt nur zweihundert Dollar.

Il ne leur restait plus grand-chose : seulement deux cents dollars au total.

Diese kleine Summe war ihr gesamtes Vermögen in schweren Zeiten.

Cette petite somme représentait toute leur fortune pendant les temps difficiles.

Dennoch setzten sie ihr gesamtes Vermögen auf Matthewsons Wette.

Pourtant, ils ont misé toute leur fortune contre le pari de Matthewson.

Das zehnköpfige Hundegespann wurde abgekoppelt und vom Schlitten wegbewegt.

L'attelage de dix chiens a été dételé et éloigné du traîneau.

Buck wurde in die Zügel genommen und trug sein vertrautes Geschirr.

Buck a été placé dans les rênes, portant son harnais familier.

Er hatte die Energie der Menge aufgefangen und die Spannung gespürt.

Il avait capté l'énergie de la foule et ressenti la tension.

Irgendwie wusste er, dass er etwas für John Thornton tun musste.

D'une manière ou d'une autre, il savait qu'il devait faire quelque chose pour John Thornton.

Die Leute murmelten voller Bewunderung über die stolze Gestalt des Hundes.

Les gens murmuraient avec admiration devant la fière silhouette du chien.

Er war schlank und stark und hatte kein einziges Gramm Fleisch zu viel.

Il était mince et fort, sans une seule once de chair supplémentaire.

Sein Gesamtgewicht von hundertfünfzig Pfund bestand nur aus Kraft und Ausdauer.

Son poids total de cent cinquante livres n'était que puissance et endurance.

Bucks Fell glänzte wie Seide und strotzte vor Gesundheit und Kraft.

Le pelage de Buck brillait comme de la soie, épais de santé et de force.

Das Fell an seinem Hals und seinen Schultern schien sich aufzurichten und zu sträuben.

La fourrure le long de son cou et de ses épaules semblait se soulever et se hérisser.

Seine Mähne bewegte sich leicht, jedes Haar war voller Energie.

Sa crinière bougeait légèrement, chaque cheveu vivant de sa grande énergie.

Seine breite Brust und seine starken Beine passten zu seinem schweren, robusten Körperbau.

Sa large poitrine et ses jambes fortes correspondaient à sa silhouette lourde et robuste.

Unter seinem Mantel spannten sich Muskeln, straff und fest wie geschmiedetes Eisen.

Des muscles ondulaient sous son manteau, tendus et fermes comme du fer lié.

Männer berührten ihn und schworen, er sei gebaut wie eine Stahlmaschine.

Les hommes le touchaient et juraient qu'il était bâti comme une machine en acier.

Die Quoten sanken leicht auf zwei zu eins gegen den großen Hund.

Les chances ont légèrement baissé à deux contre un contre le grand chien.

Ein Mann von den Skookum Benches drängte sich stotternd nach vorne.

Un homme des bancs de Skookum s'avança en bégayant.

„Gut, Sir! Ich biete achthundert für ihn – vor der Prüfung, Sir!"

« Bien, monsieur ! J'offre huit cents pour lui – avant l'examen, monsieur ! »

„Achthundert, so wie er jetzt dasteht!", beharrte der Mann.

« Huit cents, tel qu'il est en ce moment ! » insista l'homme.

Thornton trat vor, lächelte und schüttelte ruhig den Kopf.

Thornton s'avança, sourit et secoua calmement la tête.

Matthewson schritt schnell mit warnender Stimme und einem Stirnrunzeln ein.

Matthewson est rapidement intervenu avec une voix d'avertissement et un froncement de sourcils.

„Sie müssen Abstand von ihm halten", sagte er. „Geben Sie ihm Raum."

« Éloignez-vous de lui », dit-il. « Laissez-lui de l'espace. »

Die Menge verstummte; nur die Spieler boten noch zwei zu eins.

La foule se tut ; seuls les joueurs continuaient à miser deux contre un.

Alle bewunderten Bucks Körperbau, aber die Last schien zu groß.

Tout le monde admirait la carrure de Buck, mais la charge semblait trop lourde.

Zwanzig Säcke Mehl – jeder fünfzig Pfund schwer – schienen viel zu viel.

Vingt sacs de farine, pesant chacun cinquante livres, semblaient beaucoup trop.

Niemand war bereit, seinen Geldbeutel zu öffnen und sein Geld zu riskieren.

Personne n'était prêt à ouvrir sa bourse et à risquer son argent.

Thornton kniete neben Buck und nahm seinen Kopf in beide Hände.

Thornton s'agenouilla à côté de Buck et prit sa tête à deux mains.

Er drückte seine Wange an Bucks und sprach in sein Ohr.

Il pressa sa joue contre celle de Buck et lui parla à l'oreille.

Es gab jetzt kein spielerisches Schütteln oder geflüsterte liebevolle Beleidigungen.

Il n'y avait plus de secousses enjouées ni d'insultes affectueuses murmurées.

Er murmelte nur leise: „So sehr du mich liebst, Buck."

Il murmura simplement doucement : « Autant que tu m'aimes, Buck. »

Buck stieß ein leises Winseln aus, seine Begierde konnte er kaum zurückhalten.

Buck émit un gémissement silencieux, son impatience à peine contenue.

Die Zuschauer beobachteten neugierig, wie Spannung in der Luft lag.

Les spectateurs observaient avec curiosité la tension qui emplissait l'air.

Der Moment fühlte sich fast unwirklich an, wie etwas jenseits der Vernunft.

Le moment semblait presque irréel, comme quelque chose qui dépassait la raison.

Als Thornton aufstand, nahm Buck sanft seine Hand zwischen die Kiefer.

Lorsque Thornton se leva, Buck prit doucement sa main dans ses mâchoires.

Er drückte mit den Zähnen nach unten und ließ dann langsam und sanft los.

Il appuya avec ses dents, puis relâcha lentement et doucement.

Es war eine stille Antwort der Liebe, nicht ausgesprochen, aber verstanden.

C'était une réponse silencieuse d'amour, non prononcée, mais comprise.

Thornton trat weit von dem Hund zurück und gab das Signal.

Thornton s'éloigna du chien et donna le signal.

„Jetzt, Buck", sagte er und Buck antwortete mit konzentrierter Ruhe.

« Maintenant, Buck », dit-il, et Buck répondit avec un calme concentré.

Buck spannte die Leinen und lockerte sie dann um einige Zentimeter.

Buck a resserré les traces, puis les a desserrées de quelques centimètres.

Dies war die Methode, die er gelernt hatte; seine Art, den Schlitten zu zerbrechen.

C'était la méthode qu'il avait apprise ; sa façon de briser le traîneau.

„Mensch!", rief Thornton mit scharfer Stimme in der schweren Stille.

« Tiens ! » cria Thornton, sa voix aiguë dans le silence pesant.

Buck drehte sich nach rechts und stürzte sich mit seinem gesamten Gewicht nach vorn.

Buck se tourna vers la droite et se jeta de tout son poids.

Das Spiel verschwand und Bucks gesamte Masse traf die straffen Leinen.

Le mou disparut et toute la masse de Buck heurta les lignes serrées.

Der Schlitten zitterte und die Kufen machten ein knackendes, knisterndes Geräusch.

Le traîneau tremblait et les patins émettaient un bruit de crépitement.

„Haw!", befahl Thornton und änderte erneut Bucks Richtung.

« Haw ! » ordonna Thornton, changeant à nouveau la direction de Buck.

Buck wiederholte die Bewegung und zog diesmal scharf nach links.

Buck répéta le mouvement, cette fois en tirant brusquement vers la gauche.

Das Knacken des Schlittens wurde lauter, die Kufen knackten und verschoben sich.

Le traîneau craquait plus fort, les patins claquaient et se déplaçaient.

Die schwere Last rutschte leicht seitwärts über den gefrorenen Schnee.

La lourde charge glissait légèrement latéralement sur la neige gelée.

Der Schlitten hatte sich aus der Umklammerung des eisigen Pfades gelöst!

Le traîneau s'était libéré de l'emprise du sentier glacé !

Die Männer hielten den Atem an, ohne zu merken, dass sie nicht einmal atmeten.

Les hommes retenaient leur souffle, ignorant qu'ils ne respiraient même pas.

„Jetzt ZIEHEN!", rief Thornton durch die eisige Stille.

« Maintenant, TIREZ ! » cria Thornton à travers le silence glacial.

Thorntons Befehl klang scharf wie ein Peitschenknall.

L'ordre de Thornton résonna fort, comme le claquement d'un fouet.

Buck stürzte sich mit einem heftigen und heftigen Ausfallschritt nach vorne.

Buck se jeta en avant avec un mouvement violent et saccadé.

Sein ganzer Körper war aufgrund der enormen Belastung angespannt und verkrampft.

Tout son corps se tendit et se contracta sous l'énorme tension.

Unter seinem Fell spannten sich Muskeln wie lebendig werdende Schlangen.

Des muscles ondulaient sous sa fourrure comme des serpents prenant vie.

Seine breite Brust war tief, der Kopf nach vorne zum Schlitten gestreckt.

Sa large poitrine était basse, la tête tendue vers l'avant en direction du traîneau.

Seine Pfoten bewegten sich blitzschnell und seine Krallen zerschnitten den gefrorenen Boden.

Ses pattes bougeaient comme l'éclair, ses griffes tranchant le sol gelé.

Er kämpfte um jeden Zentimeter Bodenhaftung und hinterließ tiefe Rillen.

Des rainures ont été creusées profondément alors qu'il luttait pour chaque centimètre de traction.

Der Schlitten schaukelte, zitterte und begann eine langsame, unruhige Bewegung.

Le traîneau se balança, trembla et commença un mouvement lent et agité.

Ein Fuß rutschte aus und ein Mann in der Menge stöhnte laut auf.

Un pied a glissé et un homme dans la foule a gémi à haute voix.

Dann machte der Schlitten mit einer ruckartigen, heftigen Bewegung einen Satz nach vorne.

Puis le traîneau s'élança en avant dans un mouvement saccadé et brusque.

Es hörte nicht wieder auf – noch einen halben Zoll ... einen Zoll ... zwei Zoll mehr.

Cela ne s'est pas arrêté à nouveau - un demi-pouce... un pouce... deux pouces de plus.

Die Stöße wurden kleiner, als der Schlitten an Geschwindigkeit zunahm.

Les secousses devinrent plus faibles à mesure que le traîneau commençait à prendre de la vitesse.

Bald zog Buck mit sanfter, gleichmäßiger Rollkraft.

Bientôt, Buck tirait avec une puissance douce et régulière.

Die Männer schnappten nach Luft und erinnerten sich schließlich wieder daran zu atmen.

Les hommes haletèrent et finirent par se rappeler de respirer à nouveau.

Sie hatten nicht bemerkt, dass ihnen vor Ehrfurcht der Atem stockte.

Ils n'avaient pas remarqué que leur souffle s'était arrêté de stupeur.

Thornton rannte hinterher und rief kurze, fröhliche Befehle.

Thornton courait derrière, lançant des ordres courts et joyeux.

Vor uns lag ein Stapel Brennholz, der die Entfernung markierte.

Devant nous se trouvait une pile de bois de chauffage qui marquait la distance.

Als Buck sich dem Haufen näherte, wurde der Jubel immer lauter.

Alors que Buck s'approchait du tas, les acclamations devenaient de plus en plus fortes.

Der Jubel schwoll zu einem Brüllen an, als Buck den Endpunkt passierte.

Les acclamations se sont transformées en rugissement lorsque Buck a dépassé le point d'arrivée.

Männer sprangen auf und schrien, sogar Matthewson grinste.

Les hommes ont sauté et crié, même Matthewson a esquissé un sourire.

Hüte flogen durch die Luft, Fäustlinge wurden gedankenlos und ziellos herumgeworfen.

Les chapeaux volaient dans les airs, les mitaines étaient lancées sans réfléchir ni viser.

Männer packten einander und schüttelten sich die Hände, ohne zu wissen, wer es war.

Les hommes se sont attrapés et se sont serré la main sans savoir à qui.

Die ganze Menge war in wilder, freudiger Stimmung.

Toute la foule bourdonnait d'une célébration folle et joyeuse.

Thornton fiel mit zitternden Händen neben Buck auf die Knie.

Thornton tomba à genoux à côté de Buck, les mains tremblantes.

Er drückte seinen Kopf an Bucks und schüttelte ihn sanft hin und her.

Il pressa sa tête contre celle de Buck et le secoua doucement d'avant en arrière.

Diejenigen, die näher kamen, hörten, wie er den Hund mit stiller Liebe verfluchte.

Ceux qui s'approchaient l'entendaient maudire le chien avec un amour silencieux.

Er beschimpfte Buck lange – leise, herzlich und emotional.

Il a insulté Buck pendant un long moment, doucement, chaleureusement, avec émotion.

„Gut, Sir! Gut, Sir!", rief der König der Skookum-Bank hastig.

« Bien, monsieur ! Bien, monsieur ! » s'écria précipitamment le roi du Banc Skookum.

„Ich gebe Ihnen tausend – nein, zwölfhundert – für diesen Hund, Sir!"

« Je vous donne mille, non, douze cents, pour ce chien, monsieur ! »

Thornton stand langsam auf, seine Augen glänzten vor Emotionen.

Thornton se leva lentement, les yeux brillants d'émotion.

Tränen strömten ihm ohne jede Scham über die Wangen.

Les larmes coulaient ouvertement sur ses joues sans aucune honte.

„Sir", sagte er zum König der Skookum-Bank, ruhig und bestimmt

« Monsieur », dit-il au roi du banc Skookum, ferme et posé.

„Nein, Sir. Sie können zur Hölle fahren, Sir. Das ist meine endgültige Antwort."

« Non, monsieur. Allez au diable, monsieur. C'est ma réponse définitive. »

Buck packte Thorntons Hand sanft mit seinen starken Kiefern.

Buck attrapa doucement la main de Thornton dans ses mâchoires puissantes.

Thornton schüttelte ihn spielerisch, ihre Bindung war so tief wie eh und je.

Thornton le secoua de manière enjouée, leur lien étant plus profond que jamais.

Die Menge, bewegt von diesem Moment, trat schweigend zurück.

La foule, émue par l'instant, recula en silence.

Von da an wagte es niemand mehr, diese heilige Zuneigung zu unterbrechen.

Dès lors, personne n'osa interrompre cette affection si sacrée.

Der Klang des Rufs
Le son de l'appel

Buck hatte in fünf Minuten Sechzehnhundert Dollar verdient.

Buck avait gagné seize cents dollars en cinq minutes.

Mit dem Geld konnte John Thornton einen Teil seiner Schulden begleichen.

Cet argent a permis à John Thornton de payer une partie de ses dettes.

Mit dem restlichen Geld machte er sich mit seinen Partnern auf den Weg nach Osten.

Avec le reste de l'argent, il se dirigea vers l'Est avec ses partenaires.

Sie suchten nach einer sagenumwobenen verlorenen Mine, die so alt ist wie das Land selbst.

Ils cherchaient une mine perdue légendaire, aussi vieille que le pays lui-même.

Viele Männer hatten nach der Mine gesucht, aber nur wenige hatten sie je gefunden.

Beaucoup d'hommes avaient cherché la mine, mais peu l'avaient trouvée.

Während der gefährlichen Suche waren nicht wenige Männer verschwunden.

Plus d'un homme avait disparu au cours de cette quête dangereuse.

Diese verlorene Mine war sowohl in Geheimnisse als auch in eine alte Tragödie gehüllt.

Cette mine perdue était enveloppée à la fois de mystère et d'une vieille tragédie.

Niemand wusste, wer der erste Mann war, der die Mine entdeckt hatte.

Personne ne savait qui avait été le premier homme à découvrir la mine.

In den ältesten Geschichten wird niemand namentlich erwähnt.

Les histoires les plus anciennes ne mentionnent personne par son nom.

Dort hatte immer eine alte, baufällige Hütte gestanden.

Il y avait toujours eu là une vieille cabane délabrée.

Sterbende Männer hatten geschworen, dass sich neben dieser alten Hütte eine Mine befand.

Des hommes mourants avaient juré qu'il y avait une mine à côté de cette vieille cabane.

Sie bewiesen ihre Geschichten mit Gold, wie es nirgendwo sonst zu finden ist.

Ils ont prouvé leurs histoires avec de l'or comme on n'en trouve nulle part ailleurs.

Keine lebende Seele hatte den Schatz von diesem Ort jemals geplündert.

Aucune âme vivante n'avait jamais pillé le trésor de cet endroit.

Die Toten waren tot, und Tote erzählen keine Geschichten.

Les morts étaient morts, et les morts ne racontent pas d'histoires.

Also machten sich Thornton und seine Freunde auf den Weg in den Osten.

Thornton et ses amis se dirigèrent donc vers l'Est.

Pete und Hans kamen mit Buck und sechs starken Hunden.

Pete et Hans se sont joints à eux, amenant Buck et six chiens forts.

Sie begaben sich auf einen unbekannten Weg, an dem andere gescheitert waren.

Ils se sont lancés sur un chemin inconnu là où d'autres avaient échoué.

Sie rodelten siebzig Meilen den zugefrorenen Yukon River hinauf.

Ils ont parcouru soixante-dix milles en traîneau sur le fleuve Yukon gelé.

Sie bogen links ab und folgten dem Pfad bis zum Stewart.

Ils tournèrent à gauche et suivirent le sentier jusqu'au Stewart.

Sie passierten Mayo und McQuestion und drängten weiter.

Ils passèrent le Mayo et le McQuestion, poursuivant leur route.

Der Stewart schrumpfte zu einem Strom, der sich durch zerklüftete Gipfel schlängelte.

Le Stewart s'est rétréci en un ruisseau, traversant des pics déchiquetés.

Diese scharfen Gipfel markierten das Rückgrat des Kontinents.

Ces pics acérés marquaient l'épine dorsale même du continent.

John Thornton verlangte wenig von den Menschen oder der Wildnis.

John Thornton exigeait peu des hommes ou de la nature sauvage.

Er fürchtete nichts in der Natur und begegnete der Wildnis mit Leichtigkeit.

Il ne craignait rien dans la nature et affrontait la nature sauvage avec aisance.

Nur mit Salz und einem Gewehr konnte er reisen, wohin er wollte.

Avec seulement du sel et un fusil, il pouvait voyager où il le souhaitait.

Wie die Eingeborenen jagte er auf seiner Reise nach Nahrung.

Comme les indigènes, il chassait de la nourriture pendant ses voyages.

Wenn er nichts fing, machte er weiter und vertraute auf sein Glück.

S'il n'attrapait rien, il continuait, confiant en la chance qui l'attendait.

Auf dieser langen Reise war Fleisch die Hauptnahrungsquelle.

Au cours de ce long voyage, la viande était la principale nourriture qu'ils mangeaient.

Der Schlitten enthielt Werkzeuge und Munition, jedoch keinen strengen Zeitplan.

Le traîneau contenait des outils et des munitions, mais aucun horaire strict.

Buck liebte dieses Herumwandern, die endlose Jagd und das Fischen.

Buck adorait cette errance, la chasse et la pêche sans fin.

Wochenlang waren sie Tag für Tag unterwegs.

Pendant des semaines, ils ont voyagé jour après jour.

Manchmal schlugen sie Lager auf und blieben wochenlang dort.

D'autres fois, ils établissaient des camps et restaient immobiles pendant des semaines.

Die Hunde ruhten sich aus, während die Männer im gefrorenen Dreck gruben.

Les chiens se reposaient pendant que les hommes creusaient dans la terre gelée.

Sie erwärmten Pfannen über dem Feuer und suchten nach verborgenem Gold.

Ils chauffaient des poêles sur des feux et cherchaient de l'or caché.

An manchen Tagen hungerten sie, an anderen feierten sie Feste.

Certains jours, ils souffraient de faim, et d'autres jours, ils faisaient des festins.

Ihre Mahlzeiten hingen vom Wild und vom Jagdglück ab.

Leurs repas dépendaient du gibier et de la chance de la chasse.

Als der Sommer kam, trugen Männer und Hunde schwere Lasten auf ihren Rücken.

Quand l'été arrivait, les hommes et les chiens chargeaient des charges sur leur dos.

Sie fuhren mit dem Floß über blaue Seen, die in Bergwäldern versteckt waren.

Ils ont fait du rafting sur des lacs bleus cachés dans des forêts de montagne.

Sie segelten in schmalen Booten auf Flüssen, die noch nie von Menschen kartiert worden waren.

Ils naviguaient sur des bateaux minces sur des rivières qu'aucun homme n'avait jamais cartographiées.

Diese Boote wurden aus Bäumen gebaut, die sie in der Wildnis gesägt haben.

Ces bateaux ont été construits à partir d'arbres sciés dans la nature.

Die Monate vergingen und sie schlängelten sich durch die wilden, unbekannten Länder.

Les mois passèrent et ils sillonnèrent des terres sauvages et inconnues.

Es waren keine Männer dort, doch alte Spuren deuteten darauf hin, dass Männer dort gewesen waren.

Il n'y avait pas d'hommes là-bas, mais de vieilles traces suggéraient qu'il y en avait eu.

Wenn die verlorene Hütte echt war, dann waren einst andere hier entlang gekommen.

Si la Cabane Perdue était réelle, alors d'autres étaient déjà passés par là.

Sie überquerten hohe Pässe bei Schneestürmen, sogar im Sommer.

Ils traversaient des cols élevés dans des blizzards, même pendant l'été.

Sie zitterten unter der Mitternachtssonne auf kahlen Berghängen.

Ils frissonnaient sous le soleil de minuit sur les pentes nues des montagnes.

Zwischen der Baumgrenze und den Schneefeldern stiegen sie langsam auf.

Entre la limite des arbres et les champs de neige, ils montaient lentement.

In warmen Tälern schlugen sie nach Schwärmen aus Mücken und Fliegen.

Dans les vallées chaudes, ils écrasaient des nuages de moucherons et de mouches.

Sie pflückten süße Beeren in der Nähe von Gletschern in voller Sommerblüte.

Ils cueillaient des baies sucrées près des glaciers en pleine floraison estivale.

Die Blumen, die sie fanden, waren genauso schön wie die im Süden.

Les fleurs qu'ils ont trouvées étaient aussi belles que celles du Southland.

Im Herbst erreichten sie eine einsame Region voller stiller Seen.

Cet automne-là, ils atteignirent une région solitaire remplie de lacs silencieux.

Das Land war traurig und leer, einst voller Vögel und Tiere.

La terre était triste et vide, autrefois pleine d'oiseaux et de bêtes.

Jetzt gab es kein Leben mehr, nur noch den Wind und das Eis, das sich in Pfützen bildete.

Il n'y avait plus de vie, seulement le vent et la glace qui se formait dans les flaques.

Mit einem sanften, traurigen Geräusch schlugen die Wellen gegen die leeren Ufer.

Les vagues s'écrasaient sur les rivages déserts avec un son doux et lugubre.

Ein weiterer Winter kam und sie folgten erneut schwachen, alten Spuren.

Un autre hiver arriva et ils suivirent à nouveau de vieux sentiers lointains.

Dies waren die Spuren von Männern, die schon lange vor ihnen gesucht hatten.

C'étaient les traces d'hommes qui les avaient cherchés bien avant eux.

Einmal fanden sie einen Pfad, der tief in den dunklen Wald hineinreichte.

Un jour, ils trouvèrent un chemin creusé profondément dans la forêt sombre.

Es war ein alter Pfad und sie hatten das Gefühl, dass die verlorene Hütte ganz in der Nähe war.

C'était un vieux sentier, et ils sentaient que la cabane perdue était proche.

Doch die Spur führte nirgendwo hin und verlor sich im dichten Wald.

Mais le sentier ne menait nulle part et s'enfonçait dans les bois épais.

Wer auch immer die Spur angelegt hat und warum, das wusste niemand.

Personne ne savait qui avait fait ce sentier et pourquoi.

Später fanden sie das Wrack einer Hütte, versteckt zwischen den Bäumen.

Plus tard, ils ont trouvé l'épave d'un lodge caché parmi les arbres.

Verrottende Decken lagen verstreut dort, wo einst jemand geschlafen hatte.

Des couvertures pourries gisaient éparpillées là où quelqu'un avait dormi.

John Thornton fand darin ein Steinschlossgewehr mit langem Lauf.

John Thornton a trouvé un fusil à silex à long canon enterré à l'intérieur.

Er wusste, dass es sich um eine Waffe von Hudson Bay aus den frühen Handelstagen handelte.

Il savait qu'il s'agissait d'un fusil de la Baie d'Hudson depuis les premiers jours de son commerce.

Damals wurden solche Gewehre gegen Stapel von Biberfellen eingetauscht.

À cette époque, ces armes étaient échangées contre des piles de peaux de castor.

Das war alles – von dem Mann, der die Hütte gebaut hatte, gab es keine Spur mehr.

C'était tout : il ne restait aucune trace de l'homme qui avait construit le lodge.

Der Frühling kam wieder und sie fanden keine Spur von der verlorenen Hütte.

Le printemps est revenu et ils n'ont trouvé aucun signe de la Cabane Perdue.

Stattdessen fanden sie ein breites Tal mit einem seichten Bach.

Au lieu de cela, ils trouvèrent une large vallée avec un ruisseau peu profond.

Gold lag wie glatte, gelbe Butter auf dem Pfannenboden.

L'or recouvrait le fond des casseroles comme du beurre jaune et lisse.

Sie hielten dort an und suchten nicht weiter nach der Hütte.

Ils s'arrêtèrent là et ne cherchèrent plus la cabane.

Jeden Tag arbeiteten sie und fanden Tausende in Goldstaub.

Chaque jour, ils travaillaient et trouvaient des milliers de pièces d'or en poudre.

Sie packten das Gold in Säcke aus Elchhaut, jeder Fünfzig Pfund schwer.

Ils ont emballé l'or dans des sacs de peau d'élan, de cinquante livres chacun.

Die Säcke waren wie Brennholz vor ihrer kleinen Hütte gestapelt.

Les sacs étaient empilés comme du bois de chauffage à l'extérieur de leur petite loge.

Sie arbeiteten wie Giganten und die Tage vergingen wie im Flug.

Ils travaillaient comme des géants et les jours passaient comme des rêves rapides.

Sie häuften Schätze an, während die endlosen Tage schnell vorbeizogen.

Ils ont amassé des trésors au fil des jours sans fin.

Außer ab und zu Fleisch zu schleppen, gab es für die Hunde nicht viel zu tun.

Les chiens n'avaient pas grand-chose à faire, à part transporter de la viande de temps en temps.

Thornton jagte und tötete das Wild, und Buck lag am Feuer.

Thornton chassait et tuait le gibier, et Buck restait allongé près du feu.

Er verbrachte viele Stunden schweigend, versunken in Gedanken und Erinnerungen.

Il a passé de longues heures en silence, perdu dans ses pensées et ses souvenirs.

Das Bild des haarigen Mannes kam Buck immer häufiger in den Sinn.

L'image de l'homme poilu revenait de plus en plus souvent à l'esprit de Buck.

Jetzt, wo es kaum noch Arbeit gab, träumte Buck, während er ins Feuer blinzelte.

Maintenant que le travail se faisait rare, Buck rêvait en clignant des yeux devant le feu.

In diesen Träumen wanderte Buck mit dem Mann in eine andere Welt.

Dans ces rêves, Buck errait avec l'homme dans un autre monde.

Angst schien das stärkste Gefühl in dieser fernen Welt zu sein.

La peur semblait être le sentiment le plus fort dans ce monde lointain.

Buck sah, wie der haarige Mann mit gesenktem Kopf schlief.

Buck vit l'homme poilu dormir avec la tête baissée.

Seine Hände waren gefaltet und sein Schlaf war unruhig und unterbrochen.

Ses mains étaient jointes et son sommeil était agité et interrompu.

Er wachte immer ruckartig auf und starrte ängstlich in die Dunkelheit.

Il se réveillait en sursaut et regardait avec crainte dans le noir.

Dann warf er mehr Holz ins Feuer, um die Flamme hell zu halten.

Ensuite, il jetait plus de bois sur le feu pour garder la flamme vive.

Manchmal spazierten sie an einem Strand entlang, der an einem grauen, endlosen Meer entlangführte.

Parfois, ils marchaient le long d'une plage au bord d'une mer grise et infinie.

Der haarige Mann sammelte Schalentiere und aß sie im Gehen.

L'homme poilu ramassait des coquillages et les mangeait en marchant.

Seine Augen suchten immer nach verborgenen Gefahren in den Schatten.

Ses yeux cherchaient toujours des dangers cachés dans l'ombre.

Seine Beine waren immer bereit, beim ersten Anzeichen einer Bedrohung loszusprinten.

Ses jambes étaient toujours prêtes à sprinter au premier signe de menace.

Sie schlichen still und vorsichtig Seite an Seite durch den Wald.

Ils rampaient à travers la forêt, silencieux et méfiants, côte à côte.

Buck folgte ihm auf den Fersen und beide blieben wachsam.

Buck le suivit sur ses talons, et tous deux restèrent vigilants.

Ihre Ohren zuckten und bewegten sich, ihre Nasen schnüffelten in der Luft.

Leurs oreilles frémissaient et bougeaient, leurs nez reniflaient l'air.

Der Mann konnte den Wald genauso gut hören und riechen wie Buck.

L'homme pouvait entendre et sentir la forêt aussi intensément que Buck.

Der haarige Mann schwang sich mit plötzlicher Geschwindigkeit durch die Bäume.

L'homme poilu se balançait à travers les arbres avec une vitesse soudaine.

Er sprang von Ast zu Ast, ohne jemals den Halt zu verlieren.

Il sautait de branche en branche, sans jamais lâcher prise.

Er bewegte sich über dem Boden genauso schnell wie auf ihm.

Il se déplaçait aussi vite au-dessus du sol que sur celui-ci.

Buck erinnerte sich an lange Nächte, in denen er unter den Bäumen Wache hielt.

Buck se souvenait des longues nuits passées sous les arbres, à veiller.

Der Mann schlief auf seiner Stange in den Zweigen und klammerte sich fest.

L'homme dormait perché dans les branches, s'accrochant fermement.

Diese Vision des haarigen Mannes war eng mit dem tiefen Ruf verbunden.

Cette vision de l'homme poilu était étroitement liée à l'appel des profondeurs.

Der Ruf klang noch immer mit eindringlicher Kraft durch den Wald.

L'appel résonnait toujours à travers la forêt avec une force obsédante.

Der Anruf erfüllte Buck mit Sehnsucht und einem rastlosen Gefühl der Freude.

L'appel remplit Buck de désir et d'un sentiment de joie incessant.

Er spürte seltsame Triebe und Regungen, die er nicht benennen konnte.

Il ressentait d'étranges pulsions et des frémissements qu'il ne pouvait nommer.

Manchmal folgte er dem Ruf tief in die Stille des Waldes.

Parfois, il suivait l'appel au plus profond des bois tranquilles.

Er suchte nach dem Ruf und bellte dabei leise oder scharf.

Il cherchait l'appel, aboyant doucement ou fort au fur et à mesure.

Er roch am Moos und der schwarzen Erde, wo die Gräser wuchsen.

Il renifla la mousse et la terre noire où poussaient les herbes.

Er schnaubte entzückt über den reichen Geruch der tiefen Erde.

Il renifla de plaisir aux riches odeurs de la terre profonde.

Er hockte stundenlang hinter pilzbefallenen Baumstämmen.

Il s'est accroupi pendant des heures derrière des troncs couverts de champignons.

Er blieb still und lauschte mit großen Augen jedem noch so kleinen Geräusch.

Il resta immobile, écoutant les yeux écarquillés chaque petit bruit.

Vielleicht hoffte er, das Wesen, das den Ruf auslöste, zu überraschen.

Il espérait peut-être surprendre la chose qui avait lancé l'appel.

Er wusste nicht, warum er so handelte – er tat es einfach.

Il ne savait pas pourquoi il agissait de cette façon, il le faisait simplement.

Die Triebe kamen aus der Tiefe, jenseits von Denken und Vernunft.

Les pulsions venaient du plus profond de moi, au-delà de la pensée ou de la raison.

Unwiderstehliche Triebe überkamen Buck ohne Vorwarnung oder Grund.

Des envies irrésistibles s'emparèrent de Buck sans avertissement ni raison.

Manchmal döste er träge im Lager in der Mittagshitze.

Parfois, il somnolait paresseusement dans le camp sous la chaleur de midi.

Plötzlich hob er den Kopf und stellte aufmerksam die Ohren auf.

Soudain, sa tête se releva et ses oreilles se dressèrent en alerte.

Dann sprang er auf und stürmte ohne Pause in die Wildnis.

Puis il se leva d'un bond et se précipita dans la nature sans s'arrêter.

Er rannte stundenlang durch Waldwege und offene Flächen.

Il a couru pendant des heures à travers les sentiers forestiers et les espaces ouverts.

Er liebte es, trockenen Bachläufen zu folgen und Vögel in den Bäumen zu beobachten.

Il aimait suivre les lits des ruisseaux asséchés et espionner les oiseaux dans les arbres.

Er könnte den ganzen Tag versteckt liegen und den Rebhühnern beim Herumstolzieren zusehen.

Il pouvait rester caché toute la journée, à regarder les perdrix se pavaner.

Sie trommelten und marschierten, ohne Bucks Anwesenheit zu bemerken.

Ils tambourinaient et marchaient, inconscients de la présence de Buck.

Doch am meisten liebte er das Laufen in der Sommerdämmerung.

Mais ce qu'il aimait le plus, c'était courir au crépuscule en été.

Das schwache Licht und die schläfrigen Waldgeräusche erfüllten ihn mit Freude.

La faible lumière et les bruits endormis de la forêt le remplissaient de joie.

Er las die Zeichen des Waldes so deutlich, wie ein Mann ein Buch liest.

Il lisait les panneaux forestiers aussi clairement qu'un homme lit un livre.

Und er suchte immer nach dem seltsamen Ding, das ihn rief.

Et il cherchait toujours la chose étrange qui l'appelait.

Dieser Ruf hörte nie auf – er erreichte ihn im Wachzustand und im Schlaf.

Cet appel ne s'est jamais arrêté : il l'atteignait qu'il soit éveillé ou endormi.

Eines Nachts erwachte er mit einem Ruck, die Augen waren scharf und die Ohren gespitzt.

Une nuit, il se réveilla en sursaut, les yeux perçants et les oreilles hautes.

Seine Nasenlöcher zuckten, während seine Mähne in Wellen sträubte.

Ses narines se contractaient tandis que sa crinière se dressait en vagues.

Aus der Tiefe des Waldes ertönte erneut der alte Ruf.

Du plus profond de la forêt, le son résonna à nouveau, le vieil appel.

Diesmal war der Ton klar und deutlich zu hören, ein langes, eindringliches, vertrautes Heulen.

Cette fois, le son résonnait clairement, un hurlement long, obsédant et familier.

Es klang wie der Schrei eines Huskys, aber mit einem seltsamen und wilden Ton.

C'était comme le cri d'un husky, mais d'un ton étrange et sauvage.

Buck erkannte das Geräusch sofort – er hatte das genaue Geräusch vor langer Zeit gehört.

Buck reconnut immédiatement le son – il avait entendu exactement le même son depuis longtemps.

Er sprang durch das Lager und verschwand schnell im Wald.

Il sauta à travers le camp et disparut rapidement dans les bois.

Als er sich dem Geräusch näherte, wurde er langsamer und bewegte sich vorsichtig.

Alors qu'il s'approchait du bruit, il ralentit et se déplaça avec précaution.

Bald erreichte er eine Lichtung zwischen dichten Kiefern.

Bientôt, il atteignit une clairière entre d'épais pins.

Dort saß aufrecht auf seinen Hinterbeinen ein großer, schlanker Timberwolf.

Là, debout sur ses pattes arrière, était assis un loup des bois grand et maigre.

Die Nase des Wolfes zeigte zum Himmel und hallte noch immer den Ruf wider.

Le nez du loup pointait vers le ciel, résonnant toujours de l'appel.

Buck hatte keinen Laut von sich gegeben, doch der Wolf blieb stehen und lauschte.

Buck n'avait émis aucun son, mais le loup s'arrêta et écouta.

Der Wolf spürte etwas, spannte sich an und suchte die Dunkelheit ab.

Sentant quelque chose, le loup se tendit, scrutant l'obscurité.

Buck schlich ins Blickfeld, mit gebeugtem Körper und ruhigen Füßen auf dem Boden.

Buck apparut en rampant, le corps bas, les pieds immobiles sur le sol.

Sein Schwanz war gerade, sein Körper vor Anspannung zusammengerollt.

Sa queue était droite, son corps enroulé sous la tension.

Er zeigte sowohl eine bedrohliche als auch eine Art raue Freundschaft.

Il a montré à la fois une menace et une sorte d'amitié brutale.

Es war die vorsichtige Begrüßung, die wilde Tiere einander entgegenbrachten.

C'était le salut prudent partagé par les bêtes sauvages.

Aber der Wolf drehte sich um und floh, sobald er Buck sah.

Mais le loup se retourna et s'enfuit dès qu'il vit Buck.

Buck nahm die Verfolgung auf und sprang wild um sich, begierig darauf, es einzuholen.

Buck se lança à sa poursuite, sautant sauvagement, désireux de le rattraper.

Er folgte dem Wolf in einen trockenen Bach, der durch einen Holzstau blockiert war.

Il suivit le loup dans un ruisseau asséché bloqué par un embâcle.

In die Enge getrieben, wirbelte der Wolf herum und blieb stehen.

Acculé, le loup se retourna et tint bon.

Der Wolf knurrte und schnappte wie ein gefangener Husky im Kampf.

Le loup grognait et claquait comme un chien husky pris au piège dans un combat.

Die Zähne des Wolfes klickten schnell, sein Körper strotzte vor wilder Wut.

Les dents du loup claquaient rapidement, son corps se hérissant d'une fureur sauvage.

Buck griff nicht an, sondern umkreiste den Wolf mit vorsichtiger Freundlichkeit.

Buck n'attaqua pas mais encercla le loup avec une gentillesse prudente.

Durch langsame, harmlose Bewegungen versuchte er, seine Flucht zu verhindern.

Il a essayé de bloquer sa fuite par des mouvements lents et inoffensifs.

Der Wolf war vorsichtig und verängstigt – Buck war dreimal so schwer wie er.

Le loup était méfiant et effrayé : Buck le dépassait trois fois.

Der Kopf des Wolfes reichte kaum bis zu Bucks massiver Schulter.

La tête du loup atteignait à peine l'épaule massive de Buck.

Der Wolf hielt Ausschau nach einer Lücke, rannte los und die Jagd begann von neuem.

À l'affût d'une brèche, le loup s'est enfui et la poursuite a repris.

Buck drängte ihn mehrere Male in die Enge und der Tanz wiederholte sich.

Plusieurs fois, Buck l'a coincé et la danse s'est répétée.

Der Wolf war dünn und schwach, sonst hätte Buck ihn nicht fangen können.

Le loup était maigre et faible, sinon Buck n'aurait pas pu l'attraper.

Jedes Mal, wenn Buck näher kam, wirbelte der Wolf herum und sah ihn voller Angst an.

Chaque fois que Buck s'approchait, le loup se retournait et lui faisait face avec peur.

Dann rannte er bei der ersten Gelegenheit erneut in den Wald.

Puis, à la première occasion, il s'est précipité dans les bois une fois de plus.

Aber Buck gab nicht auf und schließlich fasste der Wolf Vertrauen zu ihm.

Mais Buck n'a pas abandonné et finalement le loup a fini par lui faire confiance.

Er schnüffelte an Bucks Nase und die beiden wurden verspielt und aufmerksam.

Il renifla le nez de Buck, et les deux devinrent joueurs et alertes.

Sie spielten wie wilde Tiere, wild und doch schüchtern in ihrer Freude.

Ils jouaient comme des animaux sauvages, féroces mais timides dans leur joie.

Nach einer Weile trabte der Wolf zielstrebig und ruhig davon.

Au bout d'un moment, le loup s'éloigna au trot avec un calme déterminé.

Er machte Buck deutlich, dass er beabsichtigte, verfolgt zu werden.

Il a clairement montré à Buck qu'il voulait être suivi.

Sie rannten Seite an Seite durch die Dämmerung.

Ils couraient côte à côte dans l'obscurité du crépuscule.

Sie folgten dem Bachbett hinauf in die felsige Schlucht.

Ils suivirent le lit du ruisseau jusqu'à la gorge rocheuse.

Sie überquerten eine kalte Wasserscheide, wo der Bach entsprungen war.

Ils traversèrent une ligne de partage des eaux froide où le ruisseau avait pris sa source.

Am gegenüberliegenden Hang fanden sie ausgedehnte Wälder und viele Bäche.

Sur la pente la plus éloignée, ils trouvèrent une vaste forêt et de nombreux ruisseaux.

Durch dieses weite Land rannten sie stundenlang ohne Pause.

À travers ce vaste territoire, ils ont couru pendant des heures sans s'arrêter.

Die Sonne stieg höher, die Luft wurde wärmer, aber sie rannten weiter.

Le soleil se leva plus haut, l'air devint chaud, mais ils continuèrent à courir.

Buck war voller Freude – er wusste, dass er seiner Berufung folgte.

Buck était rempli de joie : il savait qu'il répondait à son appel.

Er rannte neben seinem Waldbruder her, näher an die Quelle des Rufs.

Il courut à côté de son frère de la forêt, plus près de la source de l'appel.

Alte Gefühle kehrten zurück, stark und schwer zu ignorieren.
De vieux sentiments sont revenus, puissants et difficiles à ignorer.
Dies waren die Wahrheiten hinter den Erinnerungen aus seinen Träumen.
C'étaient les vérités derrière les souvenirs de ses rêves.
All dies hatte er schon einmal in einer fernen, schattenhaften Welt getan.
Il avait déjà fait tout cela auparavant, dans un monde lointain et obscur.
Jetzt tat er es wieder und rannte wild herum, während der Himmel über ihm frei war.
Il recommença alors, courant librement avec le ciel ouvert au-dessus.
Sie hielten an einem Bach an, um aus dem kalten, fließenden Wasser zu trinken.
Ils s'arrêtèrent près d'un ruisseau pour boire l'eau froide qui coulait.
Während er trank, erinnerte sich Buck plötzlich an John Thornton.
Alors qu'il buvait, Buck se souvint soudain de John Thornton.
Er saß schweigend da, hin- und hergerissen zwischen der Anziehungskraft der Loyalität und der Berufung.
Il s'assit en silence, déchiré par l'attrait de la loyauté et de l'appel.
Der Wolf trabte weiter, kam aber zurück, um Buck anzutreiben.
Le loup continua à trotter, mais revint pour pousser Buck à avancer.
Er rümpfte die Nase und versuchte, ihn mit sanften Gesten zu beruhigen.
Il renifla son nez et essaya de le cajoler avec des gestes doux.
Aber Buck drehte sich um und machte sich auf den Rückweg.
Mais Buck se retourna et reprit le chemin par lequel il était venu.

Der Wolf lief lange Zeit neben ihm her und winselte leise.
Le loup courut à côté de lui pendant un long moment, gémissant doucement.

Dann setzte er sich hin, hob die Nase und stieß ein langes Heulen aus.
Puis il s'assit, leva le nez et poussa un long hurlement.

Es war ein trauriger Schrei, der leiser wurde, als Buck wegging.
C'était un cri lugubre, qui s'adoucit à mesure que Buck s'éloignait.

Buck lauschte, als der Schrei langsam in der Stille des Waldes verklang.
Buck écouta le son du cri s'estomper lentement dans le silence de la forêt.

John Thornton aß gerade zu Abend, als Buck ins Lager stürmte.
John Thornton était en train de dîner lorsque Buck a fait irruption dans le camp.

Buck sprang wild auf ihn zu, leckte, biss und warf ihn um.
Buck sauta sauvagement sur lui, le léchant, le mordant et le faisant culbuter.

Er warf ihn um, kletterte darauf und küsste sein Gesicht.
Il l'a renversé, s'est hissé dessus et l'a embrassé sur le visage.

Thornton nannte dies liebevoll „den allgemeinen Narren spielen".
Thornton appelait cela avec affection « jouer le fou du commun ».

Die ganze Zeit verfluchte er Buck sanft und schüttelte ihn hin und her.
Pendant tout ce temps, il maudissait doucement Buck et le secouait d'avant en arrière.

Zwei ganze Tage und Nächte lang verließ Buck das Lager kein einziges Mal.
Pendant deux jours et deux nuits entières, Buck n'a pas quitté le camp une seule fois.

Er blieb in Thorntons Nähe und ließ ihn nie aus den Augen.
Il est resté proche de Thornton et ne l'a jamais quitté des yeux.

Er folgte ihm bei der Arbeit und beobachtete ihn beim Essen.

Il le suivait pendant qu'il travaillait et le regardait pendant qu'il mangeait.

Er begleitete Thornton abends in seine Decken und jeden Morgen wieder heraus.

Il voyait Thornton dans ses couvertures la nuit et dehors chaque matin.

Doch bald kehrte der Ruf des Waldes zurück, lauter als je zuvor.

Mais bientôt l'appel de la forêt revint, plus fort que jamais.

Buck wurde wieder unruhig, aufgewühlt von Gedanken an den wilden Wolf.

Buck devint à nouveau agité, agité par les pensées du loup sauvage.

Er erinnerte sich an das offene Land und daran, wie sie Seite an Seite gelaufen waren.

Il se souvenait de la terre ouverte et de la course côte à côte.

Er begann erneut, allein und wachsam in den Wald zu wandern.

Il commença à errer à nouveau dans la forêt, seul et alerte.

Aber der wilde Bruder kam nicht zurück und das Heulen war nicht zu hören.

Mais le frère sauvage ne revint pas et le hurlement ne fut pas entendu.

Buck begann, draußen zu schlafen und blieb tagelang weg.

Buck a commencé à dormir dehors, restant absent pendant des jours.

Einmal überquerte er die hohe Wasserscheide, wo der Bach entsprungen war.

Une fois, il traversa la haute ligne de partage des eaux où le ruisseau commençait.

Er betrat das Land des dunklen Waldes und der breiten, fließenden Ströme.

Il entra dans le pays des bois sombres et des larges ruisseaux.

Eine Woche lang streifte er umher und suchte nach Spuren seines wilden Bruders.

Pendant une semaine, il a erré, à la recherche de signes de son frère sauvage.

Er tötete sein eigenes Fleisch und reiste mit langen, unermüdlichen Schritten.

Il tuait sa propre viande et voyageait à grands pas, sans relâche.

Er fischte in einem breiten Fluss, der bis ins Meer reichte, nach Lachs.

Il pêchait le saumon dans une large rivière qui se jetait dans la mer.

Dort kämpfte er gegen einen von Insekten verrückt gewordenen Schwarzbären und tötete ihn.

Là, il combattit et tua un ours noir rendu fou par les insectes.

Der Bär war beim Angeln und rannte blind durch die Bäume.

L'ours était en train de pêcher et courait aveuglément à travers les arbres.

Der Kampf war erbittert und weckte Bucks tiefen Kampfgeist.

La bataille fut féroce, réveillant le profond esprit combatif de Buck.

Als Buck zwei Tage später zurückkam, fand er Vielfraße an seiner Beute vor.

Deux jours plus tard, Buck est revenu et a trouvé des carcajous près de sa proie.

Ein Dutzend von ihnen stritten sich lautstark und wütend um das Fleisch.

Une douzaine d'entre eux se disputaient la viande avec une fureur bruyante.

Buck griff an und zerstreute sie wie Blätter im Wind.

Buck chargea et les dispersa comme des feuilles dans le vent.

Zwei Wölfe blieben zurück – still, leblos und für immer regungslos.

Deux loups restèrent derrière, silencieux, sans vie et immobiles pour toujours.

Der Blutdurst wurde stärker denn je.

La soif de sang était plus forte que jamais.

Buck war ein Jäger, ein Killer, der sich von Lebewesen ernährte.

Buck était un chasseur, un tueur, se nourrissant de créatures vivantes.

Er überlebte allein und verließ sich auf seine Kraft und seine scharfen Sinne.

Il a survécu seul, en s'appuyant sur sa force et ses sens aiguisés.

Er gedieh in der Wildnis, wo nur die Zähesten überleben konnten.

Il prospérait dans la nature, où seuls les plus résistants pouvaient vivre.

Daraus erwuchs ein großer Stolz, der Bucks ganzes Wesen erfüllte.

De là, une grande fierté s'éleva et remplit tout l'être de Buck.

Sein Stolz war in jedem seiner Schritte und in der Anspannung jedes einzelnen Muskels zu erkennen.

Sa fierté se reflétait dans chacun de ses pas, dans le mouvement de chacun de ses muscles.

Sein Stolz war so deutlich wie seine Sprache und spiegelte sich in seiner Haltung wider.

Sa fierté était aussi claire qu'un discours, visible dans la façon dont il se comportait.

Sogar sein dickes Fell sah majestätischer aus und glänzte heller.

Même son épais pelage semblait plus majestueux et brillait davantage.

Man hätte Buck mit einem riesigen Timberwolf verwechseln können.

Buck aurait pu être confondu avec un loup géant.

Außer dem Braun an seiner Schnauze und den Flecken über seinen Augen.

À l'exception du brun sur son museau et des taches au-dessus de ses yeux.

Und der weiße Fellstreifen, der mitten auf seiner Brust verlief.

Et la traînée de fourrure blanche qui courait au milieu de sa poitrine.

Er war sogar größer als der größte Wolf dieser wilden Rasse.

Il était encore plus grand que le plus grand loup de cette race féroce.

Sein Vater, ein Bernhardiner, verlieh ihm Größe und einen schweren Körperbau.

Son père, un Saint-Bernard, lui a donné de la taille et une ossature lourde.

Seine Mutter, eine Schäferin, formte diesen Körper zu einer wolfsähnlichen Gestalt.

Sa mère, une bergère, a façonné cette masse en forme de loup.

Er hatte die lange Schnauze eines Wolfes, war allerdings schwerer und breiter.

Il avait le long museau d'un loup, bien que plus lourd et plus large.

Sein Kopf war der eines Wolfes, aber von massiver, majestätischer Gestalt.

Sa tête était celle d'un loup, mais construite à une échelle massive et majestueuse.

Bucks List war die List des Wolfes und der Wildnis.

La ruse de Buck était la ruse du loup et de la nature.

Seine Intelligenz hat er sowohl vom Deutschen Schäferhund als auch vom Bernhardiner.

Son intelligence lui vient à la fois du berger allemand et du Saint-Bernard.

All dies und harte Erfahrungen machten ihn zu einer furchterregenden Kreatur.

Tout cela, ajouté à une expérience difficile, faisait de lui une créature redoutable.

Er war so furchterregend wie jedes andere Tier, das in der Wildnis des Nordens umherstreifte.

Il était aussi redoutable que n'importe quelle bête qui parcourait les régions sauvages du nord.

Buck ernährte sich ausschließlich von Fleisch und erreichte den Höhepunkt seiner Kraft.

Ne se nourrissant que de viande, Buck a atteint le sommet de sa force.

Jede Faser seines Körpers strotzte vor Kraft und männlicher Stärke.

Il débordait de puissance et de force masculine dans chaque fibre de son être.

Als Thornton seinen Rücken streichelte, funkelten seine Haare vor Energie.

Lorsque Thornton lui caressait le dos, ses poils brillaient d'énergie.

Jedes Haar knisterte, aufgeladen durch die Berührung lebendigen Magnetismus.

Chaque cheveu crépitait, chargé du contact du magnétisme vivant.

Sein Körper und sein Gehirn waren auf die höchstmögliche Tonhöhe eingestellt.

Son corps et son cerveau étaient réglés sur le ton le plus fin possible.

Jeder Nerv, jede Faser und jeder Muskel arbeitete in perfekter Harmonie.

Chaque nerf, chaque fibre et chaque muscle fonctionnaient en parfaite harmonie.

Auf jedes Geräusch oder jeden Anblick, der eine Aktion erforderte, reagierte er sofort.

À tout son ou toute vue nécessitant une action, il répondait instantanément.

Wenn ein Husky zum Angriff ansetzte, konnte Buck doppelt so schnell springen.

Si un husky sautait pour attaquer, Buck pouvait sauter deux fois plus vite.

Er reagierte schneller, als andere es sehen oder hören konnten.

Il a réagi plus vite que les autres ne pouvaient le voir ou l'entendre.

Wahrnehmung, Entscheidung und Handlung erfolgten alle in einem fließenden Moment.

La perception, la décision et l'action se sont produites en un seul instant fluide.

Tatsächlich geschahen diese Handlungen getrennt voneinander, aber zu schnell, um es zu bemerken.

En vérité, ces actes étaient distincts, mais trop rapides pour être remarqués.

Die Abstände zwischen diesen Akten waren so kurz, dass sie wie ein einziger Akt wirkten.

Les intervalles entre ces actes étaient si brefs qu'ils semblaient n'en faire qu'un.

Seine Muskeln und sein Körper waren wie straff gespannte Federn.

Ses muscles et son être étaient comme des ressorts étroitement enroulés.

Sein Körper strotzte vor Leben, wild und freudig in seiner Kraft.

Son corps débordait de vie, sauvage et joyeux dans sa puissance.

Manchmal hatte er das Gefühl, als würde die Kraft völlig aus ihm herausbrechen.

Parfois, il avait l'impression que la force allait jaillir de lui entièrement.

„So einen Hund hat es noch nie gegeben", sagte Thornton eines ruhigen Tages.

« Il n'y a jamais eu un tel chien », a déclaré Thornton un jour tranquille.

Die Partner sahen zu, wie Buck stolz aus dem Lager schritt.

Les partenaires regardaient Buck sortir fièrement du camp.

„Als er erschaffen wurde, veränderte er, was ein Hund sein kann", sagte Pete.

« Lorsqu'il a été créé, il a changé ce que pouvait être un chien », a déclaré Pete.

„Bei Gott! Das glaube ich auch", stimmte Hans schnell zu.

« Par Jésus ! Je le pense moi-même », acquiesça rapidement Hans.

Sie sahen ihn abmarschieren, aber nicht die Veränderung, die danach kam.

Ils l'ont vu s'éloigner, mais pas le changement qui s'est produit après.

Sobald er den Wald betrat, verwandelte sich Buck völlig.

Dès qu'il est entré dans les bois, Buck s'est complètement transformé.

Er marschierte nicht mehr, sondern bewegte sich wie ein wilder Geist zwischen den Bäumen.

Il ne marchait plus, mais se déplaçait comme un fantôme sauvage parmi les arbres.

Er wurde still, katzenpfotenartig, ein Flackern, das durch die Schatten huschte.

Il devint silencieux, les pieds comme un chat, une lueur traversant les ombres.

Er nutzte die Deckung geschickt und kroch wie eine Schlange auf dem Bauch.

Il utilisait la couverture avec habileté, rampant sur le ventre comme un serpent.

Und wie eine Schlange konnte er lautlos nach vorne springen und zuschlagen.

Et comme un serpent, il pouvait bondir en avant et frapper en silence.

Er könnte ein Schneehuhn direkt aus seinem versteckten Nest stehlen.

Il pourrait voler un lagopède directement dans son nid caché.

Er tötete schlafende Kaninchen, ohne ein einziges Geräusch zu machen.

Il a tué des lapins endormis sans un seul bruit.

Er konnte Streifenhörnchen mitten in der Luft fangen, wenn sie zu langsam flohen.

Il pouvait attraper des tamias en plein vol alors qu'ils fuyaient trop lentement.

Selbst Fische in Teichen konnten seinen plötzlichen Angriffen nicht entkommen.

Même les poissons dans les bassins ne pouvaient échapper à ses attaques soudaines.

Nicht einmal schlaue Biber, die Dämme reparierten, waren vor ihm sicher.

Même les castors astucieux qui réparaient les barrages n'étaient pas à l'abri de lui.

Er tötete, um Nahrung zu bekommen, nicht zum Spaß – aber seine eigene Beute gefiel ihm am besten.

Il tuait pour se nourrir, pas pour le plaisir, mais il préférait tuer ses propres victimes.

Dennoch war bei manchen seiner stillen Jagden ein hintergründiger Humor spürbar.

Pourtant, un humour sournois traversait certaines de ses chasses silencieuses.

Er schlich sich dicht an Eichhörnchen heran, ließ sie aber dann entkommen.

Il s'est approché des écureuils, mais les a laissés s'échapper.

Sie wollten in die Bäume fliehen und schnatterten voller Angst und Empörung.

Ils allaient fuir vers les arbres, bavardant dans une rage effrayée.

Mit dem Herbst kamen immer mehr Elche.

À l'arrivée de l'automne, les orignaux ont commencé à apparaître en plus grand nombre.

Sie zogen langsam in die tiefer gelegenen Täler, um dem Winter entgegenzukommen.

Ils se sont déplacés lentement vers les basses vallées pour affronter l'hiver.

Buck hatte bereits ein junges, streunendes Kalb erlegt.

Buck avait déjà abattu un jeune veau errant.

Doch er sehnte sich danach, einer größeren, gefährlicheren Beute gegenüberzutreten.

Mais il aspirait à affronter des proies plus grandes et plus dangereuses.

Eines Tages fand er an der Wasserscheide, an der Quelle des Baches, seine Chance.

Un jour, à la ligne de partage des eaux, à la tête du ruisseau, il trouva sa chance.

Eine Herde von zwanzig Elchen war aus bewaldeten Gebieten herübergekommen.

Un troupeau de vingt orignaux avait traversé des terres boisées.

Unter ihnen war ein mächtiger Stier, der Anführer der Gruppe.

Parmi eux se trouvait un puissant taureau, le chef du groupe.

Der Bulle war über ein Meter achtzig Meter groß und sah grimmig und wild aus.

Le taureau mesurait plus de six pieds de haut et avait l'air féroce et sauvage.

Er warf sein breites Geweih hin und her, dessen vierzehn Enden sich nach außen verzweigten.

Il lança ses larges bois, quatorze pointes se ramifiant vers l'extérieur.

Die Spitzen dieser Geweihe hatten einen Durchmesser von sieben Fuß.

Les extrémités de ces bois s'étendaient sur sept pieds de large.

Seine kleinen Augen brannten vor Wut, als er Buck in der Nähe entdeckte.

Ses petits yeux brûlaient de rage lorsqu'il aperçut Buck à proximité.

Er stieß ein wütendes Brüllen aus und zitterte vor Wut und Schmerz.

Il poussa un rugissement furieux, tremblant de fureur et de douleur.

Nahe seiner Flanke ragte eine gefiederte und scharfe Pfeilspitze hervor.

Une pointe de flèche sortait près de son flanc, empennée et pointue.

Diese Wunde trug dazu bei, seine wilde, verbitterte Stimmung zu erklären.

Cette blessure a contribué à expliquer son humeur sauvage et amère.

Buck, geleitet von seinem uralten Jagdinstinkt, machte seinen Zug.

Buck, guidé par un ancien instinct de chasseur, a fait son mouvement.

Sein Ziel war es, den Bullen vom Rest der Herde zu trennen.

Son objectif était de séparer le taureau du reste du troupeau.

Dies war keine leichte Aufgabe – es erforderte Schnelligkeit und messerscharfe List.

Ce n'était pas une tâche facile : il fallait de la rapidité et une ruse féroce.

Er bellte und tanzte in der Nähe des Stiers, gerade außerhalb seiner Reichweite.

Il aboyait et dansait près du taureau, juste hors de portée.

Der Elch stürzte sich mit riesigen Hufen und tödlichem Geweih auf ihn.

L'élan s'est précipité avec d'énormes sabots et des bois mortels.

Ein Schlag hätte Bucks Leben im Handumdrehen beenden können.

Un seul coup aurait pu mettre fin à la vie de Buck en un clin d'œil.

Der Stier konnte die Bedrohung nicht hinter sich lassen und wurde wütend.

Incapable de laisser la menace derrière lui, le taureau devint fou.

Er stürmte wütend auf ihn zu, doch Buck entkam ihm jedes Mal.

Il chargea avec fureur, mais Buck s'échappa toujours.

Buck täuschte Schwäche vor und lockte ihn weiter von der Herde weg.

Buck simula une faiblesse, l'attirant plus loin du troupeau.

Doch die jungen Bullen wollten zurückstürmen, um den Anführer zu beschützen.

Mais les jeunes taureaux allaient charger pour protéger le leader.

Sie zwangen Buck zum Rückzug und den Bullen, sich wieder der Gruppe anzuschließen.

Ils ont forcé Buck à battre en retraite et le taureau à rejoindre le groupe.

In der Wildnis herrscht eine tiefe und unaufhaltsame Geduld.

Il y a une patience dans la nature, profonde et imparable.

Eine Spinne wartet unzählige Stunden bewegungslos in ihrem Netz.

Une araignée attend immobile dans sa toile pendant d'innombrables heures.

Eine Schlange rollt sich ohne zu zucken zusammen und wartet, bis es Zeit ist.

Un serpent s'enroule sans tressaillement et attend que son heure soit venue.

Ein Panther liegt auf der Lauer, bis der Moment gekommen ist.

Une panthère se tient en embuscade, jusqu'à ce que le moment arrive.

Dies ist die Geduld von Raubtieren, die jagen, um zu überleben.

C'est la patience des prédateurs qui chassent pour survivre.

Dieselbe Geduld brannte in Buck, als er in seiner Nähe blieb.

Cette même patience brûlait à l'intérieur de Buck alors qu'il restait proche.

Er blieb in der Nähe der Herde, verlangsamte ihren Marsch und schürte Angst.

Il resta près du troupeau, ralentissant sa marche et suscitant la peur.

Er ärgerte die jungen Bullen und schikanierte die Mutterkühe.

Il taquinait les jeunes taureaux et harcelait les vaches mères.

Er trieb den verwundeten Stier in eine noch tiefere, hilflose Wut.

Il a plongé le taureau blessé dans une rage encore plus profonde et impuissante.

Einen halben Tag lang zog sich der Kampf ohne Pause hin.

Pendant une demi-journée, le combat s'est prolongé sans aucun répit.

Buck griff aus jedem Winkel an, schnell und wild wie der Wind.

Buck attaquait sous tous les angles, rapide et féroce comme le vent.

Er hinderte den Stier daran, sich auszuruhen oder sich bei seiner Herde zu verstecken.

Il a empêché le taureau de se reposer ou de se cacher avec son troupeau.

Buck zermürbte den Willen des Elchs schneller als seinen Körper.

Le cerf a épuisé la volonté de l'élan plus vite que son corps.

Der Tag verging und die Sonne sank tief am nordwestlichen Himmel.

La journée passa et le soleil se coucha bas dans le ciel du nord-ouest.

Die jungen Bullen kehrten langsamer zurück, um ihrem Anführer zu helfen.

Les jeunes taureaux revinrent plus lentement pour aider leur chef.

Die Herbstnächte waren zurückgekehrt und die Dunkelheit dauerte nun sechs Stunden.

Les nuits d'automne étaient revenues et l'obscurité durait désormais six heures.

Der Winter drängte sie bergab in sicherere, wärmere Täler.

L'hiver les poussait vers des vallées plus sûres et plus chaudes.

Aber sie konnten dem Jäger, der sie zurückhielt, immer noch nicht entkommen.

Mais ils ne pouvaient toujours pas échapper au chasseur qui les retenait.

Es stand nur ein Leben auf dem Spiel – nicht das der Herde, sondern nur das ihres Anführers.

Une seule vie était en jeu : pas celle du troupeau, mais celle de leur chef.

Dadurch wurde die Bedrohung in weite Ferne gerückt und ihre dringende Sorge wurde aufgehoben.

Cela rendait la menace lointaine et non leur préoccupation urgente.

Mit der Zeit akzeptierten sie diesen Preis und überließen Buck die Übernahme des alten Bullen.

Au fil du temps, ils ont accepté ce prix et ont laissé Buck prendre le vieux taureau.

Als die Dämmerung hereinbrach, stand der alte Bulle mit gesenktem Kopf da.

Alors que le crépuscule s'installait, le vieux taureau se tenait debout, la tête baissée.

Er sah zu, wie die Herde, die er geführt hatte, im schwindenden Licht verschwand.

Il regarda le troupeau qu'il avait conduit disparaître dans la lumière déclinante.

Es gab Kühe, die er gekannt hatte, Kälber, deren Vater er einst gewesen war.

Il y avait des vaches qu'il avait connues, des veaux qu'il avait autrefois engendrés.

Es gab jüngere Bullen, gegen die er in vergangenen Saisons gekämpft und die er beherrscht hatte.

Il y avait des taureaux plus jeunes qu'il avait combattus et dominés au cours des saisons précédentes.

Er konnte ihnen nicht folgen, denn vor ihm kauerte Buck wieder.

Il ne pouvait pas les suivre, car Buck était à nouveau accroupi devant lui.

Der gnadenlose Schrecken mit den Reißzähnen versperrte ihm jeden Weg.

La terreur impitoyable aux crocs bloquait tous les chemins qu'il pouvait emprunter.

Der Bulle brachte mehr als drei Zentner geballte Kraft auf die Waage.

Le taureau pesait plus de trois cents livres de puissance dense.

Er hatte ein langes Leben geführt und in einer Welt voller Kämpfe hart gekämpft.

Il avait vécu longtemps et s'était battu avec acharnement dans un monde de luttes.

Doch nun, am Ende, kam der Tod von einem Tier, das weit unter ihm stand.

Mais maintenant, à la fin, la mort venait d'une bête bien en dessous de lui.

Bucks Kopf erreichte nicht einmal die riesigen, mit Knöcheln besetzten Knie des Bullen.

La tête de Buck n'atteignait même pas les énormes genoux noueux du taureau.

Von diesem Moment an blieb Buck Tag und Nacht bei dem Bullen.

À partir de ce moment, Buck resta avec le taureau nuit et jour.

Er gönnte ihm keine Ruhe, erlaubte ihm nie zu grasen oder zu trinken.

Il ne lui a jamais laissé de repos, ne lui a jamais permis de brouter ou de boire.

Der Stier versuchte, junge Birkentriebe und Weidenblätter zu fressen.

Le taureau a essayé de manger de jeunes pousses de bouleau et des feuilles de saule.

Aber Buck verjagte ihn, immer wachsam und immer angreifend.

Mais Buck le repoussa, toujours alerte et toujours attaquant.

Sogar an plätschernden Bächen blockte Buck jeden durstigen Versuch ab.

Même dans les ruisseaux qui ruisselaient, Buck bloquait toute tentative assoiffée.

Manchmal floh der Stier aus Verzweiflung mit voller Geschwindigkeit.

Parfois, par désespoir, le taureau s'enfuyait à toute vitesse.

Buck ließ ihn laufen und lief ruhig direkt hinter ihm her, nie weit entfernt.

Buck le laissa courir, galopant calmement juste derrière, jamais très loin.

Als der Elch innehielt, legte sich Buck hin, blieb aber bereit.

Lorsque l'élan s'arrêta, Buck s'allongea, mais resta prêt.

Wenn der Bulle versuchte zu fressen oder zu trinken, schlug Buck mit voller Wut zu.

Si le taureau essayait de manger ou de boire, Buck frappait avec une fureur totale.

Der große Kopf des Stiers sank tiefer unter sein gewaltiges Geweih.

La grosse tête du taureau s'affaissait sous ses vastes bois.

Sein Tempo verlangsamte sich, der Trab wurde schwerfällig, ein stolpernder Schritt.

Son rythme ralentit, le trot devint lourd, une marche trébuchante.

Er stand oft still mit hängenden Ohren und der Nase am Boden.

Il restait souvent immobile, les oreilles tombantes et le nez au sol.

In diesen Momenten nahm sich Buck Zeit zum Trinken und Ausruhen.

Pendant ces moments-là, Buck prenait le temps de boire et de se reposer.

Mit heraushängender Zunge und starrem Blick spürte Buck, wie sich das Land veränderte.

La langue tirée, les yeux fixés, Buck sentait que la terre était en train de changer.

Er spürte, wie sich etwas Neues durch den Wald und den Himmel bewegte.

Il sentit quelque chose de nouveau se déplacer dans la forêt et dans le ciel.

Mit der Rückkehr der Elche kehrten auch andere Wildtiere zurück.

Avec le retour des orignaux, d'autres créatures sauvages ont fait de même.

Das Land fühlte sich lebendig an, mit einer Präsenz, die man nicht sieht, aber deutlich wahrnimmt.

La terre semblait vivante, avec une présence invisible mais fortement connue.

Buck wusste dies weder am Geräusch, noch am Anblick oder am Geruch.

Ce n'était ni par l'ouïe, ni par la vue, ni par l'odorat que Buck le savait.

Ein tieferes Gefühl sagte ihm, dass neue Kräfte im Gange waren.

Un sentiment plus profond lui disait que de nouvelles forces étaient en mouvement.

In den Wäldern und entlang der Bäche herrschte seltsames Leben.

Une vie étrange s'agitait dans les bois et le long des ruisseaux.

Er beschloss, diesen Geist zu erforschen, nachdem die Jagd beendet war.

Il a décidé d'explorer cet esprit, une fois la chasse terminée.

Am vierten Tag erlegte Buck endlich den Elch.

Le quatrième jour, Buck a finalement abattu l'élan.

Er blieb einen ganzen Tag und eine ganze Nacht bei der Beute, fraß und ruhte sich aus.

Il est resté près de la proie pendant une journée et une nuit entières, se nourrissant et se reposant.

Er aß, schlief dann und aß dann wieder, bis er stark und satt war.

Il mangea, puis dormit, puis mangea à nouveau, jusqu'à ce qu'il soit fort et rassasié.

Als er fertig war, kehrte er zum Lager und nach Thornton zurück.

Lorsqu'il fut prêt, il retourna vers le camp et Thornton.

Mit gleichmäßigem Tempo begann er die lange Heimreise.

D'un pas régulier, il commença le long voyage de retour vers la maison.

Er rannte in seinem unermüdlichen Galopp Stunde um Stunde, ohne auch nur ein einziges Mal vom Weg abzukommen.

Il courait d'un pas infatigable, heure après heure, sans jamais s'égarer.

Durch unbekannte Länder bewegte er sich schnurgerade wie eine Kompassnadel.

À travers des terres inconnues, il se déplaçait droit comme l'aiguille d'une boussole.

Sein Orientierungssinn ließ Mensch und Karte im Vergleich schwach erscheinen.

Son sens de l'orientation faisait paraître l'homme et la carte faibles en comparaison.

Während Buck rannte, spürte er die Bewegung in der Wildnis stärker.

Tandis que Buck courait, il sentait plus fortement l'agitation dans la terre sauvage.

Es war eine neue Art zu leben, anders als in den ruhigen Sommermonaten.

C'était un nouveau genre de vie, différent de celui des mois calmes de l'été.

Dieses Gefühl kam nicht länger als subtile oder entfernte Botschaft.

Ce sentiment n'était plus un message subtil ou distant.

Nun sprachen die Vögel von diesem Leben und Eichhörnchen plapperten darüber.

Maintenant, les oiseaux parlaient de cette vie et les écureuils en bavardaient.

Sogar die Brise flüsterte Warnungen durch die stillen Bäume.

Même la brise murmurait des avertissements à travers les arbres silencieux.

Mehrmals blieb er stehen und schnupperte die frische Morgenluft.

Il s'arrêta à plusieurs reprises et respira l'air frais du matin.

Dort las er eine Nachricht, die ihn schneller nach vorne springen ließ.

Il y lut un message qui le fit bondir plus vite en avant.

Ein starkes Gefühl der Gefahr erfüllte ihn, als wäre etwas schiefgelaufen.

Un lourd sentiment de danger l'envahit, comme si quelque chose s'était mal passé.

Er befürchtete, dass ein Unglück bevorstünde – oder bereits eingetreten war.

Il craignait qu'une catastrophe ne se produise – ou ne soit déjà arrivée.

Er überquerte den letzten Bergrücken und betrat das darunterliegende Tal.

Il franchit la dernière crête et entra dans la vallée en contrebas.

Er bewegte sich langsamer und war bei jedem Schritt aufmerksamer und vorsichtiger.

Il se déplaçait plus lentement, alerte et prudent à chaque pas.

Drei Meilen weiter fand er eine frische Spur, die ihn erstarren ließ.

À trois milles de là, il trouva une piste fraîche qui le fit se raidir.

Die Haare in seinem Nacken stellten sich auf und sträubten sich vor Schreck.

Les cheveux le long de son cou ondulaient et se hérissaient d'alarme.

Die Spur führte direkt zum Lager, wo Thornton wartete.

Le sentier menait directement au camp où Thornton attendait.

Buck bewegte sich jetzt schneller, seine Schritte waren lautlos und schnell zugleich.

Buck se déplaçait désormais plus rapidement, sa foulée à la fois silencieuse et rapide.

Seine Nerven lagen blank, als er Zeichen las, die andere übersehen würden.

Ses nerfs se sont resserrés lorsqu'il a lu des signes que d'autres allaient manquer.

Jedes Detail der Spur erzählte eine Geschichte – außer dem letzten Stück.

Chaque détail du sentier racontait une histoire, sauf le dernier morceau.

Seine Nase erzählte ihm von dem Leben, das hier vorbeigezogen war.

Son nez lui parlait de la vie qui s'était déroulée ici.

Der Duft vermittelte ihm ein wechselndes Bild, als er dicht hinter ihm folgte.

L'odeur lui donnait une image changeante alors qu'il le suivait de près.

Doch im Wald selbst war es still geworden, unnatürlich still.

Mais la forêt elle-même était devenue silencieuse, anormalement immobile.

Die Vögel waren verschwunden, die Eichhörnchen hatten sich versteckt, waren still und ruhig.

Les oiseaux avaient disparu, les écureuils étaient cachés, silencieux et immobiles.

Er sah nur ein einziges Grauhörnchen, das flach auf einem toten Baum lag.

Il n'a vu qu'un seul écureuil gris, allongé sur un arbre mort.

Das Eichhörnchen fügte sich steif und reglos in den Wald ein.

L'écureuil se fondait dans la masse, raide et immobile comme une partie de la forêt.

Buck bewegte sich wie ein Schatten, lautlos und sicher durch die Bäume.

Buck se déplaçait comme une ombre, silencieux et sûr à travers les arbres.

Seine Nase zuckte zur Seite, als würde sie von einer unsichtbaren Hand gezogen.

Son nez se souleva sur le côté comme s'il était tiré par une main invisible.

Er drehte sich um und folgte der neuen Spur tief in ein Dickicht hinein.

Il se retourna et suivit la nouvelle odeur jusqu'au plus profond d'un fourré.

Dort fand er Nig tot daliegend, von einem Pfeil durchbohrt.

Là, il trouva Nig, étendu mort, transpercé par une flèche.

Der Schaft durchdrang seinen Körper, die Federn waren noch zu sehen.

La flèche traversa son corps, laissant encore apparaître ses plumes.

Nig hatte sich dorthin geschleppt, war jedoch gestorben, bevor er Hilfe erreichen konnte.

Nig s'était traîné jusqu'ici, mais il était mort avant d'avoir pu obtenir de l'aide.

Hundert Meter weiter fand Buck einen weiteren Schlittenhund.

Une centaine de mètres plus loin, Buck trouva un autre chien de traîneau.

Es war ein Hund, den Thornton in Dawson City gekauft hatte.

C'était un chien que Thornton avait racheté à Dawson City.

Der Hund befand sich in einem tödlichen Kampf und schlug heftig auf dem Weg um sich.

Le chien était en proie à une lutte à mort, se débattant violemment sur le sentier.

Buck ging um ihn herum, blieb nicht stehen und richtete den Blick nach vorne.

Buck le contourna sans s'arrêter, les yeux fixés devant lui.

Aus Richtung des Lagers ertönte in der Ferne ein rhythmischer Gesang.

Du côté du camp venait un chant lointain et rythmé.

Die Stimmen schwoll in einem seltsamen, unheimlichen Singsangton an und ab.

Les voix s'élevaient et retombaient sur un ton étrange, inquiétant et chantant.

Buck kroch schweigend zum Rand der Lichtung.

Buck rampa jusqu'au bord de la clairière en silence.

Dort sah er Hans mit dem Gesicht nach unten liegen, von vielen Pfeilen durchbohrt.

Là, il vit Hans étendu face contre terre, percé de nombreuses flèches.

Sein Körper sah aus wie der eines Stachelschweins und war mit gefiederten Schäften bestückt.

Son corps ressemblait à celui d'un porc-épic, hérissé de plumes.

Im selben Moment blickte Buck in Richtung der zerstörten Hütte.

Au même moment, Buck regarda vers le pavillon en ruine.

Bei diesem Anblick stellten sich ihm die Nacken- und Schulterhaare auf.

Cette vue lui fit dresser les cheveux sur la nuque et les épaules.

Ein Sturm wilder Wut durchfuhr Bucks ganzen Körper.

Une tempête de rage sauvage parcourut tout le corps de Buck.

Er knurrte laut, obwohl er nicht wusste, dass er es getan hatte.

Il grogna à haute voix, même s'il ne savait pas qu'il l'avait fait.

Der Klang war rau, erfüllt von furchterregender, wilder Wut.

Le son était brut, rempli d'une fureur terrifiante et sauvage.

Zum letzten Mal in seinem Leben verlor Buck den Verstand und die Gefühle.

Pour la dernière fois de sa vie, Buck a perdu la raison au profit de l'émotion.

Es war die Liebe zu John Thornton, die seine sorgfältige Kontrolle brach.

C'est l'amour pour John Thornton qui a brisé son contrôle minutieux.

Die Yeehats tanzten um die zerstörte Fichtenhütte.

Les Yeehats dansaient autour de la hutte en épicéa détruite.

Dann ertönte ein Brüllen – und ein unbekanntes Tier stürmte auf sie zu.

Puis un rugissement retentit et une bête inconnue chargea vers eux.

Es war Buck, eine aufbrausende Furie, ein lebendiger Sturm der Rache.

C'était Buck ; une fureur en mouvement ; une tempête vivante de vengeance.

Wahnsinnig vor Tötungsdrang stürzte er sich mitten unter sie.

Il se jeta au milieu d'eux, fou du besoin de tuer.

Er sprang auf den ersten Mann, den Yeehat-Häuptling, und traf zielsicher.

Il sauta sur le premier homme, le chef Yeehat, et frappa juste.

Seine Kehle war aufgerissen und Blut spritzte in einem Strom.

Sa gorge fut déchirée et du sang jaillit à flots.

Buck blieb nicht stehen, sondern riss dem nächsten Mann mit einem Sprung die Kehle durch.

Buck ne s'arrêta pas, mais déchira la gorge de l'homme suivant d'un seul bond.

Er war nicht aufzuhalten – er riss, schlug und machte nie eine Pause, um sich auszuruhen.

Il était inarrêtable : il déchirait, taillait, ne s'arrêtait jamais pour se reposer.

Er schoss und sprang so schnell, dass ihre Pfeile ihn nicht treffen konnten.

Il s'élança et bondit si vite que leurs flèches ne purent l'atteindre.

Die Yeehats waren in ihrer eigenen Panik und Verwirrung gefangen.

Les Yeehats étaient pris dans leur propre panique et confusion.

Ihre Pfeile verfehlten Buck und trafen stattdessen einander.

Leurs flèches manquèrent Buck et se frappèrent l'une l'autre à la place.

Ein Jugendlicher warf einen Speer nach Buck und traf einen anderen Mann.

Un jeune homme a lancé une lance sur Buck et a touché un autre homme.

Der Speer durchbohrte seine Brust und die Spitze durchbohrte seinen Rücken.

La lance lui transperça la poitrine, la pointe lui transperçant le dos.

Die Yeehats wurden von Panik erfasst und zogen sich umgehend zurück.

La terreur s'empara des Yeehats et ils se mirent en retraite.

Sie schrien vor dem bösen Geist und flohen in die Schatten des Waldes.

Ils crièrent à l'Esprit Maléfique et s'enfuirent dans les ombres de la forêt.

Buck war wirklich wie ein Dämon, als er die Yeehats jagte.

Vraiment, Buck était comme un démon alors qu'il poursuivait les Yeehats.

Er raste hinter ihnen durch den Wald her und erlegte sie wie Rehe.

Il les poursuivit à travers la forêt, les faisant tomber comme des cerfs.

Für die verängstigten Yeehats wurde es ein Tag des Schicksals und des Terrors.

Ce fut un jour de destin et de terreur pour les Yeehats effrayés.

Sie zerstreuten sich über das Land und flohen in alle Richtungen.

Ils se dispersèrent à travers le pays, fuyant au loin dans toutes les directions.

Eine ganze Woche verging, bevor sich die letzten Überlebenden in einem Tal trafen.

Une semaine entière s'est écoulée avant que les derniers survivants ne se retrouvent dans une vallée.

Erst dann zählten sie ihre Verluste und sprachen über das Geschehene.

Ce n'est qu'alors qu'ils ont compté leurs pertes et parlé de ce qui s'était passé.

Nachdem Buck die Jagd satt hatte, kehrte er zum zerstörten Lager zurück.

Buck, après s'être lassé de la chasse, retourna au camp en ruine.

Er fand Pete, noch in seine Decken gehüllt, getötet beim ersten Angriff.

Il a trouvé Pete, toujours dans ses couvertures, tué lors de la première attaque.

Spuren von Thorntons letztem Kampf waren im Dreck in der Nähe zu sehen.

Les signes du dernier combat de Thornton étaient marqués dans la terre à proximité.

Buck folgte jeder Spur und erschnüffelte jede Markierung bis zum letzten Punkt.

Buck a suivi chaque trace, reniflant chaque marque jusqu'à un point final.

Am Rand eines tiefen Teichs fand er den treuen Skeet, der still dalag.

Au bord d'un bassin profond, il trouva le fidèle Skeet, allongé immobile.

Skeets Kopf und Vorderpfoten lagen regungslos im Wasser, er lag tot da.

La tête et les pattes avant de Skeet étaient dans l'eau, immobiles dans la mort.

Der Teich war schlammig und durch das Abwasser aus den Schleusenkästen verunreinigt.

La piscine était boueuse et contaminée par les eaux de ruissellement provenant des écluses.

Seine trübe Oberfläche verbarg, was darunter lag, aber Buck kannte die Wahrheit.

Sa surface nuageuse cachait ce qui se trouvait en dessous, mais Buck connaissait la vérité.

Er folgte Thorntons Spur bis in den Pool – doch die Spur führte nirgendwo anders hin.

Il a suivi l'odeur de Thornton dans la piscine, mais l'odeur ne menait nulle part ailleurs.

Es gab keinen Geruch, der hinausführte – nur die Stille des tiefen Wassers.

Aucune odeur ne menait à l'extérieur, seulement le silence des eaux profondes.

Den ganzen Tag blieb Buck in der Nähe des Teichs und ging voller Trauer im Lager auf und ab.

Toute la journée, Buck resta près de la piscine, arpentant le camp avec chagrin.

Er wanderte ruhelos umher oder saß regungslos da, in tiefe Gedanken versunken.

Il errait sans cesse ou restait assis, immobile, perdu dans ses pensées.

Er kannte den Tod, das Ende des Lebens, das Verschwinden aller Bewegung.

Il connaissait la mort, la fin de la vie, la disparition de tout mouvement.

Er verstand, dass John Thornton weg war und nie wieder zurückkehren würde.

Il comprit que John Thornton était parti et ne reviendrait jamais.

Der Verlust hinterließ eine Leere in ihm, die wie Hunger pochte.

La perte a laissé en lui un vide qui palpitait comme la faim.

Doch dieser Hunger konnte durch Essen nicht gestillt werden, egal, wie viel er aß.

Mais c'était une faim que la nourriture ne pouvait apaiser, peu importe la quantité qu'il mangeait.

Manchmal, wenn er die toten Yeehats ansah, ließ der Schmerz nach.

Parfois, alors qu'il regardait les Yeehats morts, la douleur s'estompait.

Und dann stieg ein seltsamer Stolz in ihm auf, wild und vollkommen.

Et puis une étrange fierté monta en lui, féroce et complète.

Er hatte den Menschen getötet, das höchste und gefährlichste Wild von allen.

Il avait tué l'homme, le gibier le plus élevé et le plus dangereux de tous.

Er hatte unter Missachtung des alten Gesetzes von Keule und Reißzahn getötet.

Il avait tué au mépris de l'ancienne loi du gourdin et des crocs.

Buck schnüffelte neugierig und nachdenklich an ihren leblosen Körpern.

Buck renifla leurs corps sans vie, curieux et pensif.

Sie waren so leicht gestorben – viel leichter als ein Husky in einem Kampf.

Ils étaient morts si facilement, bien plus facilement qu'un husky dans un combat.

Ohne ihre Waffen waren sie weder wirklich stark noch stellten sie eine Bedrohung dar.

Sans leurs armes, ils n'avaient aucune véritable force ni menace.

Buck würde sie nie wieder fürchten, es sei denn, sie wären bewaffnet.

Buck n'aurait plus jamais peur d'eux, à moins qu'ils ne soient armés.

Nur wenn sie Keulen, Speere oder Pfeile trugen, war er vorsichtig.

Ce n'est que lorsqu'ils portaient des gourdins, des lances ou des flèches qu'il se méfiait.

Die Nacht brach herein und ein Vollmond stieg hoch über die Baumwipfel.

La nuit tomba et une pleine lune se leva au-dessus de la cime des arbres.

Das blasse Licht des Mondes tauchte das Land in einen sanften, geisterhaften Schein wie am Tag.

La pâle lumière de la lune baignait la terre d'une douce lueur fantomatique, comme le jour.

Als die Nacht hereinbrach, trauerte Buck noch immer am stillen Teich.

Alors que la nuit s'approfondissait, Buck pleurait toujours au bord de la piscine silencieuse.

Dann bemerkte er eine andere Regung im Wald.

Puis il prit conscience d'un autre mouvement dans la forêt.

Die Aufregung kam nicht von den Yeehats, sondern von etwas Älterem und Tieferem.

L'agitation ne venait pas des Yeehats, mais de quelque chose de plus ancien et de plus profond.

Er stand auf, spitzte die Ohren und prüfte vorsichtig mit der Nase die Brise.

Il se leva, les oreilles dressées, le nez testant la brise avec précaution.

Aus der Ferne ertönte ein schwacher, scharfer Aufschrei, der die Stille durchbrach.

De loin, un cri faible et aigu perça le silence.

Dann folgte dicht auf den ersten ein Chor ähnlicher Schreie.

Puis un chœur de cris similaires suivit de près le premier.

Das Geräusch kam näher und wurde mit jedem Augenblick lauter.

Le bruit se rapprochait, devenant plus fort à chaque instant qui passait.

Buck kannte diesen Schrei – er kam aus dieser anderen Welt in seiner Erinnerung.

Buck connaissait ce cri : il venait de cet autre monde dans sa mémoire.

Er ging in die Mitte des offenen Platzes und lauschte aufmerksam.

Il se dirigea vers le centre de l'espace ouvert et écouta attentivement.

Der Ruf ertönte vielstimmig und kraftvoller denn je.

L'appel retentit, multiple et plus puissant que jamais.

Und jetzt war Buck mehr denn je bereit, seiner Berufung zu folgen.

Et maintenant, plus que jamais, Buck était prêt à répondre à son appel.

John Thornton war tot und hatte keine Bindung mehr an die Menschheit.

John Thornton était mort et il ne lui restait plus aucun lien avec l'homme.

Der Mensch und alle menschlichen Ansprüche waren verschwunden – er war endlich frei.

L'homme et toutes ses prétentions avaient disparu : il était enfin libre.

Das Wolfsrudel jagte Fleisch, wie es einst die Yeehats getan hatten.

La meute de loups chassait de la viande comme les Yeehats l'avaient fait autrefois.

Sie waren Elchen aus den Waldgebieten gefolgt.

Ils avaient suivi les orignaux depuis les terres boisées.

Nun überquerten sie, wild und hungrig nach Beute, sein Tal.

Maintenant, sauvages et affamés de proies, ils traversèrent sa vallée.

Sie kamen auf die mondbeschienene Lichtung und flossen wie silbernes Wasser.

Ils arrivèrent dans la clairière éclairée par la lune, coulant comme de l'eau argentée.

Buck stand regungslos in der Mitte und wartete auf sie.

Buck se tenait immobile au centre, les attendant.

Seine ruhige, große Präsenz versetzte das Rudel in Erstaunen und ließ es kurz verstummen.

Sa présence calme et imposante a stupéfié la meute et l'a plongée dans un bref silence.

Dann sprang der kühnste Wolf ohne zu zögern direkt auf ihn zu.

Alors le loup le plus audacieux sauta droit sur lui sans
hésitation.

**Buck schlug schnell zu und brach dem Wolf mit einem
einzigen Schlag das Genick.**

Buck frappa vite et brisa le cou du loup d'un seul coup.

**Er stand wieder regungslos da, während der sterbende Wolf
sich hinter ihm wand.**

Il resta immobile à nouveau tandis que le loup mourant se
tordait derrière lui.

Drei weitere Wölfe griffen schnell nacheinander an.

Trois autres loups ont attaqué rapidement, l'un après l'autre.

**Jeder von ihnen zog sich blutend zurück, die Kehle oder die
Schultern waren aufgeschlitzt.**

Chacun d'eux s'est retiré en sang, la gorge ou les épaules
tranchées.

**Das reichte aus, um das ganze Rudel zu einem wilden
Angriff zu provozieren.**

Cela a suffi à déclencher une charge sauvage de toute la
meute.

**Sie stürmten gemeinsam hinein, waren zu eifrig und zu
dicht gedrängt, um einen guten Schlag zu erzielen.**

Ils se précipitèrent ensemble, trop impatients et trop
nombreux pour bien frapper.

**Dank seiner Schnelligkeit und Geschicklichkeit war Buck in
der Lage, dem Angriff immer einen Schritt voraus zu sein.**

La vitesse et l'habileté de Buck lui ont permis de rester en tête
de l'attaque.

**Er drehte sich auf seinen Hinterbeinen und schnappte und
schlug in alle Richtungen.**

Il tournait sur ses pattes arrière, claquant et frappant dans
toutes les directions.

**Für die Wölfe schien es, als ob seine Verteidigung nie
geöffnet oder ins Wanken geraten wäre.**

Pour les loups, cela donnait l'impression que sa défense ne
s'était jamais ouverte ou n'avait jamais faibli.

**Er drehte sich um und schlug so schnell zu, dass sie nicht
hinter ihn gelangen konnten.**

Il s'est retourné et a frappé si vite qu'ils ne pouvaient pas passer derrière lui.

Dennoch zwang ihn ihre Übermacht zum Nachgeben und Zurückweichen.

Néanmoins, leur nombre l'obligea à céder du terrain et à reculer.

Er ging am Teich vorbei und hinunter in das steinige Bachbett.

Il passa devant la piscine et descendit dans le lit rocheux du ruisseau.

Dort stieß er auf eine steile Böschung aus Kies und Erde.

Là, il se heurta à un talus abrupt de gravier et de terre.

Er ist bei den alten Grabungen der Bergleute in einen Eckeinschnitt geraten.

Il s'est retrouvé coincé dans un coin coupé lors des fouilles des mineurs.

Jetzt war Buck von drei Seiten geschützt und stand nur noch dem vorderen Wolf gegenüber.

Désormais protégé sur trois côtés, Buck ne faisait face qu'au loup de devant.

Dort stand er in der Enge, bereit für die nächste Angriffswelle.

Là, il se tenait à distance, prêt pour la prochaine vague d'assaut.

Buck blieb so hartnäckig standhaft, dass die Wölfe zurückwichen.

Buck a tenu bon si farouchement que les loups ont reculé.

Nach einer halben Stunde waren sie erschöpft und sichtlich besiegt.

Au bout d'une demi-heure, ils étaient épuisés et visiblement vaincus.

Ihre Zungen hingen heraus, ihre weißen Reißzähne glänzten im Mondlicht.

Leurs langues pendaient, leurs crocs blancs brillaient au clair de lune.

Einige Wölfe legten sich mit erhobenem Kopf hin und spitzten die Ohren in Richtung Buck.

Certains loups se sont couchés, la tête levée, les oreilles dressées vers Buck.

Andere standen still, waren wachsam und beobachteten jede seiner Bewegungen.

D'autres restaient immobiles, vigilants et observant chacun de ses mouvements.

Einige gingen zum Pool und schlürften kaltes Wasser.

Quelques-uns se sont dirigés vers la piscine et ont bu de l'eau froide.

Dann schlich ein großer, schlanker grauer Wolf sanft heran.

Puis un loup gris, long et maigre, s'avança doucement.

Buck erkannte ihn – es war der wilde Bruder von vorhin.

Buck le reconnut : c'était le frère sauvage de tout à l'heure.

Der graue Wolf winselte leise und Buck antwortete mit einem Winseln.

Le loup gris gémit doucement, et Buck répondit par un gémissement.

Sie berührten ihre Nasen, leise und ohne Drohung oder Angst.

Ils se touchèrent le nez, tranquillement et sans menace ni peur.

Als nächstes kam ein älterer Wolf, hager und von vielen Kämpfen gezeichnet.

Ensuite est arrivé un loup plus âgé, maigre et marqué par de nombreuses batailles.

Buck wollte knurren, hielt aber inne und schnüffelte an der Nase des alten Wolfes.

Buck commença à grogner, mais s'arrêta et renifla le nez du vieux loup.

Der Alte setzte sich, hob die Nase und heulte den Mond an.

Le vieux s'assit, leva le nez et hurla à la lune.

Der Rest des Rudels setzte sich und stimmte in das langgezogene Heulen ein.

Le reste de la meute s'assit et se joignit au long hurlement.

Und nun ertönte der Ruf an Buck, unmissverständlich und stark.

Et maintenant, l'appel est venu à Buck, indubitable et fort.

Er setzte sich, hob den Kopf und heulte mit den anderen.

Il s'assit, leva la tête et hurla avec les autres.

Als das Heulen aufhörte, trat Buck aus seinem felsigen Unterschlupf.

Lorsque les hurlements ont cessé, Buck est sorti de son abri rocheux.

Das Rudel umringte ihn und beschnüffelte ihn zugleich freundlich und vorsichtig.

La meute se referma autour de lui, reniflant à la fois gentiment et avec prudence.

Dann stießen die Anführer einen lauten Schrei aus und rannten in den Wald.

Les chefs ont alors poussé un cri et se sont précipités dans la forêt.

Die anderen Wölfe folgten und jaulten im Chor, wild und schnell in der Nacht.

Les autres loups suivirent, hurlant en chœur, sauvages et rapides dans la nuit.

Buck rannte mit ihnen, neben seinem wilden Bruder her, und heulte dabei.

Buck courait avec eux, à côté de son frère sauvage, hurlant en courant.

Hier geht die Geschichte von Buck gut zu Ende.

Ici, l'histoire de Buck fait bien de se terminer.

In den folgenden Jahren bemerkten die Yeehats seltsame Wölfe.

Dans les années qui suivirent, les Yeehats remarquèrent d'étranges loups.

Einige hatten braune Flecken auf Kopf und Schnauze und weiße Flecken auf der Brust.

Certains avaient du brun sur la tête et le museau, du blanc sur la poitrine.

Doch noch mehr fürchteten sie sich vor einer geisterhaften Gestalt unter den Wölfen.

Mais plus encore, ils craignaient une silhouette fantomatique parmi les loups.

Sie sprachen flüsternd vom Geisterhund, dem Anführer des Rudels.

Ils parlaient à voix basse du Chien Fantôme, chef de la meute.

Dieser Geisterhund war schlauer als der kühnste Yeehat-Jäger.

Ce chien fantôme était plus rusé que le plus audacieux des chasseurs Yeehat.

Der Geisterhund stahl im tiefsten Winter aus Lagern und riss ihre Fallen auseinander.

Le chien fantôme a volé dans les camps en plein hiver et a déchiré leurs pièges.

Der Geisterhund tötete ihre Hunde und entkam ihren Pfeilen spurlos.

Le chien fantôme a tué leurs chiens et a échappé à leurs flèches sans laisser de trace.

Sogar ihre tapfersten Krieger hatten Angst, diesem wilden Geist gegenüberzutreten.

Même leurs guerriers les plus courageux craignaient d'affronter cet esprit sauvage.

Nein, die Geschichte wird im Laufe der Jahre in der Wildnis immer düsterer.

Non, l'histoire devient encore plus sombre à mesure que les années passent dans la nature.

Manche Jäger verschwinden und kehren nie in ihre entfernten Lager zurück.

Certains chasseurs disparaissent et ne reviennent jamais dans leurs camps éloignés.

Andere werden mit aufgerissener Kehle erschlagen im Schnee gefunden.

D'autres sont retrouvés la gorge arrachée, tués dans la neige.

Um ihren Körper herum sind Spuren – größer als sie ein Wolf hinterlassen könnte.

Autour de leur corps se trouvent des traces plus grandes que celles que n'importe quel loup pourrait laisser.

Jeden Herbst folgen die Yeehats der Spur des Elchs.

Chaque automne, les Yeehats suivent la piste de l'élan.

Aber ein Tal meiden sie, weil ihnen die Angst tief im Herzen eingegraben ist.

Mais ils évitent une vallée avec la peur profondément gravée dans leur cœur.

Man sagt, dass der böse Geist dieses Tal als seine Heimat ausgewählt hat.

Ils disent que la vallée a été choisie par l'Esprit du Mal pour y vivre.

Und wenn die Geschichte erzählt wird, weinen einige Frauen am Feuer.

Et quand l'histoire est racontée, certaines femmes pleurent près du feu.

Aber im Sommer kommt ein Besucher in dieses ruhige, heilige Tal.

Mais en été, un visiteur vient dans cette vallée tranquille et sacrée.

Die Yeehats wissen nichts von ihm und können es auch nicht verstehen.

Les Yeehats ne le connaissent pas et ne peuvent pas le comprendre.

Der Wolf ist großartig und mit einer Pracht überzogen wie kein anderer seiner Art.

Le loup est un grand loup, revêtu de gloire, comme aucun autre de son espèce.

Er allein überquert den grünen Wald und betritt die Waldlichtung.

Lui seul traverse le bois vert et entre dans la clairière de la forêt.

Dort sickert goldener Staub aus Elchhautsäcken in den Boden.

Là, la poussière dorée des sacs en peau d'élan s'infiltre dans le sol.

Gras und alte Blätter haben das Gelb vor der Sonne verborgen.

L'herbe et les vieilles feuilles ont caché le jaune du soleil.

Hier steht der Wolf still, denkt nach und erinnert sich.

Ici, le loup se tient en silence, réfléchissant et se souvenant.

Er heult einmal – lang und traurig – bevor er sich zum Gehen umdreht.

Il hurle une fois, longuement et tristement, avant de se retourner pour partir.

Doch er ist nicht immer allein im Land der Kälte und des Schnees.

Mais il n'est pas toujours seul au pays du froid et de la neige.

Wenn lange Winternächte über die tiefer gelegenen Täler hereinbrechen.

Quand les longues nuits d'hiver descendent sur les basses vallées.

Wenn die Wölfe dem Wild durch Mondlicht und Frost folgen.

Quand les loups suivent le gibier à travers le clair de lune et le gel.

Dann rennt er mit großen, wilden Sprüngen an der Spitze des Rudels entlang.

Puis il court en tête du peloton, sautant haut et sauvagement.

Seine Gestalt überragt die anderen, aus seiner Kehle erklingt Gesang.

Sa silhouette domine les autres, sa gorge est animée par le chant.

Es ist das Lied der jüngeren Welt, die Stimme des Rudels.

C'est le chant du monde plus jeune, la voix de la meute.

Er singt, während er rennt – stark, frei und für immer wild.

Il chante en courant, fort, libre et toujours sauvage.

www.ingramcontent.com/pod-product-compliance
Lightning Source LLC
Chambersburg PA
CBHW011725020426
42333CB00024B/2747